Linguagem e enunciação:
representação, referenciação e regulação

Conselho Editorial
Ataliba Teixeira de Castilho
Felipe Pena
Jorge Grespan
José Luiz Fiorin
Magda Soares
Pedro Paulo Funari
Rosângela Doin de Almeida

Proibida a reprodução total ou parcial em qualquer mídia
sem a autorização escrita da editora.
Os infratores estão sujeitos às penas da lei.

A Editora não é responsável pelo conteúdo da Obra,
com o qual não necessariamente concorda. As Organizadoras e os Autores conhecem os fatos narrados,
pelos quais são responsáveis, assim como se responsabilizam pelos juízos emitidos.

Consulte nosso catálogo completo e últimos lançamentos em **www.editoracontexto.com.br**.

Sarah de Vogüé
Jean-Jacques Franckel
Denis Paillard

Linguagem e enunciação:
representação, referenciação e regulação

Organização de textos e de tradução
Márcia Romero
Milenne Biasotto-Holmo

Equipe de tradutores
Alessandra Del Ré, Ana Cristina Salviato Silva,
Cássia Regina Coutinho Sossolote, Daniel Costa da Silva,
Eduardo Nadalin, Lúcia P. Cherem, Marcos Luiz Cumpri,
Marília Blundi Onofre, Milenne Biasotto-Holmo
e Paula de Souza Gonçalves

Equipe de revisão técnica e de tradução
Helena Valentim, Márcia Romero,
Milenne Biasotto-Holmo e Valdir do Nascimento Flores

Copyright © 2011 dos Autores
Todos os direitos desta edição reservados à
Editora Contexto (Editora Pinsky Ltda.)

Montagem de capa
Gustavo S. Vilas Boas

Diagramação
Ana Marconato

Preparação de textos
Márcia Romero
Milenne Biasotto-Holmo

Revisão
Rinaldo Milesi

Dados Internacionais de Catalogação na Publicação (CIP)
(Câmara Brasileira do Livro, SP, Brasil)

Vogüé, Sarah de
 Linguagem e enunciação : representação, referenciação e regulação /
Sarah de Vogüé, Jean-Jacques Franckel, Denis Paillard ; organização de
textos e de tradução, Márcia Romero, Milenne Biasotto-Holmo ; posfácio
Valdir do Nascimento Flores. – São Paulo : Contexto, 2011.

 Bibliografia.
 ISBN 978-85-7244-645-7

 1. Análise linguística 2. Linguagem 3. Linguística 4. Teoria das
operações enunciativas I. Franckel, Jean-Jacques. II. Paillard, Denis.
III. Romero, Márcia. IV. Biasotto-Holmo, Milenne. V. Flores, Valdir
do Nascimento. VI. Título.

11-05079   CDD-410

Índices para catálogo sistemático:
1. Análise linguística 410
2. Linguística 410

2011

EDITORA CONTEXTO
Diretor editorial: *Jaime Pinsky*

Rua Dr. José Elias, 520 – Alto da Lapa
05083-030 – São Paulo – SP
PABX: (11) 3832 5838
contexto@editoracontexto.com.br
www.editoracontexto.com.br

Sumário

NOTA PRÉVIA 7

PREFÁCIO 9
Sarah de Vogüé
Jean-Jacques Franckel
Denis Paillard

INTRODUÇÃO 15
Jean-Jacques Franckel

REFERÊNCIA, REFERENCIAÇÃO E VALORES REFERENCIAIS 31
Jean-Jacques Franckel

CULIOLI APÓS BENVENISTE: ENUNCIAÇÃO, LINGUAGEM, INTEGRAÇÃO 57
Sarah de Vogüé

ASPECTOS DA TEORIA DE ANTOINE CULIOLI 87
Jean-Jacques Franckel
Denis Paillard

DA INTERPRETAÇÃO À GLOSA: POR UMA METODOLOGIA DA REFORMULAÇÃO 103
Jean-Jacques Franckel

MODOS DE PRESENÇA DO OUTRO 131
Sarah de Vogüé
Denis Paillard

MARCADORES DISCURSIVOS E CENA ENUNCIATIVA 161
Denis Paillard

DA COR DAS PREPOSIÇÕES EM SEUS EMPREGOS FUNCIONAIS 187
Jean-Jacques Franckel
Denis Paillard

POSFÁCIO 209
Valdir do Nascimento Flores

BIBLIOGRAFIA 215

OS AUTORES 221

Nota prévia

Esta obra reúne textos produzidos em um espaço de 25 anos por três autores franceses que são, nos dias atuais, referência na Teoria das Operações Predicativas e Enunciativas de Antoine Culioli, não só por fazerem parte de um movimento envolvendo um trabalho teórico sobre a linguagem iniciado pelo próprio linguista há mais de quarenta anos, mas por procurarem torná-lo acessível a outros públicos que não o de iniciados.

O projeto de tradução que ora se materializa foi motivado por diferentes interesses: em primeiro lugar, o de proporcionar à comunidade de estudiosos da linguagem uma obra que, inserida no paradigma enunciativo, pudesse contribuir com os diálogos que vêm sendo buscados pelo campo da *Linguística da Enunciação* no Brasil; em segundo lugar, o de indicar, aos pesquisadores, professores e estudantes com os quais interagimos e que nos pedem sugestões de textos de fundamento na área, uma leitura que, ao esclarecer os diferentes aspectos constitutivos desse quadro referencial de modo claro e sem reducionismo, os motivasse a conhecer mais do pensamento culioliano; finalmente, o de prestar uma homenagem – singela – a três autores que nos emocionam, a cada leitura, pela elegância de suas colocações e análises.

O conjunto de textos que compõe esta obra foi selecionado e organizado com a supervisão direta dos autores, que, em vários momentos, sugeriram atualizações e novos exemplos com o intuito de tornar ainda mais precisos os fatos expostos. A própria terminologia empregada na tradução em língua portuguesa para os conceitos oriundos da teoria foi discutida com eles, que se posicionaram a respeito das escolhas por nós efetuadas. Uma decisão tomada coletivamente foi a de deixar todos os exemplos em francês, uma vez que as análises dizem respeito a unidades da língua francesa. Para que não haja nenhum prejuízo para a compreensão, tais exemplos, no original, são ora ime-

8 Linguagem e enunciação

diatamente seguidos de sua tradução em português, ora seguidos de traduções na continuidade do artigo, quando aparecem inseridos em contextualizações que tendem a estabilizar os sentidos por ele adquiridos. Embora as unidades linguísticas e, por vezes, várias das sequências fornecidas pelos autores não se resumam jamais ao termo ou à sequência em português propostos como tradução, optamos por fornecer uma (ou algumas) das possíveis traduções para propiciar uma primeira apreensão, por parte do leitor, da unidade a ser analisada. Sem dúvida alguma, com o transcorrer da análise, o próprio leitor facilmente entenderá que, sendo o objetivo principal dos autores propiciar um outro olhar sobre o modo de funcionamento de uma dada unidade na língua e a forma como este funcionamento integra o contexto, será a compreensão dessas questões – e não a dos sentidos que, circunstancialmente, a caracterizam – o ponto forte dos artigos.

Por fim, participaram deste projeto integrado professores pesquisadores da Universidade Estadual Paulista (Unesp – Araraquara), da Universidade Federal do Paraná (UFPR), da Universidade Federal do Rio Grande do Sul (UFRGS), da Universidade Federal de São Carlos (UFSCar), da Universidade Federal de São Paulo (Unifesp), da Universidade Nova de Lisboa (CLUNL) e alunos do Programa de Pós-Graduação em Linguística e Língua Portuguesa da Unesp de Araraquara. Muitos desses professores e alunos foram iniciados na teoria culioliana pela Profª Letícia Marcondes Rezende, a quem prestamos igualmente homenagem. Outros, chegaram a Culioli por diferentes caminhos, como os abertos, no início da década de 1990, durante a sua estada na Universidade de São Paulo, pelo Prof. Patrick Dahlet, a quem deixamos uma sentida palavra de apreço. A todos, nossos sinceros agradecimentos pela entrega e envolvimento que fez deste grupo uma equipe mais do que especial.

Márcia Romero & Milenne Biasotto-Holmo

Prefácio

Sarah de Vogüé
Jean-Jacques Franckel
Denis Paillard

Esta coletânea apresenta um conjunto de oito capítulos fundamentados no referencial teórico que ficou conhecido como "Teoria das Operações Predicativas e Enunciativas" de Antoine Culioli, ou, simplesmente, *Teoria das Operações Enunciativas.** Eles ilustram, de diferentes pontos de vista, a força e a especificidade desta teoria, mais precisamente, o modo único como apreende a linguagem por meio da diversidade das línguas e dos textos e como conduz o incessante vaivém entre o empírico e o formal. Se este vaivém é próprio de toda abordagem científica, em nosso referencial, a metodologia de análise adquire uma característica particular, resultando, de um lado, em um trabalho de formalização original, verdadeiramente próprio a seu objeto de estudo, de outro, em uma revelação de dados e fenômenos até então despercebidos, o que lhes confere, por vezes, o estatuto de "descobertas".

A teoria de Antoine Culioli é, portanto, indissociavelmente, uma *teoria formalizante*, posto que modela novas ferramentas teóricas, e uma *teoria dos observáveis*. As observações que alimentam a formalização são enunciados ou fenômenos que, recolhidos na proliferação da língua, não necessariamente se impõem de imediato, e cuja pertinência, na busca por coerência, demanda um esforço de abstração e um rigor de raciocínio ainda mais intenso por estarem ancorados em fatos de língua precisos e inéditos. Como bem observa Culioli, não há "linguística sem observações profundamente detalhadas; observáveis sem problemáticas; problemáticas que não conduzam a problemas; problemas

---

* N. dos orgs.: Para referir às coletâneas de artigos de Antoine Culioli intituladas *Pour une linguistique de l'énonciation I, II e III*, utilizamos, respectivamente, as siglas PLE I, PLE II e PLE III, seguidas da página da edição trabalhada.

10 Linguagem e enunciação

sem a procura de solução; soluções sem raciocínio; raciocínio sem sistema de representação metalinguística; sistema de representação metalinguística sem operações, em particular, sem categorização; categorização sem transcategorial".[1] Nesse encadeamento, lê-se o próprio movimento da dinâmica que articula essas exigências *sine qua non*, as quais vinculam o extremo detalhe das observações a uma representação metalinguística em si dinâmica, fundamentada em operações e transcategorial.

A permanente manipulação dos fatos de língua que a metodologia decorrente dessa concepção de teórico põe em prática constitui a condição para evitar que "as hipóteses não se cristalizem em certezas, as operações em procedimentos de etiquetagem, em suma, que o espírito, i.e. a inquietude e a curiosidade, abandone rapidamente a empreitada, quando a impaciência de se chegar a um fim se sobrepõe à racionalidade paciente (sobretudo quando essa racionalidade não afasta os fenômenos que poderiam incomodá-la, mas, ao contrário, se esforça para considerá-los em sua complexidade)".[2] Com efeito, observa-se aqui uma espécie de "cartão de visitas" próprio a esse movimento teórico, que consiste em trazer à tona dados originais geralmente ignorados ou deixados de lado como secundários ou sem interesse. Percebem-se pouco a pouco nesses dados, por trás de seu aspecto por vezes quase lúdico, formas de coerência que permitem postular novas relações entre fatos já conhecidos, mas antes considerados como qualitativamente diferentes, estabelecer vínculos entre dados que pareciam simplesmente justapostos ou independentes, dar conta de novos efeitos por meio dos mesmos operadores, propor explicações a fenômenos profundos, que, por fim, parecem fundar uma filosofia da linguagem e do conhecimento.

Ao mesmo tempo, e dado o mesmo movimento, uma característica importante dessa teoria, aqui ilustrada por diferentes análises, consiste em fazer com que os fundamentos de um certo número de noções gramaticais sejam reconsiderados: *O que é uma palavra? O que é um verbo? Uma preposição? As preposições decorrem de um funcionamento homogêneo? Quais são e em que consistem as fronteiras entre "categorias"? O que é uma língua?* Nessa teoria, nenhuma definição, inclusive a das noções tidas como as mais "elementares", é considerada como dada, por ser na transparência aparente do elementar que o desconhecido vem à superfície de modo mais opaco.

Podemos, por fim, estabelecer o que resume essa primeira aproximação da teoria: nela, a linguagem é considerada apenas por meio do que as formas permitem dizer. É a ancoragem nas formas que esclarece o próprio termo de *enunciação* com o qual essa teoria se identifica de bom grado.

Com relação ao emprego desse termo na teoria culioliana, cabe, antes, notar que a linguagem é comumente abordada de duas maneiras: como *objeto* correspondendo a um *material verbal*, a um conjunto de formas dotadas de entonação, que se apresenta conforme um determinado arranjo e organização; como *atividade* relativa aos que a praticam e a manifestam (em produção, em compreensão), e que corresponde a uma atividade fundamental do homem.

Ora, com frequência, ocorre uma clivagem entre as duas abordagens (ver em particular a clivagem *linguístico/cognitivo* ou ainda *linguístico/pragmático*), o que faz com que as formas sejam compreendidas como "meios" ou "instrumentos" empregados pelo sujeito falante. A abordagem culioliana na qual se inscrevem os textos aqui apresentados visa, ao contrário, a não mais separar as formas dos sujeitos: trata-se não de sujeitos que *utilizam* formas, mas de formas que *marcam* e constroem sua presença, formas que *traçam* a atividade dos sujeitos (sob a ótica que essas formas lhes conferem). A presença dos sujeitos não tem nada de heterogênea ou de transcendente às formas: ela lhes é inerente. Trata-se, portanto, de uma teoria de formas que constroem, de múltiplas maneiras, posições intersubjetivas, modos de asserção, de interrogação, de injunção, de exclamação, de concessão etc. A atividade de linguagem pela qual nos interessamos é, assim, inteiramente definida pelo que as formas, seus arranjos e as restrições manifestadas por esses arranjos delineiam. Nessa atividade, só é considerado o que as formas permitem dela dizer.

A abordagem da enunciação assim conceitualizada traz uma série de consequências, em particular para a questão da referenciação. Com efeito, a linguagem não é a reprodução, a transcrição ou a codificação de um referente: ela *constrói valores referenciais* que, como construções enunciativas que são, não repousam em nenhum outro elemento de estabilidade além do que a enunciação pôde construir.

A linguagem não se insere em relações "transparentes" com o mundo ou o pensamento; ela determina formas de pensamento ao dizer o mundo de um modo que lhe é próprio. Ao mesmo tempo em que se busca dizer, aos outros e a nós mesmos, coisas com palavras que querem dizer algo sobre o mundo, o mundo, por sua vez, também quer dizer algo, não existindo mais do que uma superposição parcial desse "algo" em questão. A enunciação é atravessada por estes três processos fundamentais que cada um dos textos aqui apresentados esmiúça a seu modo: *representação, referenciação, regulação*.

Representação: a linguagem não é um instrumento, uma tradução ou um código que permitiria passar do pensamento ao verbo (supondo-se que

12 Linguagem e enunciação

pudéssemos saber ao certo o que é "O pensamento"). A linguagem é constitutiva de uma forma de pensamento, entre outras. Ela constrói representações mentais de uma determinada natureza, que apreendemos como sendo "o sentido" (não unívoco, não estabilizado, não acabado) do que dizemos e compreendemos quando falamos, escrevemos, lemos e interpretamos. A questão que se coloca é a de determinar o sentido das palavras. Ele nos é familiar em seu uso corrente, mas nos escapa a partir do momento em que buscamos defini-lo e que nos encontramos confrontados à variação dos sentidos que elas apresentam.

Referenciação: trata-se de operações por meio das quais a linguagem permite dizer algo do mundo, tornando-o parte integrante de um *querer dizer* (querer dizer a respeito do mundo / querer dizer do mundo). Por meio das formas, exprime-se algo a propósito de um estado de coisas que é – como capta tão bem o termo inglês *aboutness* – isso do que se fala ao dizer o que se diz. Os arranjos de formas são a materialidade das línguas e consistem em formas que constituem um modo particular de apreender o mundo. A referenciação é uma construção, o mundo apreendido como dito do modo como é dito. A partir do momento que o mundo entra na ordem do dizer, só lhe resta a forma que lhe confere este dizer, de modo que ele se inscreve em uma lacuna a se preencher ou reformular, sempre, entre o informulável e o formulado. Em suma, o mundo, quando da ordem do dizer, é, então, o lugar em que se exprime o irredutível distanciamento entre o dizer e o querer dizer, de todas as maneiras possíveis (sofrimento, falha, criatividade, recurso poético, reformulação, gaguejos, recursos a outros modos de referenciação).

Regulação: a enunciação põe em jogo relações interenunciativas ou, mais precisamente, pontos de vista, que são *posições enunciativas*. Posições enunciativas que, como dissemos, são, não posições de *indivíduos falantes* em sua singularidade de indivíduos, mas posições estabelecidas e marcadas de modo organizado, estruturado, pelos arranjos de formas na língua. É o que se verifica, por exemplo, em todas as marcas que permitem construir formas de intimação, de injunção, concessão, como pode se observar nas chamadas "palavras do discurso".

Os textos ora apresentados, publicados em um espaço de vinte e cinco anos, são os de três autores que trabalharam em estreita colaboração, desenvolvendo as vias abertas por este quadro teórico em direções que não foram as necessariamente tomadas pelo próprio Culioli. Esse conjunto representa apenas uma pequena amostra dos trabalhos que emanam desse referencial.

Para além da heterogeneidade que o período abarcado pode lhes conferir, depreendem-se desses textos algumas ideias centrais: preferir, à ilusão do estável (definições, conceitos, objetos de análise), a busca por processos de estabilização; preferir, à busca por categorias gerais uniformemente representadas nas línguas, a busca pela invariância como modo de raciocínio que permite apreender a variação; apreender a linguagem não como atividade a ser definida por si só, mas como indício de uma atividade a ser reconstituída, cuja especificidade será determinada em toda sua dimensão simbólica.

Notas

1 A. Culioli, "Préface", *PLE II* e *PLE III*, Paris, Ophrys, 1999.
2 Idem.

Introdução

Jean-Jacques Franckel

Buscamos, neste texto, discutir a questão da identidade das unidades morfolexicais apreendida através da variação de seu sentido. Essa questão está vinculada ao papel respectivo das unidades e de seu cotexto nessa variação e na construção do sentido dos enunciados nos quais elas podem aparecer. Esses problemas constituem, diretamente ou não, um cenário de debates importantes e atualmente muito ativos em semântica.[1]

Por unidade morfolexical, entendemos tanto unidades simples de estatuto lexical pleno (os substantivos "clé" [chave] e "raison" [razão], o verbo "jouer" [jogar, brincar, agir etc.], o adjetivo "grand" [grande], a unidade ambivalente "même" [mesmo]), quanto unidades compostas ("à l'emporte-pièce" [mordaz, incisivo]) e morfemas (prefixo "re-", prefixo "sub-").

Problemática construtivista

A problemática que fundamenta a Teoria das Operações Predicativas e Enunciativas de Antoine Culioli pode, antes de mais nada, ser apresentada como fundamentalmente *construtivista*, e isso sob diferentes pontos de vista escalonados, que vamos explicitar.

Começaremos expondo o que, em um plano muito geral, coloca e implica essa abordagem, caracterizada através do que a distingue de uma abordagem que denominaremos, por comodidade, *mentalista*.

Num segundo momento, explicitaremos as especificidades do procedimento construtivista aqui observado.

Em se tratando da análise do papel das unidades morfolexicais na construção do sentido dos enunciados, é conveniente comentar o termo *construção*, que se situa, portanto, no campo da semântica.

A fim de desenvolver o que se espera da problemática em questão, propomos partir da seguinte definição da semântica: *análise das representações mentais desencadeadas e apreendidas por meio do material verbal que lhes dá corpo*.

Essa definição permitirá confrontar, numa primeira sistematização de determinados aspectos considerados centrais, a *abordagem mentalista* e a *abordagem construtivista*.

A linguagem constitui uma forma de pensamento

O primeiro ponto de demarcação diz respeito à própria maneira de examinar a relação entre as duas faces dessa definição.

Numa abordagem mentalista, as representações mentais são apreendidas como primeiras, a linguagem é considerada uma "formatação", uma espécie de "tradução" do pensamento. Por isso, essa abordagem pode ainda ser qualificada de "instrumental", porque confere um estatuto ao que é "o pensamento", independentemente das representações que permitem apreendê-lo, em especial, dessa forma de representação que a linguagem constitui.

Numa abordagem construtivista, o sentido é considerado como determinado e construído pelo material verbal que lhe dá corpo, ou seja, pelas unidades da língua organizadas segundo regras sintáticas e entonativas.

Isso significa que os textos e os arranjos de unidades morfolexicais que os constituem não são considerados como a tradução de um sentido que lhes preexistiria ou que existiria independentemente desse material. A linguagem é *constitutiva* de uma forma de pensamento específica que não tem as mesmas propriedades que as que correspondem a outros sistemas de representações comunicáveis (desenho, imagem) ou não (imagens mentais).[2] Essa problemática não se inscreve numa relação linguagem-pensamento: a linguagem constitui uma forma de pensamento.

Se observarmos, por exemplo, que o sentido dos verbos franceses "voir" [ver] e "entendre" [entender, ouvir etc.] pode coincidir num exemplo como "je vois bien ce que tu veux dire" [Vejo bem o que você quer dizer] e "j'entends bien ce que tu veux dire" [Entendo bem o que você quer dizer], uma abordagem mentalista-cognitivista tenderá a explicar essa coincidência através dos elos que se pode estabelecer entre percepção e cognição. Essa abordagem coloca, portanto, a existência de categorias conceituais preexistentes a sua expressão nas línguas.

Numa abordagem construtivista, pelo menos nessa que será defendida aqui, nem o verbo "voir" [ver], nem "entendre" [entender, ouvir etc.] são por si mesmos verbos de percepção ou de cognição. Numerosos empregos de "voir" [ver] ou "entendre" [entender, ouvir etc.] não têm relação com a percepção visual ou auditiva. Cada um desses verbos tem um funcionamento próprio que se traduz pelo papel particular que desempenha nas interações com seus diferentes ambientes textuais possíveis, algumas dessas interações desembocando em um resultado que permite – mas apenas de modo local – uma tal aproximação.

O fato de colocar a existência *a priori* de grandes categorias conceituais ou cognitivas independentemente do que vai ser concebido como sua expressão em língua coloca pelo menos três tipos de problemas:

- Se considerarmos o espaço, por exemplo, esse ponto de vista coloca o tempo ou o espaço como constitutivo de um referente cuja existência é dada por si só, de forma homogênea e preestabelecida, como mostra o artigo "o" ("o" espaço, "o" tempo). Ora, de um simples ponto de vista perceptivo, o espaço não tem nada de homogêneo. Em particular, não tem as mesmas propriedades quando se trata de percepção visual, tátil ou auditiva. Como observa F. Bresson,[3] na percepção visual, há perspectiva, variação aparente da forma e do tamanho dos objetos segundo sua apresentação; há mascaramento pelos objetos mais próximos dos objetos mais distanciados, alinhados no campo de visão. No caso da percepção tátil, o tamanho dos objetos não varia com a distância em relação ao corpo, e não há mascaramento de um objeto por um outro mais próximo; há homogeneidade do espaço situado diante de nós e atrás de nós. Com a percepção sonora, há variação da distância, como no espaço do olhar, e há, não mais um mascaramento, mas um embaralhamento entre sons, e não há privilégio do espaço situado diante de nós. Não há, portanto, "a" percepção do espaço, mas uma articulação complexa entre espaços muito diferentes na sua modalidade perceptiva. A concepção de uma "semântica do espaço" considera a existência de um espaço geral, amodal, "abstrato".
- Há referências espaciais que a linguagem só consegue construir com muita dificuldade. A linguagem (falamos aqui da linguagem em geral e não de uma língua em particular), ao mesmo tempo em que permite falar sobre nosso mundo, dizer o que fazemos, o que vemos, presta-se

muito mal à construção de certos valores referenciais precisos, principalmente no campo do espaço. É principalmente inadaptada à descrição do não rígido desenvolvido em três dimensões, como, por exemplo, das atividades de tecelagem, de tricô, de confecção dos nós: não se pode aprender a tricotar por telefone.[4] As figuras em três dimensões são bem mais facilmente descritas com um gesto, um esquema, do que com uma descrição verbal.[5]

- Da mesma forma que os verbos "voir" [ver] e "entendre" [entender, ouvir etc.] só se encontram associados a valores de tipo percepção de maneira local e restrita, os termos e as marcas que remetem ao tempo ou ao espaço só o fazem em condições muito particulares, que mobilizam um ambiente particular. Assim, por exemplo, as preposições do francês as quais se atribui a representação do espaço, ao menos descritas como tais numa perspectiva mentalista, apresentam, todas, empregos completamente independentes ("**devant** tant de misères, on demeure atterré" [**diante** de tantas misérias, ficamos consternados]; "ce rouge tire sur le violet" [esse vermelho puxa para o violeta]; "**dans** son affolement il a oublié la lettre" [no seu afobamento, ele esqueceu a carta]; "être **sous** antibiotique" [estar sob antibiótico] etc.).

Tipos de trabalhos

Os trabalhos versando sobre a expressão, em uma ou outra língua, do tempo ou do espaço ilustram, por exemplo, o postulado da existência de grandes categorias conceituais (como o tempo ou o espaço), independentes de sua expressão, e têm a ver, portanto, com uma abordagem mentalista.

Os trabalhos situados numa perspectiva construtivista dizem respeito, principalmente, ao estudo, um a um, na sua singularidade irredutível, mas também na diversidade de seus empregos, de unidades particulares de línguas particulares. Portanto, não partimos mais de grandes categorias totalmente constituídas ou pelo menos constituídas por representações independentes da linguagem, mas do funcionamento das unidades uma a uma e na sua singularidade.[*]

---

* N. T.: É justamente o caso dos artigos reunidos no número 133 da revista *Langue Française*, que tem por introdução este texto.

Assim, por exemplo, o prefixo RE- não é analisado como uma forma particular de marcar o iterativo. E isso por duas razões:

- O iterativo não existe em si, existe apenas por meio de uma ou outra forma particular de construir um valor iterativo que não é equivalente a nenhum outro. Defende-se que "Il repleut" não é redutível a "Il pleut de nouveau" [Chove de novo], mesmo se de modo local e instável uma aproximação é possível.
- O prefixo RE- não marca *em si* um valor iterativo. Ele é inclusive estritamente incompatível com tal valor no caso de numerosos verbos como "rejoindre" [juntar-se], por exemplo, que não pode significar "joindre de nouveau" [juntar de novo].

Uma dificuldade maior dessa abordagem está *a priori* vinculada à atomização e, consequentemente, à necessidade de multiplicar as análises.

Um dos objetivos das pesquisas por nós desenvolvidas é mostrar que, através da variação do sentido das unidades, é possível destacar as regularidades na maneira pela qual se organiza essa variação.

Universais e tradução

A questão dos universais coloca-se de maneira fundamentalmente diferente nas duas abordagens.

No quadro mentalista, os universais são de ordem cognitiva, e, em última instância, vinculados a uma estruturação mental geral. Cada língua constitui, à sua maneira, uma análise das mesmas propriedades de um mesmo pensamento.

No quadro construtivista, os universais não antecedem à análise das línguas. Só descobrimos as "noções primitivas" na análise dos fatos de línguas reunidos, confrontados, comparados. Como observam D. Paillard e S. Robert:[6] "Não há como distinguir nas línguas traços universais e traços particulares : tudo é aí específico e constitui um agenciamento particular de mecanismos gerais. [...] Atribuir à diversidade das línguas um estatuto central implica partir da diversidade sem definir *a priori* o que as línguas têm em comum além das aparências. A análise não tomará como ponto de partida categorias metalinguísticas gerais das quais cada língua ofereceria realizações particulares. [...] Partir da diversidade das línguas é ligar-se ao que é próprio de uma ou outra língua tomada em si mesma, ao que define sua identidade de maneira interna e a torna singular em relação às outras línguas. Procuramos também estudar as unidades de uma língua fora de toda categorização *a priori*, como entidades transcategoriais, em toda a riqueza de sua variação polissêmica. A diversidade das línguas se concebe, portanto, não como uma reflexão que leve em conta línguas diversas, mas como um trabalho sobre as línguas singulares, na sua própria singularidade. É esse estatuto central atribuído à singularidade e, portanto, à variação, que diferencia a abordagem de Culioli da abordagem tipológica que procura os universais".

Isso de modo algum implica que as noções primitivas sejam fundamentalmente diferentes nas duas abordagens – a linguagem é, afinal de contas, uma atividade específica da espécie humana – mas é a maneira de apreendê-las nos fatos da língua, e, com isso, a própria natureza dos fatos da língua levados em consideração, que diferem fundamentalmente.

Formalização

As duas abordagens distinguem-se, ainda, pelo tipo de formalização posta em cena.

A abordagem mentalista permite extrair do arsenal dos modelos que existem em outros domínios (modelos lógico-matemáticos, teoria dos protótipos, por exemplo) os conceitos suscetíveis de uma adequação à descrição e à análise dos fatos da língua.

A vantagem decisiva de um recurso a formalismos desse tipo é a possibilidade de escapar dos abismos da metalíngua. Em contrapartida, o tipo de dado levado em consideração é limitado estreitamente pelo próprio modelo.

A abordagem construtivista executa um processo de conceitualização específico dos tipos de dados observados e constitui ela mesma uma teoria dos observáveis.[7] *Construtivista* deve aqui ser entendido num segundo plano: esse termo significa também que os instrumentos de análise e de raciocínio são elaborados a partir desses observáveis.

Sentido e reformulação

Seguindo o caminho das expectativas explicitadas anteriormente, a abordagem mentalista demonstra que existem várias maneiras de dizer a mesma coisa, ou de dizer pelo menos a mesma coisa de maneira próxima. Há a ideia de que essa mesma coisa existe, que ela é dizível por si mesma.

O construtivismo postula, ao contrário, que "a mesma coisa" não existe, têm-se apenas modos diferentes de se dizer coisas diferentes, mesmo que a diferença se revele mais ou menos solúvel nos processos de aproximação e ajustamento. Na medida em que o sentido das palavras e dos textos não é exterior à língua e oculta uma ordem própria que não é o decalque nem de um pensamento e nem de um referente externo, o acesso ao sentido só é possível por meio da atividade de paráfrase e de reformulação. Trata-se de uma atividade metalinguística, específica da linguagem humana, que só apreende o sentido ao fazê-lo circular. O sentido provém necessariamente de uma dinâmica, de uma fluidez, de uma labilidade.

Assim, na nossa atividade de linguagem cotidiana, é exatamente o sentido que se desloca à medida que tentamos apreendê-lo em questões do tipo: *em que sentido você entende isso? O que você quer dizer com isso? Quer dizer, em outros termos* etc. Ao mesmo tempo, cada forma só diz, rigorosamente, o que ela diz. Ela só pode valer como explicitação do sentido de uma outra forma alterando esse sentido, ainda que pouco, deformando-o, fragmentando-o. Somente o que é dito diz o que é dito, e qualquer outro acesso a esse dito, qualquer tentativa de alcance através desse dito a um querer dizer, a uma significação, se dissipa por um desvio irredutível, ainda que mínimo, mesmo que se estabeleça um ajustamento e uma aproximação com a qual podemos frequentemente nos acomodar. O que produz esse desvio não é a alteração de um "sentido puro" que existiria independentemente dessa alteração. É exatamente essa alteração que é de certa maneira constitutiva do sentido, e que lhe dá corpo.

Uma teoria construtivista do léxico. O papel das unidades morfolexicais na construção do sentido dos enunciados

A abordagem construtivista apresentada anteriormente, em suas considerações mais gerais, será utilizada aqui numa teoria do léxico, cuja especificidade implica acepções mais precisas e mais especializadas do que entendemos por *construtivismo*.

Variação interativa

Neste ponto, partiremos da ideia central de que o modelo composicional de constituição do valor de um enunciado é amplamente insuficiente para

22 Linguagem e enunciação

dar conta das interações entre as unidades, de um lado, e das variações às quais essas unidades são submetidas, de outro. Essa ideia se fundamenta nas seguintes constatações: a variação (diversidade dos valores, mas também das distribuições, e ainda dos modos de organização e arranjos dos enunciados) constitui um fenômeno corrente, e não localizado, já que diz respeito à maioria das unidades; a variação é apenas em parte determinada pelo cotexto lexical; obedece consideravelmente a fortes regularidades, ligadas à estrutura desse cotexto; as próprias unidades condicionam seu cotexto de inserção, no sentido em que elas determinam não apenas a forma desse cotexto, mas também o tipo de cena enunciativa na qual este se inscreve.

Podemos observar, por exemplo, que o sentido do adjetivo "grand" e também o do substantivo "jour" varia nas três sequências "un grand jour" [um grande dia] (um momento excepcional e memorável), "trois grands jours" [três longos dias] (três unidades de 24h que denotam muito tempo), "au grand jour" [às claras] (em plena luz, sem esconder nada). A palavra "jour" em "sous un jour" [sob uma luz] corresponde à ideia de "luz, iluminação, perspectiva, forma de ver", mas "en un jour" [em um dia] remete à unidade de tempo. Por outro lado, podemos observar que o sentido do verbo "tomber" [cair] varia segundo se tenha "le jour tombe" [o dia cai] (declina) ou "la nuit tombe" [a noite cai] (chega).[8]

Da mesma maneira, o verbo "jouer" ganha sentidos muito diferentes se temos "le bois a joué" [a madeira cedeu], "les enfants ont joué" [as crianças brincaram], "ce facteur a joué" [esse fator influenciou]. Ao mesmo tempo, é o verbo "jouer" que contribui para a estabilização, dentre vários outros possíveis, de um dos sentidos da palavra "bois" ou da palavra "facteur".

Esse fenômeno é bem conhecido, e é fácil multiplicar os exemplos.

O sentido das unidades se constrói nos enunciados

A abordagem construtivista da qual evocamos os fundamentos anteriormente dirá respeito, portanto, ao léxico, e abordará um outro aspecto mais específico do *construtivismo*, formulável pela seguinte proposição: o sentido das unidades não é dado, mas constrói-se nos enunciados.[9] A hipótese central, correspondente, portanto, a um segundo sentido de construtivismo, é que a identidade de uma unidade se define não por algum sentido de base, mas pelo *papel específico que ela desempenha* nas interações constitutivas do sentido dos enunciados nos quais ela é posta em jogo. Esse papel é apreensível não como um sentido próprio da unidade, mas através da variação do resultado dessas interações.

O princípio dessa análise está latente na abordagem que Benveniste propõe para esse fenômeno de estabilização do sentido das unidades nos enunciados em termos de uma *função integrativa*. O sentido das unidades constrói-se no e pelo enunciado, ao mesmo tempo em que elas determinam o sentido desses enunciados. Não há sentido próprio e sentido derivado por metáfora: o valor bruto da unidade é sempre um valor abstrato, uma épura, não uma designação, é um potencial e não um conteúdo.

Dinâmica da interação: significação e contextualização

Os mecanismos de interação que evocamos colocam em jogo uma articulação entre *significação* e *contextualização*, na qual o contexto se inscreve, em relação a uma unidade ou a uma sequência (um encadeamento interpretável de palavras) dada, numa dialética complexa do "interno" e do "externo". Isso significa que o contexto não é (ou não apenas) externo ao enunciado: uma dada sequência é interpretável apenas em relação a um contexto, mas ao mesmo tempo a sequência *desencadeia* tipos de contextualizações com as quais ela é compatível.

Assim, o contexto está, na sua relação com a sequência contextualizada, numa relação ao mesmo tempo de dependência e de independência.

Essa abordagem da contextualização, que podemos chamar de *dinâmica*, conduz a uma análise do *sentido em construção*. Não se trata de partir do produto acabado (da interpretação de um enunciado) para ver como redistribuir parcelas de sentido aos diferentes componentes desse enunciado; não se trata mais de partir da interpretação estabilizada de um enunciado para considerar cada etapa em referência a esse estado estabilizado; trata-se de partir de *potenciais* vinculados a encadeamentos de palavras (sequências), de analisá-los como determinando uma espécie de trajeto dinâmico.

Assim, cada sequência determina tipos de contextualização possíveis. Nessa perspectiva, o tipo de contexto ou de situação pelo qual se interpreta uma sequência não é externo à sequência em questão. A interpretação de uma sequência como "porter au grand jour" [trazer à luz] implica um contexto de "revelação": "traz-se à luz" um assunto ou um objeto que estava antes oculto ou que pertencia à ordem de um segredo. Esse contexto é determinado e restrito. É bem mais difícil imaginar um contexto no qual alguém traria à luz (i.e., em plena luz do dia) um objeto, uma peça de roupa, por exemplo, a fim de melhor apreciar sua cor. Esse exemplo ilustra a noção de "boa formação contextual". Uma sequência só da lugar a um enunciado bem formado levando em conta um contexto por ela estritamente determinado.

Uma consequência crucial e claramente observável refere-se ao caráter mais ou menos "recuperável" de uma sequência. Um aspecto metodológico fundamental que perpassa as análises, qualquer que seja sua diversidade, consiste em analisar as condições pelas quais uma sequência é suscetível de resultar num enunciado reconhecido como bem formado. Podemos observar, por exemplo, que "Paul a ses raisons" [Paulo tem suas razões] constitui uma sequência diretamente interpretável como um enunciado, "razões" (no plural) sendo interpretado, portanto, de uma maneira próxima a "motivações", ou "justificativas". Por outro lado, "Paul a sa raison" [Paulo está em seu juízo] não fornece diretamente um enunciado bem formado. É necessária uma série de transformações que o tornem, gradualmente, mais ou menos natural: "Paul a toute sa raison" [Paulo está em seu pleno juízo] parece melhor que "Paul a sa raison" [Paulo está em seu juízo], porém, menos natural que "Paul a encore toute sa raison" [Paulo ainda está em seu pleno juízo], ou "Paul n'a plus toute sa raison" [Paulo não está mais em seu pleno juízo]. De todo modo, "raison" adquire um valor de faculdade mental.

O procedimento construtivista empregado aqui resulta, assim, em considerar a questão da referência de modo específico, não sendo esta mais considerada no nível da palavra, nem mesmo no de uma sequência, mas no nível do enunciado. Um enunciado não tem, portanto, o mesmo estatuto que uma sequência. Uma sequência apresenta-se como um potencial interpretativo, é eventualmente compatível com vários tipos de contextualização por ela determinados. Um enunciado é uma sequência estabilizada por uma contextualização definida. A análise das relações entre enunciado e referente pode ser substituída por uma análise do que chamaremos de "valor referencial" dos enunciados, o valor referencial correspondendo ao que há de recorrente na interpretação e na contextualização (ou na realização) de um enunciado.[10]

Hipóteses centrais

Afirmamos que nunca se observa nos enunciados o sentido bruto ou inerente de uma unidade: os sentidos atribuídos a uma unidade são sempre o produto da interação que se estabelece com o seu cotexto. É, então, através dos modos de interação com o cotexto que se pode extrair a identidade de uma unidade morfolexical.

Essa abordagem leva à elaboração de um modelo de identidade lexical em termos de "forma esquemática" (FE). Esse conceito indica que a unidade se inscreve num duplo processo interativo de esquematização (ou de configuração) do cotexto, por um lado, e de instanciação desse esquema pelos elementos desse cotexto, por outro.

A tese fundamental desse modelo, e que constitui a sua especificidade, é que a variação das unidades pode ser *reportada a princípios regulares*. O desafio da teoria não é, portanto, ou não é apenas, nem mesmo principalmente, o de extrair uma invariância da palavra sob forma de um conteúdo, mas de mostrar como a variação dos sentidos de uma palavra se dá em planos de variações regidos por uma organização regular.[11]

Portanto, o objetivo não é tanto, ou apenas, o de reconstituir o que pode haver de comum entre os diferentes empregos, mas de trazer à tona e de dar conta das próprias variações, da diferença entre os valores e da organização da variação. Descobre-se que a interação da palavra com seu cotexto provém de uma regularidade.

A variação provém do fato de que a unidade tem modos variáveis mas, por hipótese, determinados por princípios regulares de se estabelecerem relações com os elementos do cotexto.

Nessa perspectiva, a procura de uma invariante se torna um meio de pensar a organização da variação da palavra que é, ao mesmo tempo, estritamente singular e estritamente regular:

- estritamente singular: cada unidade tem uma identidade própria, irredutível à identidade de uma outra. Disso decorre que as variações de cada palavra se traduzem por valores absolutamente específicos e irredutíveis a quaisquer outros;
- estritamente regular: apreende-se a identidade de uma unidade por meio da maneira pela qual se organiza sua variação em planos de variação provenientes de mecanismos gerais e regulares. Essa tese

Construção das ocorrências da forma esquemática

A forma esquemática (FE) representa a identidade de uma unidade. Ela constitui o arcabouço de um raciocínio que permite extrair o papel respectivo da unidade e de seu cotexto na variação dos sentidos que podem lhe ser associados.

Uma FE deve descrever o conjunto dos valores e dos empregos da unidade que ela caracteriza. Ao mesmo tempo, não corresponde por ela própria a nenhum de seus valores singulares. Ela não é assimilável a algum sentido específico, e em particular a um sentido que seria primeiro. A FE não é o sentido da palavra, a identidade que ela constitui não é uma substância autônoma, ela não é o menor denominador semântico comum dos empregos de uma palavra.[12]

Cada uso da unidade corresponde ao emprego particular da FE e, dela, revela apenas um dado aspecto. Ela não é apreensível senão por meio de suas diferentes realizações possíveis quando das utilizações da unidade, que constituem "ocorrências" da forma esquemática.

Os modos de construção dessas ocorrências constituem o objeto de uma teoria que se aplica às unidades lexicais, qualquer que seja a categoria a que pertençam.

A questão essencial dessa teoria é a busca de regularidades na variação das unidades, envolvendo um desdobramento da própria noção de polissemia.

De um lado, os modos de construção das ocorrências da FE são regulares dentro dessa teoria. De outro, trata-se de ocorrências de uma forma esquemática que é sempre específica à unidade considerada: cada FE propõe uma caracterização singular da unidade, que permite dinstingui-la de todas as outras unidades.

Distinguem-se três tipos de ocorrências. Essa tripla distinção é uma extensão do que foi aplicado primeiramente ao domínio nominal (em termos de denso, discreto, compacto) para descrever não classes de N (como o faz a distinção de massivo/contável), mas possíveis funcionamentos de um mesmo N.

Podemos ilustrar um dos fundamentos dessa distinção com o exemplo da palavra "chien" [cachorro].

Num primeiro momento, as ocorrências de *"chien"* [cachorro] eram consideradas como ocorrências da *propriedade* "être chien" [ser cachorro], suscetível de se realizar de três maneiras diferentes conforme as determinações da palavra e seu emprego no enunciado.

No caso de "c'est du chien" [é cachorro] (por exemplo, carne de cachorro), a propriedade "ser cachorro" encarna-se apenas através do próprio fato de que dela existe uma manifestação no tempo e no espaço, independentemente de se levar em conta um indivíduo (que seria "un chien" [um cachorro]). No caso da palavra "clé" [chave], "une clé de judo" [uma chave de judô], por exemplo, coloca em jogo uma encarnação da propriedade "être clé" [ser chave] que não passa por um objeto, mas por um evento. A glosa desse tipo de exemplo seria: a propriedade "être chien" [ser cão] ou "être clé" [ser chave] existe. A propriedade se encarna como um evento ou uma manifestação espaço-temporal. Trata-se de uma ocorrência que denominamos "densa".

Um exemplo como "Jean est um chien" [João é um cachorro] marca a atribuição a João da propriedade "être chien" [ser cachorro]. Esta se encarna então através do "suporte" que constitui o indivíduo Jean [João], cujo estatuto de indivíduo é, aliás, independente da propriedade "ser cachorro". No caso de uma "clé de voûte" [pedra central de um arco ou cúpula], a propriedade "être clé" [ser chave] encarna-se através de um objeto que é uma pedra que constitui um objeto (um "indivíduo") independentemente da propriedade "être clé" [ser chave]. Trata-se de uma ocorrência que denominamos "compacta".

Por fim, um exemplo como "Médor est un chien" [Médor é um cachorro] realiza uma ocorrência da propriedade "ser cachorro" por meio de um indivíduo que não tem existência senão por meio da propriedade "ser cachorro". Em "clé d'une serrure" [a chave de uma porta], a propriedade "être clé" [ser chave] encarna-se através de um indivíduo cujo estatuto está vinculado a essa propriedade, que é indivíduo (objeto) somente sendo chave. Trata-se de uma ocorrência "discreta".

Esses exemplos ilustram o fato de que um substantivo como "chien" [cachorro] ou "clé" [chave] não remetem por si só a um objeto. O caso em que o substantivo é posto em jogo para designar um objeto do mundo que ele investe da apelação "cachorro" ou "chave" correponde a uma configuração particular, entre outras. A "clé de la serrure" [chave da porta] não é o emprego elementar do qual derivariam todos os outros por extensão metafórica.

O tipo de ocorrência construída age de modo variável sobre o sentido da palavra. Essa variação pode ser mais ou menos percebida como "polissêmica". Mesmo se a representação da propriedade "être chien" [ser cão] difere, essa variação não é percebida como polissêmica da mesma maneira que no caso da palavra "clé" [chave] ou ainda do verbo "jouer" [jogar, brincar, agir etc.] em "les enfants jouent sur la terrasse" [as crianças brincam na calçada], "le soleil joue sur le moral" [o sol interfere no humor], "le soleil joue sur les vagues" [o sol brinca nas ondas].

Na presente etapa, a teoria da construção das ocorrências diz respeito, não mais à "noção", mas à "forma esquemática" (FE) que define a identidade de uma palavra, o que traz uma série de consequências.

Na medida em que uma FE se inscreve em um duplo processo interativo de esquematização (ou de configuração) do cotexto, de um lado, de instanciação desse esquema pelos elementos desse cotexto, de outro, essa FE se realiza através das ocorrências cuja construção põe em jogo tanto o processo de configuração, como também o processo de instanciação. Os modos "denso", "discreto" e "compacto" encontram-se, portanto, duplamente empregados.

Essa teoria das ocorrências da forma esquemática não constitui senão uma grade de leitura possível ou ainda uma possibilidade de desenvolvimento dos artigos no âmbito do referencial culioliano, que só a empregam, no entanto, de modo embrionário, na medida em que ela constitui um programa de trabalho em curso. O aspecto mais imediatamente visível do programa que fundamenta tais artigos reside no desdobramento o mais extenso possível da variação de cada unidade.

Os trabalhos permitem levantar uma série de questões que aparecem conforme se elaboram as FE. Uma das questões diz respeito à própria natureza das definições constituídas pelas FE e pelos termos postos em jogo por elas, que podemos chamar de "parâmetros" da FE.

Essa questão pode ser colocada de um duplo ponto de vista:

- trata-se, de um lado, de determinar a natureza semântica desses parâmetros. A definição destes é o produto de um processo de abstração que conduz a empregar termos que podem ocultar um aspecto metafórico, e que se situam, às vezes, nos "confins do dizível", mas que são também suficientemente precisos para não excluir, por sua vez, uma definição "calibrável" e suscetível de escapar da armadilha da metalíngua. Esses termos não são padrões, não os encontramos ou não necessariamente os encontramos de uma FE a outra.

- trata-se, de outro lado, do formato de formulação dessas FE e da questão de determinar em que medida essa formulação depende da categoria a que pertence a unidade. Se é possível configurar de modo homogêneo as FE de termos relacionais como as preposições ou os preverbos (cf. *"re-"* et *"sub-"*), a questão fica por hora largamente aberta quanto às outras unidades, para as quais o formato da FE aparece no estado atual como idiossincrático.

Um outro plano de variação é constituído pelas construções sintáticas. A forma esquemática não permite predizer nem dar conta das construções sintáticas nas quais entra a unidade.

A palavra "raison" [razão], por exemplo, entra numa série de construções que correspondem a inúmeras formas de intrincação dos parâmetros de sua FE com as marcas sintáticas em jogo (cf., por exemplo, "avoir raison de la résistance de quelque chose" [vencer a resistência]; "à raison de" [à razão de]; "y avoir une raison" [haver uma razão] (para um estado de coisas); "avoir raison/avoir ses raisons" [ter razão/ter suas razões] (para tomar tal decisão)/"ne plus avoir toute sa raison" [não estar mais em seu pleno juízo]), dos quais resultam sentidos bastante fragmentados.

No caso dos verbos, a FE não se apresenta como um esquema actancial: os parâmetros da FE não correspondem senão de modo variável a argumentos do predicado. Um grande número de verbos entra em várias construções sintáticas, das quais nenhuma é considerada como primeira ou mais fundamental que as outras. Desse ponto de vista, existe uma autonomia da sintaxe.

Assim, a teoria da construção das ocorrências da forma esquemática que caracteriza cada unidade não coloca a identidade e a variação no mesmo plano. Os diferentes sentidos de uma unidade não correspondem às extensões ou às deformações de um sentido estável, constitutivo de sua identidade primeira. Eles correspondem aos diferentes tipos de realização de um cenário abstrato – a forma esquemática. *Abstrato* significa que ele se situa aquém dessa ou daquela de suas realizações particulares: a identidade da palavra constitui-se somente por meio de sua variação e não pode ser apreendida senão através das realizações particulares e, portanto, sempre parciais dessa identidade. As unidades lexicais não são indivíduos bem constituídos, mas ocorrências construídas por processos de individuação.

Texto originalmente publicado como introdução da revista *Langue Française*, n. 133, Paris, Larousse, fev. 2002. Esse número apresenta uma série de artigos versando sobre a questão da identidade das unidades morfolexicais.

Notas

[1] Ver, particularmente, no domínio das publicações francesas, duas obras importantes e relativamente recentes sobre a polissemia: B. Victorri; C. Fuchs, *La polysémie, construction dynamique du sens*, Hermes Sciences Publication, 1996, e G. Kleiber, *Problèmes de sémantique: la polysémie en questions*, Villeneuve d'Ascq (Nord), Presses Universitaires du Septentrion, 1999.

[2] Não entendemos, portanto, o *construtivismo* no sentido discutido por G. Kleiber (op. cit.). Não se trata de entrar na questão de saber se a realidade tem um estatuto independentemente de sua percepção ou de sua representação, mas o que importa é saber se o sentido (linguístico) tem ou não um estatuto independentemente do material verbal que lhe dá corpo.

[3] F. Bresson, "Dire ce qu'on voit, voir ce qu'on dit", J. Bouscaren; J.-J. Franckel; S. Robert (org.), *Langues et langage: problèmes et raisonnements en linguistique, mélanges offerts à Antoine Culioli*, Paris, PUF, 1995, pp. 541-46.

[4] F. Bresson, "A côté du langage", *Revue philosophique de la France et de l'Étranger*, Paris, PUF, n. 4, 1978, pp. 489-94.

[5] A menos que se proceda por analogia: uma escada em forma de caracol tem um pouco a forma de uma mola.

[6] D. Paillard; S. Robert, "Langues diverses, langues singulières", *Langage et sciences humaines: propos croisés*. Berne, Peter Lang, 1995, pp. 117-44.

[7] Sobre esse aspecto, ver em particular A. Culioli, "La linguistique: de l'empirique au formel", *PLE I*, Paris, Ophrys, 1990, pp. 9-46.

[8] Ver ainda, por exemplo, "la pluie est tombée" [caiu uma chuva]/"la nouvelle est tombée" [surgiu uma novidade].

[9] Essa tese não se encontra, em si, deduzida da abordagem construtivista apresentada, sendo, na verdade, independente dela. De fato, essa forma de construtivismo lexical pode se desenvolver numa abordagem cognitivista (ou mentalista). É assim, por exemplo, que poderíamos considerar o percurso de B. Victorri.

[10] O sentido de cada enunciado podendo, aliás, ser tido como único, não recorrente, inesgotável, tão logo ele leve em conta, particularmente, as intenções supostas do locutor que o profere, no âmbito de uma análise que remeteria, no caso, à pragmática.

[11] Esse aspecto crucial da teoria a diferencia de outras abordagens relativamente próximas quanto ao restante de suas considerações, como no caso de P. Cadiot; Y. M. Visetti, *Pour une théorie des formes sémantiques: motifs, profils, thèmes*, Paris, PUF, 2001, ou ainda de B. Victorri, que afirma explicitamente que a variação não é regular.

[12] Cf. a caracterização de forma esquemática dada por A. Culioli em "A propos de même", *Langue Française*, n. 133, Paris, Larousse, pp. 16-27: "Além dessa singularidade e da multiplicidade dos fenômenos empíricos, emerge uma atividade autorregulada de relação e de interação, que organiza e estrutura entidades heterogêneas. Isso engendra uma proliferação de possíveis, mas desses possíveis emergem invariantes. A forma esquemática é essa forma abstrata (metalinguística) que permite simular pelo raciocínio o que permanece, em si, inacessível, sempre entrevisto através do material textual, ao mesmo tempo obstáculo por sua aparente solidez interposta, e vestígio em que se desenha o trabalho de uma inteligência da adaptação, do conjectural e do desvio."

Referência, referenciação e valores referenciais

Jean-Jaques Franckel

A referência pode ser compreendida como a função que permite às unidades e aos enunciados da língua remeter ao mundo real ou ideal em um sistema de correspondência que, na perspectiva clássica, tende a ser concebido como estável e imediato. Ela decorre de uma relação de transparência e adequação das unidades da língua às ideias que permitem representar e que constituem, por si mesmas, representações do mundo. A referência dessas unidades confunde-se com seu sentido. A essa abordagem, vamos contrapor a abordagem oriunda da construção, pelo material verbal, de um sentido irredutivelmente específico e instável, e que tem na opacidade sua propriedade constitutiva. À concepção clássica da transparência original e da estabilidade fundamental das relações entre linguagem e pensamento (articuláveis, estas, às relações entre pensamento e mundo, nas diferentes análises que delas podem ser feitas) será confrontada uma concepção das relações forma-sentido fundamentada nas operações de referenciação e de produção de valores referenciais para as quais o sentido não repousa em nenhum elemento de estabilidade que não seja proveniente de uma construção enunciativa.

Uma transparência original da linguagem

A abordagem Aristotélica

Para Aristóteles, "a fala é um conjunto de elementos simbolizando os estados da alma, e a escrita, um conjunto de elementos que simbolizam a fala. E assim como todos os homens não têm o mesmo sistema de escrita, também

32 Linguagem e enunciação

não têm a mesma língua. Entretanto, os estados da alma, que são imediatamente significados pela fala, são idênticos para todos os homens. E (isso porque) as coisas às quais se referem esses estados da alma são igualmente idênticas para todos".[1]

As relações entre pensamento, linguagem e mundo deixam-se descrever como uma tríade que serve de quadro para refletir sobre as relações entre domínios concebidos, pelas próprias relações estabelecidas, como oriundos de uma forma de autonomia, ao mesmo tempo em que se inscrevem em um sistema de correspondência imediata: o polo superior representa o pensamento (em sua imaterialidade, sua pureza original e sua universalidade) e os dois polos inferiores, a linguagem, de um lado, e as coisas (o mundo, o real e o que se poderia chamar de referente), de outro.

Essa relação íntima e imediata entre pensamento, palavras e coisas é encontrada de modo recorrente, em particular em Santo Agostinho,[2] ou ainda em Tomás de Aquino, para quem "as falas são os signos do pensamento, e os pensamentos, similitudes das coisas. Do que segue que as falas se referem às coisas designadas por meio dos conceitos".[3] Para o pensamento da Renascença, uma única língua pode ser dita perfeita, a que foi dada aos homens pelo próprio Deus, e cujas palavras constituem a verdade dos seres e das coisas. Considerando que elas manifestam a própria essência, são a forma perfeitamente semelhante do que nomeiam.

A abordagem clássica

A reflexão da época clássica marca uma reviravolta. A linguagem não diz mais as coisas, apenas representa as ideias dos homens. A linguagem humana nada mais é do que o pensamento representado. Doravante, a única função da fala é significar as ideias, e a essência da linguagem esgota-se totalmente nessa função de representação. À busca das semelhanças que, até a Renascença, fundam o vínculo natural do signo e da coisa significada substitui-se a análise do funcionamento das unidades da língua como representante das ideias e de suas relações no pensamento.

São as propriedades universais do espírito que se manifestam por meio das línguas e, desse ponto de vista, todas as línguas são equivalentes. D. Mercier[4] aponta a unanimidade nos séculos XVII e XVIII em relação a uma teoria geral da linguagem:

Pura representação do pensamento, a linguagem perde toda opacidade, toda conivência misteriosa com as coisas do mundo, para não ser mais do que o objeto perfeitamente transparente de uma nova ciência cujos princípios universais visam a definir apenas as condições de um *funcionamento*. No mesmo movimento, a problemática das línguas particulares muda radicalmente de natureza: as diferentes maneiras de falar deixam de ser os avatares malditos, problemáticos e degenerados da língua de Adão para ser somente o conjunto de usos arbitrariamente escolhidos por cada povo – segundo seus gostos e hábitos específicos, ou as circunstâncias de sua história – para expressar seus pensamentos. As línguas particulares não são nada mais do que os modos de ser possíveis e perfeitamente *equivalentes* de uma mesma linguagem.

Cada língua constitui, a seu modo, uma análise das mesmas propriedades de um mesmo pensamento e, em particular, das três operações fundamentais do espírito: conceber, julgar e raciocinar. O grau de perfeição de uma língua particular só depende da precisão e da fidelidade com as quais ela se revela capaz de "pintar" as ideias e suas articulações na atividade do pensamento.

Essa nova concepção inscreve-se em uma reflexão que, na realidade, diz respeito principalmente às relações entre o pensamento e o mundo, a propósito da origem das ideias, da primazia do pensamento sobre o empírico para os racionalistas (como Descartes ou Leibniz), ou da primazia do empírico sobre a estruturação mental para os empiristas (como Hobbes, depois Locke, e Hume ou ainda Condillac). O que quer que seja desses debates, a linguagem, quer como instrumento secundário ou principal, concebe-se como um *auxiliar* do pensamento. Seu papel é, sobretudo, o de permitir a elaboração das ideias gerais, tornando possível a designação, sob uma palavra única, do que corresponde a objetos múltiplos e mais ou menos diversos. A generalização, a abstração, indispensáveis ao conhecimento, estão vinculadas à linguagem.

Vemos que, nessa perspectiva, a linguagem e o pensamento emergem e desenvolvem-se simultaneamente. A linguagem é, antes, o *espelho*, o reflexo do pensamento. Existe, portanto, em teoria, uma transparência da linguagem em relação às ideias. Para Leibniz, as ideias e as palavras estão em coincidência perfeita e cada termo denota uma ideia. Legalmente, a linguagem permite tudo conceber e tudo expressar.

Nessa reflexão, a questão do referente e do vínculo da linguagem ao mundo e às coisas passa para um segundo plano, na medida em que a linguagem aparece como uma representação da representação do mundo que o sujeito constrói em seu sistema de pensamento.

34 Linguagem e enunciação

Porém, se essa representação das ideias é, em seu fundamento, transparente e repousa em vínculos imediatos, o que resta, nos fatos e na sua prática, é que a linguagem aparece como não sendo absolutamente confiável. É um mal necessário, suscetível, na realidade do funcionamento de uma ou outra língua particular, de deformar o pensamento e de refreá-lo. Assim, para os racionalistas, a linguagem pode deformar ou mascarar o verdadeiro pensamento e colocar obstáculo aos raciocínios rigorosos, impedindo o verdadeiro conhecimento; para os empiristas, os termos gerais dados pela linguagem podem, da mesma forma, ser enganadores pelo fato de não haver uma contraparte empírica na realidade concreta que corresponda à generalização.[5] Observa-se, em suma, uma corrente de desconfiança em relação ao que chamamos de "línguas naturais", consideradas fontes de confusão para o pensamento, por fazerem conhecer o mundo por meio de suas próprias categorias e suas próprias construções, variáveis conforme as línguas e inutilmente complicadas aos olhos da lógica, que é universal. Na prática, o princípio de equivalência das línguas particulares, central na teoria geral da linguagem como representação do pensamento, torna-se difícil de se realizar quando se considera a diversidade das línguas.

Daí a ideia, a qual voltaremos, de representar a linguagem por uma estrutura lógico-matemática que, eliminando sua ambiguidade e seu movimento acidentais, reencontre a estabilidade e a clareza perfeitas da qual, por princípio, ela provém.

É no contexto dessa reflexão que são elaborados os tratados de gramática, ditos *gramáticas gerais*. As categorias gramaticais e as partes do discurso tornam possível a análise do pensamento. A linguagem analisa, compara, reúne e ordena. A gramática de Arnauld e Lancelot (1660) apresenta a gramática como "a arte de pensar".[6]

> Falar é explicar seus pensamentos por signos que os homens inventaram para esse fim. [...] Pode-se considerar duas coisas nesses signos. A primeira: o que são por sua natureza, isto é, enquanto sons e caracteres. A segunda: sua significação, isto é, a maneira pela qual os homens os utilizam para significar seus pensamentos. [...] Só se pode compreender direito os diversos tipos de significações que estão encerrados nas palavras se compreendermos bem o que se passa em nossos pensamentos antes, já que as palavras foram inventadas apenas para fazê-los conhecer.

Para Beauzée, na *Enciclopédia*:[7]

> A fala é um tipo de quadro cujo original é o pensamento: ela deve ser dele uma imitação fiel, essa fidelidade podendo se encontrar na representação

sensível de uma coisa puramente espiritual. A lógica, pelo recurso da abstração, tem por finalidade analisar, de algum modo, o pensamento, por mais indivisível que seja, considerando separadamente as ideias diferentes que dele são objeto e a relação que o espírito percebe entre elas. É essa análise que é o objeto imediato da fala, e é por isso que a arte de analisar o pensamento é o primeiro fundamento da arte de falar, ou em outras palavras, que uma lógica sensata é o fundamento da gramática. [...] Todas as línguas vão submeter indispensavelmente seu caminhar às leis da análise lógica do pensamento; e essas leis são invariavelmente as mesmas em toda parte e em todos os tempos, porque a natureza e a maneira de proceder do espírito humano são essencialmente imutáveis [...] A gramática admite (portanto) dois tipos de princípios: uns são de uma verdade imutável e de um uso universal; eles dizem respeito à natureza do próprio pensamento; eles seguem a sua análise [...]. Os outros só têm uma verdade hipotética e dependente de convenções livres e mutáveis, sendo usados apenas por povos que os adotaram livremente, sem perder o direito de mudá-los ou de abandoná-los, ou quando for agradável ao uso, modificá-los ou bani-los. Os primeiros constituem a "gramática geral", os outros são o objeto das diversas "gramáticas particulares".

Um pensamento claro passa por uma expressão clara, em virtude dessa adequação fundamental da linguagem às ideias. E o bom pintor tem uma palheta de cores que distinguem e articulam bem as ideias que pintam.

Em sua introdução de *A língua dos cálculos*, Condillac (1798) afirma: "Toda língua é um método de análise, e todo método de análise é uma língua".[8] Existe, portanto, uma unidade inseparável da língua e da lógica. O gramático é também um filósofo que descobre os princípios da linguagem na própria análise do pensamento.

Uma gramática geral e universal justificada por uma organização mental universal

O texto de Beauzée, bem como o programa de Condillac, legitimam a perspectiva da busca de uma gramática geral de natureza lógico-matemática, na medida em que suas leis são de natureza universal. Essa perspectiva definirá, sobretudo, o programa de pesquisa da GGT. É a concepção que permite, por exemplo, ao linguista Fodor (1977) introduzir a noção de *mentalês*, uma *língua mental*, linguagem do pensamento, universal e independente das línguas, cuja gramática constituiria uma forma de gramática universal ideal das línguas, abstração feita de seus particularismos.

36 Linguagem e enunciação

Está assim posta a ideia de que se pode desvencilhar as línguas da gangue parasita que as especificidades contingentes de cada uma constituem para encontrar, com a ajuda de uma formalização de tipo lógico-matemática, uma organização sintática e semântica que seria da ordem de uma pureza original e universal,[9] emanação direta da organização dos processos mentais: os modelos formais são concebidos como o lugar de um encontro ideal e, mais que isso, de uma coincidência entre a estrutura geral das línguas e a estrutura do espírito.

Essa concepção conduz a maior parte das pesquisas atuais em sintaxe e semântica a pegar, no arsenal de modelos matemáticos, os formalismos que permitem engendrar gramáticas de línguas possíveis ou gramáticas possíveis.[10] A linguagem pode ser descrita com o auxílio de formalismos independentes, desde que seja apreendida como um instrumento de formalização de um conteúdo de essência "extra linguagem", cuja organização está diretamente vinculada à estruturação mental que as ciências cognitivas analisam e moldam. As formas efetivas são então consideradas como desvios contingentes à forma ideal, são secundárias e não efetivamente pertinentes à busca dessa universalidade. Elas são consideradas como as materializações localmente divergentes de uma arquitetura formal que não emana delas, mas de algo do qual se postula constituírem o efeito, senão o reflexo.

O recurso a formalismos independentes em vista de uma descrição da arquitetura das línguas fornece um tratamento radical ao problema da metalíngua, na medida em que a ferramenta de análise não se confunde diretamente com o objeto de análise. A contrapartida é o risco de a análise da linguagem vir a se reduzir a um ramo das matemáticas ou a se absorver na psicologia cognitiva – e, em última instância, na biologia. A semântica se reduz seja à lógica, seja a um ramo da psicocognitiva.[11]

Categorias gramaticais fundamentadas em um sistema de correspondência entre unidades da língua e referente

A concepção de linguagem como formalização de um conteúdo ideal de essência "extra linguagem" encontra-se diretamente desenvolvida e ilustrada em numerosas obras cujos títulos tomam formas do tipo: "a expressão do tempo em francês", "a expressão do espaço em haoussa", "a expressão do condicional nas línguas", ou "os referentes evolutivos" etc. Esse tipo de abordagem postula que existe, de um lado, o tempo e o espaço, o movimento, que são da ordem de um "referente" (constituído por meio da representação que lhe damos em um sistema de representação e de percepção) e, de outro, as formas, variáveis de língua a língua, que permitem a sua expressão. A referência provém de uma relação mais ou menos direta e imediata entre uma porção cognitiva e simbolicamente determinada do "mundo real" e expressões linguísticas. Esse ponto de vista levanta, no mínimo, duas ordens de problemas.

O primeiro problema concerne apenas indiretamente à linguagem. Ele se atém ao fato de que esse ponto de vista coloca o tempo ou o espaço como constitutivo de um referente cuja existência é dada por si só, de forma homogênea e preestabelecida, como atesta o artigo "o" ("o" espaço; "o" tempo). Ora, de um simples ponto de vista perceptivo, o espaço não tem nada de homogêneo,[*] do mesmo modo que o tempo não existe independentemente desta ou daquela maneira simbólica, cultural ou física de apreendê-lo. O "tempo" pode ser proveniente de uma representação cíclica ou linear (cf. o famoso "eixo dos tempos"). O que está por vir, por exemplo, é simbolicamente associado a um espaço situado "diante de nós", em nosso campo visual (como em nossa cultura) ou, ao contrário, "atrás de nós", enquanto associável ao desconhecido etc. Fora da própria linguagem, o espaço e o tempo só existem por meio de representações que nós lhes damos, e o referente é indissociável de um domínio nocional, complexo e variável, ao qual o associamos.

O segundo problema diz respeito ao fato de, em regra geral, serem as formas (unidades da língua, unidades lexicais e marcas gramaticais) supostamente ligadas à "expressão do espaço ou do tempo" também vinculadas a outras coisas. Elas fracassam ao se tentar constituir um decalque da espacialidade ou da temporalidade. Por outro lado, numerosas formas que não entram na nomenclatura das marcas do tempo podem ser analisadas como introduzindo uma dimensão temporal. Um determinante como "chaque" [cada], na medida em que introduz um percurso de unidades discretas, associáveis a uma forma de sucessão, pode ser considerado como proveniente de um tipo de problemática temporal.

É nessa perspectiva, ainda, que se encontra estabelecida a arquitetura das categorias gramaticais clássicas. Com efeito, o que são as categorias do tempo ou do número, por exemplo? Trata-se, de fato, de um sistema de correspondência entre, de um lado, as marcas da língua ditas "de tempo" ou "de número" (por exemplo, a marca "-ava" ou "-ia" do imperfeito do indicativo ou a marca -s

---

* N. dos orgs.: Ver J.-J. Franckel, "Introdução", nesta mesma obra.

38 Linguagem e enunciação

do plural dos nomes) e, de outro lado, um sentido que provém de um referente externo (remetendo a uma porção do mundo cognitivamente determinada)? Ora, é fácil mostrar que o imperfeito, descrito como "tempo do passado", de modo algum refere por si só ao passado, nem mesmo a um tempo qualquer (ver "Se eu não fosse mulher, ia também!"*), ou que o plural não remete por si só ao múltiplo (ver "Ele adora apostar em cavalos", em que o plural não é – ou é dificilmente e muito artificialmente – reduzido ao "mais de um"). Mesmo se for verdade que essas marcas são postas em jogo de modo privilegiado nos enunciados que referem ao transcorrido ou ao múltiplo, elas fogem radicalmente de um sistema de correspondência preestabelecido a um "referente" externo.

A crítica de Émile Benveniste

Benveniste,** em "Categoria de pensamento e categoria de língua", formula uma crítica às abordagens precedentes nesta citação:

> Faz parte da natureza da linguagem o prestar-se a duas ilusões em sentidos opostos. Por ser assimilável, por consistir-se de um número sempre limitado de elementos, a língua dá a impressão de ser apenas um dos intermediários possíveis do pensamento, que, livre, autossuficiente, individual, emprega a linguagem como instrumento seu. Na verdade, se tentamos atingir os quadros próprios do pensamento, só nos apoderamos das categorias da língua. A outra ilusão é o inverso. O fato de que a língua seja um conjunto ordenado, de que revele um plano, incita a procurar no sistema formal da língua o decalque de uma "lógica" que seria inerente ao espírito e, pois, exterior e anterior à língua. Na verdade só se constroem assim ingenuidades ou tautologias.[12]

Benveniste mostra que Aristóteles, ao acreditar delimitar uma lógica universal, só faz delimitar a que a sua língua constrói ao interpretar o mundo:

> [Aristóteles] tomou inconscientemente por critério a necessidade empírica de uma *expressão* distinta para cada um dos predicados. Dedicava-se, pois, a

---

* N. dos orgs.: O referido exemplo consta em Cunha e Cintra, *Nova Gramática do Português Contemporâneo*, 1985, p. 440, e é de autoria de M. Torga.

**N. dos orgs.: Na sequência da obra, as referências a Émile Benveniste, *Problèmes de Linguistique Générale I*, Paris, Gallimard, 1966, e *Problèmes de Linguistique Générale II*, Paris, Gallimard, 1974, foram traduzidas de acordo com o que se apresenta nas edições brasileiras *Problemas de linguística geral I*. Trad. de Maria da Glória Novak e Maria Luisa Neri; revisão de Isaac Nicolau Salum. 4 ed. Campinas, SP, Pontes/Editora da UNICAMP, 1995; *Problemas de linguística geral II*. Trad. de Eduardo Guimarães et alli. Campinas, Pontes, 1989. Quando a tradução for de nossa responsabilidade, é indicado em nota. Por sua vez, os artigos de Émile Benveniste que constam da obra *Problemas de linguística geral I* e *II* serão referidos, em notas, por PLG I e PLG II.

reconhecer, sem o querer, as distinções que a língua manifesta entre as principais classes de formas, uma vez que é pelas suas diferenças que essas formas e essas classes têm uma significação linguística. Pensava definir os atributos dos objetos; não apresenta senão seres linguísticos: é a língua que, graças às suas próprias categorias, permite reconhecê-las e especificá-las.[13]

Abordagem construtivista

A opacidade é constitutiva da linguagem

À abordagem aristotélica, seguida da abordagem clássica, historicamente e até os dias atuais sociologicamente dominantes, pode-se opor a abordagem que chamaremos de "construtivista", a qual postula que o sentido é construído pelo material verbal e que a linguagem não constitui um sistema de representação em uma relação de adequação a um outro sistema de representação (aquele que constitui as ideias). Essa posição encontra-se, por exemplo, explicitada e ilustrada pela seguinte citação de M. Merleau-Ponty:[14]

> [...] a palavra intervém sempre sobre um fundo de palavra, nunca é senão uma dobra no imenso tecido da fala. Para compreendê-la, não temos de consultar algum léxico interior que nos proporcionasse, com relação às palavras ou às formas, puros pensamentos que estas recobririam: basta que nos deixemos envolver por sua vida, por seu movimento de diferenciação e de articulação, por sua gesticulação eloquente. Logo, há uma opacidade da linguagem: ela não cessa em parte alguma para dar lugar ao sentido puro, nunca é limitada senão pela própria linguagem, e o sentido só aparece nela engastado nas palavras. Como a charada, só é compreendida mediante a interação dos signos, que, considerados à parte, são equívocos ou banais, e apenas reunidos adquirem sentido.

> [...] Nossas análises do pensamento fazem como se, antes de ter encontrado as suas palavras, ele já fosse uma espécie de texto ideal que nossas frases procurariam *traduzir*. Mas o próprio autor não tem nenhum texto que possa confrontar com seu escrito, nenhuma linguagem antes da linguagem. Se sua palavra o satisfaz, é por um equilíbrio cujas condições ela própria define, por uma perfeição sem modelo. Muito mais do que um meio, a linguagem é algo como um ser [...]. O sentido é o movimento total da palavra, e é por isso que nosso pensamento demora-se na linguagem.*

---

* N. dos orgs.: A referida passagem de M. Merleau-Ponty foi extraída da edição brasileira, cf. notas.

40 Linguagem e enunciação

Como vemos, esse texto vai no sentido oposto do de Beauzée, por exemplo. Enquanto para este último, "a palavra é um tipo de pintura cujo pensamento é o original", para Merleau-Ponty, "para compreendê-la, não temos de consultar algum léxico interior que nos proporcionasse, com relação às palavras ou às formas, puros pensamentos que estas recobririam". O sentido só existe desde que seja construído pela linguagem. Seguindo o mesmo raciocínio, esse sentido só é apreensível por meio das palavras e encontra-se limitado à capa da circularidade metalinguística. Só as palavras podem nos esclarecer acerca do sentido das palavras: "há uma opacidade da linguagem: ela não cessa em parte alguma para dar lugar ao sentido puro, nunca é limitada senão pela própria linguagem, e o sentido só aparece nela engastado nas palavras". A questão da metalíngua está no coração da produção do sentido.

Reformulação, deformação e circulação

Na medida em que o sentido das palavras e dos textos não é exterior à língua e guarda uma ordem própria que não é o decalque nem de um pensamento, nem de um referente externo, o acesso ao sentido só é possível por meio da atividade de paráfrase e de reformulação.[15] Trata-se de uma atividade metalinguística, específica da linguagem humana, que só apreende o sentido fazendo-o circular (a palavra "sens" em francês remete à significação, mas também à orientação). O sentido provém necessariamente de uma dinâmica, de uma fluidez, de uma labilidade.

Assim, o dicionário explicita o sentido das palavras ao substituir, em uma circularidade mais ou menos imediata, palavras por outras. Mais amplamente, na nossa atividade de linguagem cotidiana, é exatamente o sentido que se desloca à medida que se tenta cercá-lo com questões do tipo: *Em que sentido você entende isso? O que você quer dizer com isso?... quer dizer, em outras palavras* etc.[16] Ao mesmo tempo, cada forma só quer dizer, rigorosamente, o que diz. Ela pode valer como explicação do sentido de uma outra forma apenas alterando-a, ainda que pouco, deformando-a, fragmentando-a. Só o que é dito diz o que é dito, e qualquer outro acesso a esse dito, qualquer tentativa de atingir por meio desse dito um querer dizer, uma significação, resulta em desvio irredutível, ainda que mínimo, ainda que se estabeleça um ajustamento e uma aproximação à qual podemos, frequentemente, nos acomodarmos. O que produz esse desvio não é a alteração de um "sentido puro", que existiria independentemente dessa alteração. É essa própria alteração que é, de algum modo, constitutiva do sentido, e que lhe dá corpo.

Nessa perspectiva, o sentido de "alguma coisa" só é apreensível por meio do sentido de "outra coisa". Ele se apresenta como uma espécie de "buraco negro"; não se inscreve em uma problemática do tipo tema e variação, não correspondendo ao tema cujas diferentes materializações, tomadas em relações de sinonímia ou de paráfrase, seriam variações; não é um conteúdo que existiria independentemente do suporte particular que o atualiza; não pertence a um pensamento concebido como "desencarnado" e que existiria independentemente dessa materialidade.

A linguagem constitui uma forma de pensamento

O sentido linguístico provém, portanto, de uma dinâmica e de uma organização próprias à linguagem.

Conduta específica da espécie humana, a linguagem constitui um pôr em prática específico de mecanismos cognitivos (trata-se de uma atividade cognitiva entre outras), porém ela não é mais, nessa perspectiva, o reflexo de um pensamento preexistente: ela constitui uma forma de pensamento. Dizer que a linguagem é constitutiva de uma forma de pensamento não significa, nem que essa forma seja homogênea, nem que não haja outras formas de pensamento que se articulam. Isso significa que se trata de uma forma de pensamento entre outras, e que, como todas as outras, apresenta propriedades relacionadas à sua organização própria.

O pensamento não é uma entidade homogênea, existem *formas* de pensamentos diferentes e articuláveis. O que se pode pensar por meio de um modo de formação e de estruturação desse pensamento não se pensa da mesma forma, se pensa mal, ou até mesmo pode não se pensar de modo algum por meio de outro. Assim, "um bom esquema vale mais que um longo discurso", sinal que *para certos referentes* (e para eles apenas), uma representação figural é melhor adaptada que uma representação discursiva (por exemplo, a representação da anatomia ou da configuração de uma máquina). Da mesma forma, é o gesto que vem suprir a linguagem, e não o inverso, em um certo número de casos, correspondente ao que se poderia chamar de "furo" da linguagem. Com efeito, a linguagem, permitindo tudo falar acerca de nosso mundo, de dizer o que fazemos, o que desejamos, presta-se muito mal à construção de certos valores

42 Linguagem e enunciação

referenciais precisos. A linguagem (nós falamos da linguagem em geral, e não de uma determinada língua em particular) apresenta tipos de "furos". Ela não permite tudo dizer. Ela não é, por exemplo, adaptada à descrição do não rígido desenvolvido em três dimensões, como as atividades de tecelagem, de tricô, de confecção de nós: não se aprende a tricotar por telefone.[17] As figuras em três dimensões se descrevem bem mais facilmente com um gesto, um esquema, que com uma descrição verbal (a menos se procedermos por analogia: uma escada em caracol tem um pouco a forma de uma mola, etc).

Ora, não tomamos consciência desses fenômenos, dessas lacunas, a não ser se os assinalarmos. Podemos, portanto, muito bem deixar de dizer toda uma série de coisas e nem nos darmos conta de que não podemos dizê-las. Isso não é sentido como um incômodo (salvo se quisermos aprender a tricotar por telefone!) e não impede a linguagem de "funcionar". Daí a questão: de que não se pode se passar? Há condições mínimas para que possamos compreender, para que uma regulação se estabeleça, para que a língua possa dizer alguma coisa de partilhável a respeito do mundo?

Podemos, portanto, dizer que a linguagem é o traço de um pensamento organizado de um modo específico entre outras formas possíveis de pensamento: todo pensamento não se reduz à linguagem. Podemos evocar imagens (imagens figurativas, imagens mentais), os gestos.

Referente e valores referenciais. O sentido se constrói por meio dos textos e das organizações das unidades da língua

A linguagem constrói significações

Enquanto a perspectiva clássica coloca a existência de um referente, de um pensamento e, finalmente, de um sentido que existem independentemente da linguagem, que deles constitui um reflexo direto e imediato, a perspectiva construtivista diz que são as formas e os textos que constroem ou que "efetuam" as significações. O sentido não é redutível a um pôr em forma do mundo e de suas representações, mas constitui um tipo de representação específico. A linguagem constrói um "mundo", que se articula ao(s) mundo(s) cujas outras formas de representação constituem os suportes.

Isso não significa que a linguagem funciona independentemente do mundo "real" (objetivo/subjetivo) e de suas representações, nem que a organização da linguagem seja estritamente independente da dos processos cognitivos, mas evidencia que a análise de fenômenos linguísticos não se reduz diretamente a um raciocínio acerca do mundo ou dos processos cognitivos.[18]

No que concerne ao domínio da análise linguística propriamente dita, mencionamos a crítica formulada por Benveniste, que desenvolve, por meio da noção central de *função integrativa* dos signos, uma abordagem do sentido que pode ser considerada como proveniente de uma atitude construtivista:

> Um signo é materialmente função dos seus elementos constitutivos, mas o único meio de definir esses elementos como constitutivos consiste em identificá-los no interior de uma unidade determinada onde preenchem uma função *integrativa*. (p. 133). [...] A dissociação leva-nos à constituição formal; a integração leva-nos às unidades significantes (p. 135). [...] O sentido de uma unidade linguística define-se como a sua capacidade de integrar uma unidade de nível superior (p. 136).
>
> A palavra é um constituinte da frase, efetua-lhe a significação. [...] A palavra pode assim definir-se como a menor unidade significante livre suscetível de efetuar uma frase [...] (p. 132).[19]

Pode-se evidenciar a ideia fundamental de que o sentido se constrói a partir de unidades que integram o todo (e a ele se integram) "efetuando" o enunciado. O sentido das formas não é definido por aquilo a que elas remetem, em um mundo (ou uma representação do mundo) externo à língua; a significação de um termo não poderia se confundir com sua referência: ela só se constitui de uma dinâmica da construção estabelecida nos enunciados e pelos enunciados.

Os valores referenciais na teoria de Antoine Culioli

Dos trabalhos atuais considerados provenientes de uma abordagem construtivista, iremos nos concentrar no programa de pesquisa desenvolvido a partir da teoria de Antoine Culioli,[20] que constitui uma sistematização dessa abordagem. Esse programa apreende o sentido como inteiramente construído a partir das unidades da língua, de sua organização e arranjo nos enunciados, bem como de sua entonação.

A problemática de Culioli inscreve-se em uma corrente que rompe com a concepção de uma transparência original da língua em relação às ideias

44 Linguagem e enunciação

que permite exprimir.[21] Um aspecto importante dessa teoria transparece no aforismo segundo o qual "a compreensão é um caso particular do mal-entendido".[22] Isso significa que a estabilidade necessária para que um processo de compreensão-interpretação seja possível nada mais é do que uma estabilidade conquistada e provisória, da qual uma teoria da deformabilidade deve dar conta.[23]

Uma teoria da enunciação

Trata-se de uma teoria da enunciação na medida em que toma como objeto o próprio enunciado. O enunciado não é considerado como o resultado de um ato de linguagem individual, ancorado em um *hic et nunc* qualquer por um enunciador qualquer. Ele deve ser entendido como um arranjo de formas a partir das quais os mecanismos enunciativos que o constituem como tal podem ser analisados, no âmbito de um sistema de representação formalizável, como um encadeamento de operações do qual é vestígio. A justificativa pelo termo "operação" deve-se justamente à hipótese de que o valor referencial do enunciado não é um dado, mas algo construído. Isso significa que o arranjo de formas que o materializa remete, não a valores, mas às operações de constituição do valor referencial. Estudar a enunciação é, portanto, estudar as modalidades de constituição desse valor.[*]

Valores referenciais: significação, contextualização e situação

Um enunciado só é suscetível de interpretação em relação a um contexto ou a uma situação. Ao mesmo tempo, a perspectiva construtivista na qual nos inserimos afirma que o sentido só é determinado pelo material verbal que lhe dá corpo e o constrói. A partir daí, se considerarmos que o contexto e a situação remetem a parâmetros externos ao enunciado, surge uma contradição. Nessa perspectiva, contexto ou situação não podem ser entendidos na acepção que lhes conferem as teorias pragmáticas.

Com efeito, nessas teorias, a interpretação de um enunciado se analisa em função das condições e dos efeitos particulares de seu proferimento em um dado meio extralinguístico, levando-se em conta parâmetros psicossocio-

---

[*] N. dos orgs.: Para uma análise aprofundada desta questão, ver, nessa mesma obra, "Culioli após Benveniste: enunciação, linguagem, integração".

antropoculturais e, notadamente, as intenções ou a representação que se pode fazer das intenções do locutor. Assim, a asserção "São três horas" é suscetível de interpretações muito diferentes se quisermos exprimir fadiga, alívio, afobamento, ou se nos dirigirmos a alguém que está atrasado etc. Cada ato de proferir pode estar associado a uma profusão de interpretações escalonadas em vários planos. Na medida em que é necessário referir-se a esses parâmetros da situação de locução, pode-se considerar que essa situação constitui um *referente* circunstancial do ato ilocutório.

Na perspectiva construtivista em que o sentido provém exclusivamente do material verbal, não se pode, no entanto, mobilizar sem contradição um tal referente externo para apreender o sentido. O contexto ou a situação não é *exterior ao enunciado*, mas *engendrado* pelo próprio enunciado. Não se busca o sentido do enunciado em um referente extralinguístico: ele corresponde à construção de *valores referenciais*. Em suma, pode-se convir que o referente provém de um domínio extralinguístico, por oposição aos valores referenciais, produzidos pelos enunciados da língua e cuja existência se faz apenas por meio deles.

Por meio da própria noção de valores referenciais, surge uma correlação estreita entre *significação* e *contextualização* ou *situação*.

Pode-se, desse ponto de vista, considerar que um enunciado é uma *sequência* (um encadeamento coerente de palavras) que se torna interpretável pela estabilização de um ou outro de seus contextos possíveis, sendo esses contextos engendráveis a partir da própria sequência.[24] Ao ser objeto de uma dada interpretação, a sequência constitui-se como um enunciado, o que implica que um ou outro de seus contextos potenciais se torne efetivo.[*]

Consideremos o exemplo "Ce pantalon ne lui dit rien" [Essa calça não lhe diz nada.]. Essa sequência desencadeia um contexto de proposição, assumindo, assim, o estatuto de um enunciado: ela se verifica em uma situação onde se mostra uma calça para que haja uma apreciação por parte do locutor, que reage negativamente a essa demanda. Essa situação não é externa ao enunciado; ao contrário, é o enunciado que a engendra, consideradas, em particular, as propriedades do verbo "dire" [dizer]. Observemos que um enunciado como "Ce pantalon ne lui plaît pas" [Essa calça não lhe agrada], cuja significação parece

---

* N. dos orgs.: Seguem, no artigo original, exemplos oriundos do funcionamento do verbo "tenir". Como esses exemplos serão retomados pelo autor em "Da interpretação à glosa: por uma metodologia da reformulação", também presente nessa obra, optamos por não apresentá-los nesse momento.

46 Linguagem e enunciação

próxima da anterior, não engendra de modo algum o mesmo contexto. Esse último enunciado não implica (necessariamente) que havia proposição; ele apenas relata a apreciação, possivelmente espontânea, trazida por alguém acerca da calça. É, portanto, o contexto que esclarece a significação de um enunciado, mas é o enunciado que produz as condições que permitem, assim, interpretá-lo. As formas engendram as condições de possibilidade de sua interpretação. Considerando esse fato, a análise da significação de um enunciado é indissociável da análise das condições que permitem a construção dessas significações. Podemos compreender esses valores referenciais como correspondentes ao cenário que revela, ao mesmo tempo, a significação e a situação ou o contexto.

O verbo "dire" fornece outras ilustrações desse princípio.

Um emprego como "Dire que...!" [Dizer que...!] determina de modo muito preciso o conteúdo da proposição que segue "que": ela corresponde à constatação de um estado de coisas tão prejudicial que é difícil acatá-lo (*E dizer que ele foi embora!* marca a dificuldade de se resignar à constatação dessa ausência). Esse emprego faz aparecer um parentesco (local) com o verbo "penser" (*E pensar que ele foi embora!*). Mais uma vez, o sentido do enunciado é indissociável de seu contexto, contexto desencadeado pelo próprio enunciado.

Em um exemplo como "Vas-y, si ça te dit" [Se isso te diz alguma coisa, vai], "dire" torna-se parecido com o verbo "chanter". No entanto, a sequência "Vas-y si ça te chante" não tem exatamente a mesma significação que se apresenta com o verbo "dire". O melhor modo de evidenciar a diferença seria invocar situações que diferenciam esses dois empregos. "Si ça te dit" [Se isso te diz] é incitativo, aponta para um convite, enquanto que "si ça te chante" [se isso te agrada] remete a um estado em que o enunciador não se mostra solidário a uma decisão que desaprova, mas à qual decide finalmente não mais se opor. Nós vamos encontrá-lo associado à presença (explícita ou não) de "après tout", cuja função é precisamente a de indicar uma inversão de posição. Neste exemplo, "après tout" é desencadeado por "si ça te chante".* Esses dois enunciados dão origem a dois "cenários", duas situações que podem ser nitidamente diferenciadas e que "revelam" sua significação.

Tomemos agora o exemplo de "redire". "Redire" pode assumir em determinadas condições um valor do tipo iterativo ("Redis moi ce qui a été proposé" [Diga-me de novo o que foi proposto]). Se considerarmos agora a sequência

---

* N. dos orgs. "Après tout" marca a introdução de uma afirmação considerada como decisiva, apesar de tudo que a precede.

"à redire", observamos que não pode se tratar de algo que deve ser repetido: "redire" encontra-se associado a um valor de objeção ("rien à redire" [nada a dizer]) e implica o contexto que permite o surgimento desse valor.

Um último exemplo: a sequência "ça comme ça" não é associada à mesma significação nem ao mesmo contexto com "je dis" e com "disons". "Je dis ça comme ça" [Digo isso por dizer] desarma uma polêmica (não se aborreça, não há provocação no meu dizer, *eu digo isso como poderia ter dito outra coisa*) enquanto que "disons ça comme ça" decorre da busca de um compromisso aceitável [Digamos isso assim].

Tomemos, por fim, um tipo de exemplo que faz aparecer dessa vez o papel da entonação como parte integrante dessa dinâmica: "Qu'est-ce que c'est" [O que é] e "Qu'est-ce que c'est que ça" [O que é isso] não desencadeiam o mesmo tipo de contextos/cenários, nem a mesma entonação. "Qu'est ce que c'est" tende a impor uma forma mais interrogativa que exclamativa, o que não se observa com "Qu'est-ce que c'est que ça", compatível com as duas entonações. É, portanto, a própria forma da sequência "qu'est-ce que c'est" que desencadeia a pergunta. Por outro lado, os contextos não são os mesmos. "Qu'est-ce que c'est?" tende a questionar um acontecimento (por exemplo, uma batida na porta), enquanto que "Qu'est-ce que c'est que ça" pode corresponder a um pedido de identificação de um objeto desconhecido (forma interrogativa) ou à expressão de uma indignação diante de um dado acontecimento. Esta análise torna indispensável considerar fatores prosódicos e entonativos,[25] a presença eventual de "pequenas palavras" (tais como *non mais...*) que, classicamente, não são tratadas no domínio de uma análise linguística completa, mas trabalhadas, sobretudo, pelos estudos pragmáticos. A consideração desse tipo de fenômeno corresponde ao que Culioli chama de "pragmática integrada".

Vemos, portanto, que a própria forma de uma sequência desencadeia potencialidades contextuais que se encontram estabilizadas pelo contexto efetivo.

Resulta daí que dois enunciados distintos produzem necessariamente valores referenciais distintos. Toda equivalência fundamentada no recurso à designação de uma entidade comum vale apenas para casos muito particulares desse contexto de denominação. Assim, a equivalência aparente entre as sequências "X est à la droite de Y" [X está à direita de Y] e "Y est à la gauche de X" [Y está à esquerda de X], por remeterem, ambas, a uma mesma configuração espacial (a um mesmo referente), vale apenas no caso muito particular e instável em que X e Y não são assinalados por termos definidos: "L'armoire

48 Linguagem e enunciação

est à la droite de Jean" [O armário encontra-se à direita de Jean] não é equivalente a "Jean est à la gauche de l'armoire" [Jean encontra-se à esquerda do armário], que não constitui um enunciado muito natural. Em outras palavras, a equivalência entre essas sequências tende a desaparecer a partir do momento em que são constituídos como enunciados.

Dinâmica interativa e estabilização

Enquanto a referência equivale a uma correspondência estática dos enunciados às entidades externas à língua, os valores referenciais decorrem de uma dinâmica própria à língua. Enquanto o referente é dado, da ordem de um *já-sempre lá*, os valores referenciais são construídos nos e pelos enunciados por meio de operações enunciativas que podemos chamar, a partir de então, de *operações de referenciação*. Enquanto o referente é estável, os valores referenciais são instáveis, inscrevendo-se em jogos intersubjetivos de ajustamentos e de regulação que só resultam em pontos de equilíbrio interpretativos provisoriamente e localmente.

A análise da construção dos valores referenciais decorre de uma análise do "sentido que se torna": não partimos do produto acabado (da interpretação de um enunciado) para redistribuir parcelas de sentidos aos diferentes componentes; partimos de potenciais cujos efeitos atualizados são, em sua natureza, diferentes desses potenciais.

A perspectiva adotada acerca do processo de construção a partir da interpretação estabilizada conduz a considerar cada etapa em referência a esse estado terminal. Porém, podemos inverter a perspectiva e seguir a construção do sentido em seu "tornar-se", não como uma prefiguração do estado final, mas como a resultante de uma trajetória já orientada. Se considerarmos etapas intermediárias, temos caminhos possíveis, potenciais cuja natureza não é necessariamente comparável ao estado final. Somos, portanto, levados a considerar o modo de funcionamento atualizável em cada etapa.

Tomemos o exemplo do enunciado "C'est la porte ouverte à tous les abus" [É a porta aberta a todos os abusos]. Dado que esse enunciado aponta para o prejudicial, a questão que se coloca consiste em determinar quais são os fatores que provocam esse valor danoso. Se partirmos do resultado, a resposta mais imediata evidencia a presença do termo "abus", que aparece como o suporte dessa interpretação. Porém, olhando de mais perto, podemos observar que esse termo, mais do que ser origem dessa interpretação, a *ratifica*. Se considerarmos a sequência em aberto "C'est la porte ouverte à..."

[É a porta aberta a...], observamos que ela pede necessariamente por termos comparáveis a "abus".[26] Existem, portanto, propriedades que dizem respeito à palavra "porte" [porta] que, nesse ambiente textual, desencadeia o contexto e a interpretação prejudicial. Podemos, portanto, fazer aparecer uma dinâmica interna ao enunciado que a palavra "abus" [abuso] só faz estabilizar. Nesse enunciado, a palavra "porte" [porta], associada ao artigo "la" [a] e ao adjetivo "ouverte" [aberta], remete a um elemento de proteção que não cumpre mais sua função desde que é aberta.

Pode-se observar que essa palavra não tem mais o mesmo valor referencial em um exemplo como "cette decouverte ouvre une porte sur l'avenir" [Essa descoberta abre uma porta para o futuro]. Essa construção não está mais associada a um contexto prejudicial. "Porte" encontra-se dessa vez associada a uma função de abertura, de acesso, de desobstrução.

Esses exemplos mostram que, se a significação de um enunciado depende de seu contexto, existem uma organização e uma ordem nos encadeamentos que fazem o contexto depender, por sua vez, do enunciado.

Papéis das unidades morfolexicais na construção do sentido dos enunciados

O princípio mostrado em relação às sequências aplica-se às próprias unidades morfolexicais. Da mesma forma que o sentido de uma sequência só aparece por meio do enunciado contextualizado que ela permite constituir, o sentido de uma unidade não existe por si só, manifestando-se apenas por meio de sua *função integrativa*. Toda tentativa para estabelecer o papel das unidades na construção do sentido dos enunciados deve levar em conta duas observações fundamentais:

1. Cada unidade de cada língua tem um comportamento, sendo associável a uma rede de valores que lhe é irredutivelmente específica

Decorre daí uma abordagem atomista: as formas só podem ser estudadas uma a uma, em sua singularidade, e é a partir desta descrição que as regularidades no modo como se organizam e se constituem os valores observados podem ser delineadas. A natureza dessas regularidades não é postulada *a priori*: essas regularidades são delineadas progressivamente na exploração dos dados. Não se trata mais, portanto, de tomar como ponto de partida categorias metalinguísticas gerais das quais cada língua ofereceria realizações particulares. As categorias gramaticais como o tempo, o aspecto, o número etc. nunca se realizam de modo imediato nas línguas.

50 Linguagem e enunciação

2. O valor das unidades é variável

Essa variação resulta de *interações*. Isso significa que se o valor de uma palavra depende do meio textual no qual se insere (o que decorre de uma observação trivial), nem por isso deixa de ser verdade que o valor do meio textual no qual ela se insere depende da palavra.[27] Assim, por exemplo, ao comparar "sous un jour" (luminosidade, claridade) e "en un jour" (dia, unidade de tempo), constatamos que o valor da palavra "jour" depende da preposição.[28] Mas, ao mesmo tempo, se comparamos "le jour tombe" [o dia cai] e "la nuit tombe" [a noite chega], vemos que a palavra "jour" vai conferir ao verbo "tomber" um sentido que não é o mesmo obtido com a palavra "nuit". "Le jour tombe" implica que a noite está chegando, enquanto "la nuit tombe" não pode significar que o dia se aproxima.

Em exemplos como "une bonne vue" e "une belle vue", os adjetivos "bonne" e "belle" associam a "vue" valores diferentes (intensidade visual/ espetáculo visual), mas, por outro lado, é "vue" que associa a "bonne" ou a "belle" um valor que eles não teriam com outros substantivos ("une bonne heure", "une belle pagaille"). Podemos prosseguir observando a diferença entre "un bon jour" [um bom dia] e "un beau jour" [um belo dia]. "Un bon jour" se compreende como um dia favorável, em enunciados do tipo "il n'est pas dans un bon jour" [Ele não está em um bom dia], ou "ce n'est pas un bon jour pour moi" [Não é um bom dia para mim]. "Un beau jour" corresponderá a "un certain jour" (um certo dia, que não se pode situar).

Evidencia-se, assim, a questão de se delinear uma identidade da unidade por meio da diversidade de seus empregos e dos valores que aparecem nos diferentes meios textuais que a cercam.

Tratamentos possíveis da variação das unidades lexicais

Pode-se opor dois tipos de abordagem do fenômeno da variação das unidades, conforme as apreendemos como comportando, por si só, um conteúdo semântico estável e primeiro, ou, ao contrário, conforme considerarmos que não existe conteúdo que não seja o resultado da interação da palavra com o meio textual que a cerca.

A UNIDADE COMPORTA UM CONTEÚDO SEMÂNTICO ESTÁVEL E PRIMEIRO

Essa abordagem postula a existência, para cada unidade, de um núcleo semântico estável, que corresponde ao sentido primeiro (ou ao sentido próprio) da unidade, dos quais todos os outros valores podem ser derivados "por extensão", essa extensão repousando essencialmente na analogia (como decorrência da metáfora). Essa abordagem, amplamente explorada na literatura, descreve uma unidade como *polissêmica*: ela comporta, por si só, uma pluralidade de valores que se encontram ativados, filtrados, especificados em função do entorno da palavra. É, por exemplo, a posição defendida por G. Kleiber[29] contra as abordagens construtivistas:

> Um tal construtivismo [encontra-se], de fato, na moda (testemunhado de forma eloquente pela presença do sintagma 'na construção do sentido' na maior parte dos títulos dos artigos e obras recentes tratando do sentido). Não se pode construir com nada e, portanto, a existência de fragmentos semânticos estáveis ou sentido convencional é necessária ao funcionamento interpretativo. Não é porque o sentido de um enunciado é algo construído discursivamente que tudo o que conduz a esta interpretação é igualmente construído durante a troca discursiva. Não apenas a construção dinâmica do sentido de um enunciado não é incompatível com o fato de que ela se efetua com elementos de sentidos estáveis ou convencionais, mas, mais ainda, ela exige isso: sem sentido convencional ou estável, poucas são as construções semânticas possíveis.

A UNIDADE NÃO COMPORTA UM CONTEÚDO SEMÂNTICO ESTÁVEL E PRIMEIRO. NADA É DADO, TUDO É CONSTRUÍDO

Essa abordagem, da qual participa o programa culioliano, postula, ao contrário, que a palavra não tem por si só nenhum conteúdo semântico estável *a priori*. Nunca observamos nos enunciados o valor próprio ou primeiro de uma unidade, visto só existirem unidades cujo sentido se constrói no e pelo enunciado. O instável é, aqui, primeiro, e a estabilização só se estabelece por meio das interações da palavra com o meio textual que a cerca, essas interações revelando, segundo hipótese que sustenta a teoria, princípios regulares. À noção de *polissemia* se substitui a de *variações reguladas* no seio das interações. A unidade é definida não mais por um conteúdo preestabelecido, mas por propriedades passíveis de serem apreendidas pelo *papel* específico que ela apresenta nos diferentes tipos de interação nas quais ela entra, não sendo esse papel visto como um sentido próprio da unidade. Não se trata mais de se apoiar em uma problemática da metáfora, mas de buscar propriedades que resultam nos conteúdos.

Associar um valor a uma unidade significa projetar sobre essa unidade o resultado de uma ou outra interação na qual ela é suscetível de ser posta

52 Linguagem e enunciação

em jogo, bem como lhe atribuir componentes interpretativos da sequência particular na qual é apreendida.

Retomemos o exemplo do verbo "dire". Se partirmos da sequência "Jean ne lui dit rien" [Jean não lhe diz nada], compreendemos que Jean não fala com ele e associamos a "dire" o valor do tipo "proférer des paroles" [proferir falas], tido como valor central e concreto, o que corresponde ao que G. Kleiber[30] denomina seu "sentido convencional ou estável".

Se, no lugar de Jean, tivermos "Ce pantalon", obtemos "Ce pantalon ne lui dit rien" [Essa calça não lhe diz nada], que, como vimos, desencadeia uma outra interpretação. "Dire" entra em uma rede de "sinônimos" locais que são nitidamente distintos dos que poderíamos lhe associar no exemplo precedente.

Tomemos agora "Ce visage ne lui dit rien" [Esse rosto não lhe diz nada]. Podemos, desta vez, compreender que o rosto não evoca nada para ele.

Vemos, portanto, que "o sentido do verbo dire" é determinado de modo diferente em cada um desses empregos sem que pareça possível conduzi-lo por um raciocínio controlável a um núcleo semântico estável. Podemos ainda notar que determinados advérbios são susceptíveis de discriminar esses empregos: "jamais" em "il ne lui dit jamais rien" [ele nunca lhe diz nada] associa a "dire" [dizer] o valor de "parler" [falar] em exclusão de outros, por exemplo.

Uma unidade em si não se deixa caracterizar por um valor central que corresponderia a um objeto, uma situação, um fenômeno ou um estado de coisas do mundo ou uma experiência no mundo. O sentido das unidades não pode ser reduzido às propriedades de referentes aos quais elas supostamente remetem. Assim, "dire" ou "dire quelque chose" não refere por si só a uma ação concreta que consiste em proferir algo pela palavra.

Essa proposição pode parecer incompatível com a observação de ser empiricamente possível atribuir às unidades lexicais um conteúdo semântico determinado, constitutivo do que se pode apreender como seu sentido próprio ou primeiro: sentido concreto, psíquico, corporal.

Essa possibilidade pode ser considerada como um artefato cognitivo. Pelo fato de as palavras só significarem nas interações, isolá-las de tudo o que as cerca (seu meio textual) para tentar definir seu sentido próprio consiste de fato em privilegiar artificialmente o tipo de contexto ou de situação que se apresenta ao espírito de modo mais imediato, dada a sua impregnação cognitiva: o espaço, o corpo, os objetos do mundo que nos rodeiam. Assim, o que chamamos de "sentido concreto" de uma unidade corresponde à mobilização de um tipo de situação direta e espontaneamente disponível para estabelecer a interação por meio da qual apreendemos o sentido da unidade. A intuição de que uma preposição como "sur", por exemplo, se refere a uma configuração espacial deve-se ao fato de que, na ausência de toda determinação dos termos colocados em relação por essa proposição, é o espaço que se encontra mobilizado para executar a interação mínima necessária para que "sur" possa exercer seu papel na construção do sentido de um enunciado. Exemplos como "un livre sur Freud" [um livro sobre Freud], "pris sur le fait" [em flagrante], "tirer sur la ficelle" [puxar a corda] etc. não se deixam reduzir a uma analogia qualquer com a configuração espacial evocada e não parecem articuláveis a um núcleo semântico de base.

Nessa abordagem, o estável é, portanto, sempre e necessariamente o produto de processos interativos regulados de estabilização. Isso não exclui de se associar à unidade lexical um conteúdo semântico, mas 1) esse conteúdo não é dado de antemão, nem estabilizado em si; 2) ele não se define pelas propriedades da entidade do mundo que permite, em um enunciado particular, designar: ele não se define por uma referência virtual.

Assim, por exemplo, a identidade da palavra "lit"[31] não se define por uma referência virtual a um objeto do mundo munido de características de uma peça especializada de mobília. Sua identidade é definida pelos diferentes tipos de relação suscetíveis de serem estabelecidas, em enunciados determinados, relativamente a um domínio nocional que pode ser investido de um magma de representações físico-culturais não estabilizáveis (repouso, sono, sexo, prazer, sofrimento, morte, produção, dormência, conforto etc.). O emprego da palavra "lit" em uma construção determinada corresponde à construção de ocorrências distintas de domínio nocional. "Son lit de" [Seu leito de] clama, de modo privilegiado, por termos como sofrimento ou morte. "Un lit de" [Um leito de] clama por sequências como "lit de feuilles" [leito de folhas], "de roses" [de rosas], "d'oignons" [de cebolas] etc. Nesse último caso, "lit" se aproxima de "couche" [camada]. São "les feuilles", "les roses" ou "les oignons" que desencadeiam a interpretação do tipo camada, mas, ao mesmo tempo, é a estrutura "un lit" de que desencadeia a presença desses termos (que são em número bem limitado). Em suma, o sentido de "lit" é certamente associável a um conteúdo, mas este só se determina e se estabiliza em meios textuais definidos, por ela convocados de modo específico e organizado. Passamos de um sentido ancorado em um referente para um sentido que decorre de valores referenciais construídos, observáveis em meios textuais definidos. Nesse referencial, a plasticidade do sentido não diz mais respeito à metáfora, à figura

54 Linguagem e enunciação

de estilo, à extensão do sentido por analogia: ela é constitutiva da identidade da palavra. Essa identidade só se define por meio de fenômenos que fazem aparecer os diferentes tipos de interação da palavra com o cotexto.

Conclusão

À transparência da linguagem, concebida por uma relação de adequação ao mundo e às ideias que ela permite exprimir, e que a situa relativamente à noção de um referente externo e "dado", se opõe uma concepção da linguagem como indícios de operações de referenciação que produzem valores referenciais nos enunciados. A linguagem não consiste mais, portanto, em "pôr em relação" e em localizar unidades cujo sentido é preconstituído, mas em realizar operações de orientação* que determinam os valores referenciais e que são, elas próprias, constitutivas do sentido dessas unidades.

Texto originalmente publicado em *Sémiotiques*, n. 15, INALF, Didier Érudition, pp. 61-84.

Notas

[1] *De l'interprétation*, I, 16a, citado por A. Cauquelin, *Aristote: Le langage*, Collection Philosophies, Paris, PUF, 1990, p. 55 e 123.

[2] Saint Augustin, *Confessions*, Tomo 1, Livro I-VIII, Paris, Edition Les Belles Lettres, 17ª tiragem, 2009, Tradução para o francês de Pierre de Labriolle, i, c.8).

[3] *Somme théologique*, I-ap, 2-13, al, resp. A tríade "pensamento, linguagem, referente" recebeu, sobretudo no século xx, reatualizações diversas. Citemos, por exemplo, S. Ullmann, *The principles of semantics*, Oxford, Blackwell et Jackson, 1957, ou ainda C. K. Odgen; I. A. Richard, *The meaning of meaning*, London, Routledge and Kegan, 1923.

[4] D. Mercier, "L'épreuve de la réprésentation", *Annales littéraires de l'Université de Besançon*, n. 589, Paris, Les belles lettres, 1995, p. 17.

[5] A questão do genérico é uma das que suscitam reflexão abundante: "cavalo" é somente uma palavra, não existindo objeto que corresponda ao cavalo em geral; há somente cavalos, indivíduos singulares. Ainda mais grave, as palavras que claramente designam abstrações, tais como "doçura" ou "*riqueza*", tendem a nos fazer acreditar que há realidades correspondentes que seriam observáveis e sobre as quais poderíamos raciocinar de modo preciso. Arriscamos, assim, em ter o espírito povoado por falsas realidades ("pseudoentidades"), o que é um obstáculo ao verdadeiro conhecimento.

[6] Arnauld & Lancelot, *Grammaire générale et raisonnée* (1660), Paris, Allia Editions, 2010.

[7] Tomo 7, p. 841B-842 A, 1757.

---

* N. dos orgs.: O termo "opérations de repérage" do original foi traduzido por "operações de orientação" conforme indicação de Denis Paillard e Jean-Jacques Franckel. Encontramos, no entanto, em outros trabalhos, o termo "operação de localização abstrata" ou simplesmente "operações de localização".

Referência, referenciação e valores referenciais 55

[8] E. B. de Condillac, *La langue des calculs*, Lille, Presses Universitaires de Lille, 1981.

[9] A citação de Condorcet, em *Esquisse d'un tableau historique des progrès de l'esprit humain*, Paris, GF Flammarion, 1998 (1795), p. 84, resume a proposição com elegância e determinação: "Talvez seja útil, hoje, instituir uma língua escrita que, reservada unicamente às ciências, exprimindo apenas essas combinações de ideias simples que são exatamente as mesmas em todos os espíritos, empregada apenas em raciocínios de um rigor lógico, em operações de entendimento precisas e calculadas, fosse lida pelos homens de todos os países, e se traduzisse em todos seus idiomas, sem ser alterada como eles ao passar para o uso comum".

[10] As gramáticas efetivas são, portanto, concebidas como um subconjunto das gramáticas possíveis. Porém, na medida em que esses possíveis são produzidos por um modelo predictivo, esses possíveis são restritos ao que esse modelo tem condições de pensar e prever. Nada indica que o possível não seja, a partir de então, uma restrição *a priori* do efetivo, que só pode vir à tona por uma exploração sistemática de fatos de língua.

[11] J.-C. Milner, *Introduction à une science du langage*, Paris, PUF, 1989, pp. 240-60.

[12] É. Benveniste, *PLG I*, Campinas, Pontes, Editora da Unicamp, 1995, p. 79.

[13] É. Benveniste, op. cit., p. 76.

[14] M. Merleau Ponty. *Signos*, Trad. de M. E. G. G. Pereira; revisão de p. A. n. da Silva, São Paulo, Martins Fontes, 1991, pp. 42-3.

[15] C. Fuchs, *Paraphrase et énonciation*, Paris, Ophrys, 1994.

[16] J. Authier-Revuz, *Ces mots qui ne vont pas de soi. Boucles réflexives et non coïncidence du dire*, Collection Sciences du langage, Paris, Larousse, 1995.

[17] F. Bresson, "A côté du langage", *Revue philosophique de la France et de l'Étranger*, Paris, PUF, n. 4, 1978, pp. 489-94.

[18] Ver nota 21.

[19] É. Benveniste, op. cit.

[20] A. Culioli, PLE I, PLE II e PLE III, Paris, Ophrys, 1990, 1999, 1999 respectivamente.

[21] Culioli insiste, diversas vezes, no fato de que o linguista não tem acesso direto às operações cognitivas. Para definir a posição do linguista, propõe distinguir três níveis de atividade de representação (ver A. Culioli, "La linguistique: de l'empirique au formel", *PLE I*, pp. 22-46): o nível das operações cognitivas (nível 1); o nível dos arranjos formais que delas constituem vestígios nos enunciados (nível 2), e o nível (meta)linguístico das operações que o linguista reconstitui para dar conta do nível 2. O nível 3 recai, portanto, sobre o nível 1, mas na medida em que só se tem acesso a 1 por meio das representações de 2, e que 3 corresponde a uma representação dessas representações reconstituídas, há um jogo e uma opacidade necessária entre 3 e 1.

[22] A. Culioli, op. cit., p. 39.

[23] Idem, p. 127-34 e p. 177-213.

[24] I. Tamba-Mecz (ver *A semântica*, Trad. Marcos Marcionilo, São Paulo, Parábola, 2006) avança a ideia interessante de um "ponto de interrupção" e de uma "precipitação" que selam o momento em que um segmento se torna interpretável: "[palavra], sintagma e frase permitem a estruturação unitária de um significado porque fixam, a partir de um ponto inicial que coincide com o início do significante, um *ponto de interrupção*: fim de palavra, de sintagma ou de frase, onde deve ser efetuada a *síntese semântica* de todos os termos e relações expostos desde o início da unidade de sentido "interrompida". Nesses lugares de "cisão" da cadeia linear, produz-se uma espécie de "precipitação", que vai dar um resultado semântico global, por integrar todos os dados semânticos constitutivos da unidade de sentido em exame" (p. 64).

[25] E. Saunier, "Ce qui tient à tenir dans Tiens!", *Orbis Linguarum*, n. 4, 1997, pp. 183-200.

[26] Ao consultarmos a base de dados Frantext [http://www.frantext.fr], não encontramos nenhum exemplo do tipo "C'est la porte ouverte à des prometteuses découvertes".

[27] B. Victorri e C. Fuchs (*La polysémie, construction dynamique du sens*, Hermes, 1996) falam de um duplo processo de convocação/evocação.

[28] Constatamos, por outro lado, que "sous un jour" pede pela presença de um adjetivo ("sous un jour favorable, défavorable, nouveau" etc.), enquanto que "en un jour" tende, ao contrário, a bloquear esta presença. Constatamos, por fim, que essas duas sequências correspondem a contextos notadamente diferentes.

[29] G. Kleiber, op. cit.

[30] G. Kleiber, "Sens, référence et existence: que faire de l'extra-linguistique", *Langue, praxis et production de sens*, Paul Siblot (ed.), Langages, n. 127, 1997, pp. 9-37.

[31] Ver a crítica radical de G. Kleiber (op. cit.) em relação à análise proposta por J. J. Franckel e D. Lebaud, "Lexique et opération - Le lit de l'arbitraire", *La théorie de A. Culioli, ouvertures et incidences*, Paris, Ophrys, 1992, pp. 89-105.

Culioli após Benveniste: enunciação, linguagem, integração

Sarah de Vogüé

Coloca-se frequentemente Culioli na continuidade de Benveniste* ao se evocar o conceito de enunciação, cuja função é central em ambos os trabalhos, observando-se a manifestação desta suposta filiação em duas características da abordagem culioliana:

- na atenção que Culioli dedica aos chamados marcadores, e, entre eles, às unidades que Benveniste identificou como índices do discurso. Isso conduz a interpretar a teoria culioliana como uma realização possível do programa inaugurado por Benveniste quando este descobre esse novo campo de investigação que nomeia aparelho formal da enunciação.

- na maneira como Culioli delimita seu objeto de estudo – a saber, o enunciado – como o que não se reduz a uma forma gramatical (uma frase), mas põe em jogo suas próprias condições de enunciação. Isso tende a situar seus trabalhos na linha do projeto semântico concebido por Benveniste quando este reabilita a questão do discurso e prenuncia uma linguística de duas faces, na qual ao estudo do sistema da língua (semiótico) estaria associado o de sua apropriação pelos sujeitos no quadro da comunicação intersubjetiva (semântico).

Cada uma dessas aproximações merece ser mais bem examinada. Outras escolas, com as quais a escola culioliana não tem necessariamente relações,

---

* N. dos orgs.: *Pour une linguistique de l'énonciation I*, *II* e *III*, de Antoine Culioli, serão referidos em nota pelas siglas PLE *I*, PLE *II* e PLE *III*. *Problemas de linguística geral I* e *II*, de Émile Benveniste, serão referidos em nota pelas siglas PLG *I* e PLG *II*, seguidos do ano do artigo em sua publicação original entre colchetes.

preocupam-se com a enunciação. E não parece que Culioli tenha efetivamente se interessado pelo discurso, ao menos não no sentido em que esse conceito pôde instituir domínios de prática como os da análise do discurso ou da tipologia dos discursos. O próprio termo não faz parte do vocabulário culioliano: trata-se sempre de enunciados ou, eventualmente, de textos (estudam-se os valores dos termos considerados nos textos e as restrições que esses textos manifestam), não no sentido de textos escritos, mas como o que designa a materialidade formal do enunciado, arranjo de marcas que constitui o dado empírico essencial de toda análise.

Na realidade, à medida que a teoria culioliana se elabora, fica cada vez mais claro que a correlação estabelecida entre Benveniste e Culioli a propósito da enunciação repousa sobre um mal-entendido: o conceito não visa a recobrir o mesmo tipo de problemática em cada autor. É o que mostro na primeira parte deste livro.

O sentimento de parentesco não é, entretanto, sem fundamento: entre Benveniste e Culioli há de fato uma continuidade que é preciso investigar, não diretamente no conceito de enunciação, mas na reflexão sobre a linguagem que, de modo mais global, os autores são levados a desenvolver. De início, trata-se, para ambos, de reabilitar, para além da dicotomia saussuriana entre *língua* e *fala*, a questão da linguagem, e para além dos universais, a questão da invariância. Vale ressaltar os comentários feitos por Culioli a propósito da obra de Benveniste em *Émile Benveniste aujourd'hui*:[1] é surpreendente constatar o lugar central por ele conferido às considerações sobre a linguagem. O fato é que foi elaborando uma dupla problemática da clivagem (como extrapolação da oposição língua/fala) e da invariância (em que o conceito de função extrapola a teoria saussuriana do valor)[2] que Benveniste veio a instituir sua teoria da enunciação. Mas esta, tal como é apresentada em *O aparelho formal da enunciação* sob a forma acabada de um programa de pesquisa, é apenas a radicalização de uma concepção muito mais complexa na qual a separação entre língua e enunciação (ou entre semiótica e semântica) não funciona, assim como também não funciona a restrição da dimensão enunciativa aos índices do discurso.[3]

Na segunda parte, parto, portanto, da linguagem, comparando as posições respectivas de Culioli e Benveniste sobre um ponto que me parece particularmente revelador (a oposição semiologia/cognição) para conseguir resgatar uma continuidade que surge não em *O aparelho formal da enunciação,* mas em *Os níveis da análise linguística*.[4]

Enunciação

O mal-entendido

No emprego que Culioli faz do termo, a enunciação não está vinculada, a não ser de maneira totalmente indireta, ao problema da comunicação intersubjetiva como em Benveniste: para Culioli, a questão não é a de um sujeito que se enuncia em face de outros sujeitos; e o que está em jogo não é compreender como ele se enuncia. Em outras palavras, a enunciação não é aqui concebida como um ato (para Benveniste, trata-se bem de um ato de apropriação da língua): não é o ato de um sujeito produzindo um enunciado, é um processo que se recupera a partir do enunciado.

Com efeito, há duas formas de conceber a enunciação: de um lado, tematiza-se a forma pela qual um sujeito se enuncia, de outro, a forma pela qual um enunciado se enuncia (pela qual ele tem a forma que tem).[5]

O que está em jogo nessa distinção é importante: conforme seja um ato ou um processo de constituição de um objeto (o enunciado), a hipótese da enunciação não procede do mesmo movimento epistemológico. Em um caso, a análise toma por objeto o sujeito enunciando-se (para estudar a forma como ele se enuncia), e o enunciado é entendido como produto dessa enunciação do sujeito. Em outro, o objeto é o enunciado em sua materialidade formal: um arranjo de marcas a partir do qual se organiza um certo efeito significante. Um determinado número de argumentos empíricos prova que esse objeto não é a codificação de um sentido que seria preexistente, mas que sentido e forma são construídos correlativamente. É preciso, então, levantar a hipótese de um processo de construção do qual o enunciado seria o resultado: é aqui que intervém o conceito de enunciação em Culioli, introduzido de certa forma pelo avesso, para designar essa constituição de sentido.

Poderíamos, sem dúvida, imaginar que esse processo reconstituído coincide com operações que se encontram mobilizadas no próprio ato de enunciação (no ato de enunciação no sentido benvenistiano) ou, dito de outra maneira, que a enunciação no sentido culioliano seja obra do locutor e nele encontre a sua origem. Haveria então um único e mesmo conceito de enunciação, a diferença estando somente no ponto de vista epistemológico adotado; no restante, é efetivamente em enunciados – ou, pelo menos, em unidades da língua que os constituem – que o próprio Benveniste se apoia para inferir os mecanismos de apropriação da língua que denomina enunciativos. Haveria, assim, dois

60 Linguagem e enunciação

caminhos simétricos (do sujeito ao enunciado e do enunciado ao sujeito) que seriam equivalentes. Mas nada prova tal coincidência, e Culioli, de sua parte, preserva-se de atribuir ao sujeito locutor as operações enunciativas por ele estipuladas. Incontestavelmente, ao proferir um enunciado, o locutor as coloca em funcionamento, o que não significa que sejam obra sua.

Na realidade, ao formular leis a partir das quais essas operações se organizam e ao resgatar estruturas sobre as quais elas se alinham, a teoria culioliana demonstra que elas não procedem do controle restrito do locutor. Há uma outra ordem de determinação, que é a ordem da linguagem. Sem dúvida, Culioli admitiria, juntamente com Benveniste, que o locutor se apropria dessa ordem. Mas é evidente que o locutor não pode, de modo algum, ser a origem dela (o locutor é somente a origem de sua fala; ele não poderia ser a origem de determinações instituindo a ordem da linguagem). Consequentemente, os dois conceitos de enunciação não coincidem: um é do registro da linguagem, o outro é o ato por meio do qual um locutor apropria-se da língua (a coloca em funcionamento).

A enunciação culioliana não coloca em jogo, portanto, nenhum sujeito *a priori*, muito menos o sujeito locutor. Ao contrário, uma das teses que a teoria sustenta (mas essa tese é um resultado e não um ponto de partida), é que a construção enunciativa decorre de operações de orientação, e, em particular, que passa pela determinação de pontos de vista diferenciados. Esses pontos de vista são denominados orientadores enunciativos (orientadores que se estabelecem por meio do processo de enunciação). Entre eles, distinguimos um orientador-origem, designado, por essa razão, como o orientador enunciador (origem das orientações que se estabelecem no processo enunciativo, e não a origem do processo enunciativo, a qual se encontra apenas na ordem da linguagem). Dado que os pontos de vista se organizam em relações dialéticas de oposição e de identificação, faz sentido descrevê-los como sujeitos. Obtemos assim um sujeito enunciador, mas que foi reconstituído ao término desse trabalho de análise por meio do qual remontamos os enunciados aos processos por eles estabelecidos. Culioli insiste no fato de que esses sujeitos não diferem de parâmetros abstratos: remontamos a um orientador-origem, não à origem de determinação da construção enunciativa, e menos ainda à origem do ato de locução, onde se encontra o sujeito locutor.[6]

A embreagem

Nesse ponto, porém, uma coincidência pode se estabelecer: no ato de locução por meio do qual ele se apropria da língua, o locutor efetivamente se atribui este lugar de orientador-origem dos pontos de vista que vão ser desenvolvidos pelo processo enunciativo. É em relação ao locutor, e ao contexto situacional no qual se inscreve, que vão se interpretar as orientações postas em jogo no enunciado proferido: daí o fato de que os marcadores "eu", ou "agora", ou "aqui" sejam interpretados como o que se refere a este contexto situacional, isto é, como índices da locução ou como "embreantes". E é então o próprio ponto de vista do locutor que o enunciado vai, em última análise, exprimir.

Nesse quadro teórico, a reflexão sobre a relação enunciado/locutor pretende-se, em definitivo, muito menos ambiciosa do que a que Benveniste se propôs: nós permanecemos aqui em uma concepção que é da ordem daquilo que Jakobson colocou com sua teoria da embreagem. O locutor constitui-se somente como origem das orientações, e não como origem do mecanismo enunciativo enquanto tal.

Jakobson se interessa pela embreagem, de um lado, como o que manifesta a complexidade das relações que se estabelecem entre código e mensagem (ele a caracteriza como "um tipo de encavalamento"), de outro, como o que revela a dependência necessária da mensagem (de certos tipos de mensagens: as que comportam embreantes) em relação ao contexto de locução. Culioli para por aí: a ordem da linguagem tem essa característica de proceder a orientações enunciativas (o que corresponde à ideia de encavalamento); deduz-se disso que um enunciado não é jamais autônomo em relação ao contexto de locução (ou então, trata-se de uma autonomia construída no caso do aoristo). O progresso reside somente na explicitação dos mecanismos dessa dependência, e também na ideia de que ela não se restringe apenas à presença de marcas específicas de embreagem, de que essa dependência se inscreve no próprio fundamento do processo enunciativo (o encavalamento não é local, pois não há enunciação que não proceda de orientações).

Nessa questão, Benveniste foi muito mais longe: não há somente embreagem, pois o sujeito (locutor) se constitui ele mesmo como sujeito ("na linguagem e, acreditamos, igualmente fora da linguagem")[7] através do ato enunciativo. É uma hipótese sobre a própria noção de sujeito: só há sujeito da enunciação ("a linguagem é, pois, a possibilidade da subjetividade").[8]

62 Linguagem e enunciação

O sujeito não se contenta em falar (em se fazer locutor), ele é constituído por essa fala e por seu lugar nessa fala.

A descoberta que faz Benveniste deve ser interpretada pelo que é: na história das reflexões sobre as relações entre o homem e a linguagem, ela representa a revolução copérnica. Não é o homem que produz a linguagem, é a linguagem que produz o homem. Sem dúvida, Benveniste limita-se aqui a inscrever na língua (e, em especial, nestas unidades particulares que são os índices do discurso) uma revolução que já se deu com a emergência da psicanálise e com a reflexão sobre os modos de determinação do sujeito. Mas ele acumula provas no campo empírico (performativos etc.) e, sobretudo, trabalha avaliando as consequências que essa descoberta deve ter sobre o que constitui o sistema da língua (aqui intervém a clivagem entre semântica e semiótica). Por outro lado, ele se esforça para integrar a linguística em uma semiologia geral, em que linguística e "ciências do homem" possam formar um único e mesmo discurso. Retomaremos essa questão mais detalhadamente na parte B.

Culioli talvez não desaprovasse essa concepção das relações entre o homem e a linguagem. Mas, precisamente, porque ela sai do domínio da Linguística e por ele se ater apenas ao projeto que consiste em dar conta do modo de constituição dos enunciados, Culioli não diz nada a esse respeito. O fato é que há indivíduos que falam e que produzem enunciados (locutores): a forma como eles são constituídos como indivíduos e como sujeitos não é de sua alçada. Não que ele não tenha também, como veremos, a preocupação de integrar a linguística em um programa mais amplo, o da cognição, que de uma forma ou de outra coloca em jogo a relação do homem com o mundo, mas ele apreende esse programa do ponto de vista das línguas, e não do ponto de vista do homem (de que problemática geral procede a existência dessas entidades que são as línguas?).[9]

No que concerne às relações entre o locutor e o enunciado que ele produz, resta que a teoria culioliana não é nada além de uma ampliação e de um aprofundamento da teoria da embreagem.

As duas concepções da enunciação sendo diferenciadas, o que sobra das características do programa culioliano dadas como manifestações de uma continuidade em relação a Benveniste?

O aparelho formal da enunciação

Em relação ao aparelho formal da enunciação, a ideia de uma filiação não resiste ao exame. De um lado, a hipótese de dois planos (o plano da pessoa e o plano da não pessoa; o plano do Discurso e o plano da História) e a das correlações distintivas (correlação de pessoa, correlação de subjetividade), mais antiga no pensamento de Benveniste, não são retomadas por Culioli. Em vez disso, há valores que se organizam em uma espiral,* valores que não são distintivos e, sim, tomados em um *continuum*, podendo o ponto mais extremo ser projetado sobre o ponto de partida[10] por um retorno da espiral sobre si mesma.

De outro, uma das teses maiores de Culioli[11] consiste em mostrar que a categoria do aoristo, que uma interpretação apressada poderia relacionar com o plano da História, encontra-se associada a todo um conjunto de configurações formais, que vai muito além das categorias colocadas por Benveniste: o futuro tem, tanto quanto o passado simples, um valor de aoristo; o presente, mas também o imperfeito, podem adquirir tais valores; sem contar as configurações de outras naturezas, indo do hipotético até a predicação de existência. Isso valeria para outras categorias: no modelo elaborado pela escola culioliana, os valores enunciativos não são associados de maneira biunívoca a um aparelho formal.

Mais fundamentalmente, Culioli distingue-se de Benveniste porque ele questiona a própria ideia do aparelho formal da enunciação, ao menos no sentido de que a expressão designaria um conjunto de formas. Um aparelho define-se como um conjunto delimitado de elementos que concorrem para uma mesma função e que são estruturados para formar um todo. Ora, no modelo culioliano:

1. Não há um conjunto delimitado de índices formais da enunciação, porque toda forma, toda unidade, toda configuração é lugar de um processo enunciativo. Isso não é senão a consequência da forma pela qual é definido o conceito culioliano de enunciação: como designando o modo de constituição de um enunciado. Se houvesse um aparelho, deveria ser aquele da língua inteira.

2. Sendo o objetivo evidenciar os mecanismos dessa enunciação, e pelo fato de estes transcenderem a estrita aparelhagem de formas (cf. a ausência de correspondência biunívoca), chegamos a uma situação em que são esses mecanismos, e não as próprias formas, que são or-

---

* N.T.: No original, o termo empregado é "came".

denados em uma estrutura (a da espiral, a das ponderações Qnt/Qlt, ver Culioli).[12] As formas (todas as formas: a língua inteira) são só a aparelhagem,[13] o aparelho (a estruturação) está nos mecanismos que sustentam as formas.

Daí, uma concepção da língua e de suas unidades que deve ser entendida como uma crítica ao estruturalismo estrito: a estrutura não está nas formas; e cada uma, em vez de tirar seu valor de um sistema de formas no qual ela estaria inscrita e do qual seria solidária, pode se mostrar singular, irredutível a outra. Isso explica uma metodologia descritiva que não tem nada de estruturalista: podemos estudar unidades isoladas, sem levar em conta qualquer sistema que seja: e as estudamos por si próprias. Se utilizamos a técnica tradicional da comparação, não é em nome da distintividade dos valores, é somente para fazer sobressair a singularidade de cada unidade. Os conjuntos assim submetidos à comparação não formam em absoluto um sistema, nem sequer um todo consistente;[14] eles se organizam segundo o que Culioli propôs recentemente chamar repertórios.

Por outro lado, na medida em que o mecanismo enunciativo não está relacionado ao sujeito locutor, a análise das formas procede de uma finalidade que não é absolutamente a de Benveniste quando ele analisa seus índices enunciativos. Não se trata mais de determinar a que essas formas referem, nem mesmo o que constroem como categoria cognitiva (Benveniste estuda como as marcas temporais constroem a categoria de tempo), mas, antes, o modo como participam da construção enunciativa. O desafio não é a referência, mas a produção do sentido. Que haja embreantes, que engajam o locutor na representação que ele constrói, é uma coisa; mas não é enquanto tal que são considerados: é enquanto participantes da configuração dessa representação.

Em suma, o estudo dos índices do discurso tal como os define Benveniste só constitui um aspecto, relativamente menor, da teoria culioliana. Seu principal interesse é, na verdade, aquele que, nas primeiras páginas de "O aparelho formal da enunciação", antes de abordar esse aparelho propriamente dito, Benveniste denomina a "semantização" da língua: esta inclui a teoria do signo, a análise da significância e a análise dos "procedimentos pelos quais as formas linguísticas da enunciação se diversificam e se engendram".[15] Nos termos da problemática culioliana, isso equivale à teoria dos domínios nocionais, à teoria da orientação (no sentido de ela organizar as estruturações sintáticas e as configurações significantes, e não somente porque gera a embreagem) e à análise das derivações parafrásticas.

Faz sentido, no entanto, dizer que Culioli desenvolve o projeto semântico de Benveniste: é o que surge efetivamente da análise do conceito de semântica na segunda parte. Mas trata-se, então, de uma semântica que não se fundamenta no estudo, central para Benveniste, do aparelho formal da enunciação.

O contexto e o cenário

Resta retomar a questão do estatuto dos dados, evocado na Introdução como ponto de partida do segundo paralelo entre Benveniste e Culioli.

Ora, sobre essa questão, que diz respeito à metodologia, a discordância é particularmente clara. Para Culioli, são os enunciados que constituem o dado a partir do qual podem ser restituídos os mecanismos de linguagem. Veremos que Benveniste atribui à fala (que, na continuidade de Saussure, não pode ser tratada pelo linguista) os agenciamentos específicos que formam um enunciado efetivo: seus dados são as unidades de língua, seus comportamentos formais e seus valores interpretativos.[16]

Poderíamos, porém, ter o sentimento de que o enunciado recupera, em sua própria definição, a problemática da enunciação como ato, tal como Benveniste a desenvolve: ela estaria inscrita no que chamamos de "as condições enunciativas", que participam da identidade de um enunciado e estabelecem, em particular, a oposição *enunciado/frase*.

Aqui, ainda, fica cada vez mais claro que houve um mal-entendido. De um lado, essas condições põem em jogo, não o contexto extralinguístico definido pela situação de locução (enquanto algo organizado em torno do locutor, de seu interlocutor, de seus saberes, de suas crenças, de seus objetivos e das convenções às quais eles podem se submeter), mas o que denominamos, às vezes, cotexto, a saber, a sequência de enunciados na qual cada enunciado se insere. A questão "Tal sequência é enunciável?" deve ser entendida como "Pode haver um cotexto no qual ela se insere?", e não como "Ela é compatível com uma dada situação? (Ela é proferível?)". Isso provém do fato de ser a enunciação distinta do próprio ato de locução.

Na verdade, trata-se, mais do que de condições de enunciabilidade (condições a serem preenchidas para que o enunciado seja aceitável), de condições que o enunciado coloca sobre sua interpretação:[17] trata-se de "condições postas", definidas pelo enunciado, do que de "condições necessárias", pré-requisitos para o enunciado.

66 Linguagem e enunciação

Com efeito, vimos que o enunciado induzia a uma estruturação enunciativa, uma rede de orientações, um conjunto de pontos de vista. Vale dizer que ele não se reduz a um conteúdo. É o que se deduz da existência de famílias parafrásticas: porque há outros enunciados que transmitiriam o mesmo conteúdo, é na "forma de dizer" que lhe é própria que o efeito significante de um enunciado reside. Em outras palavras, quando Culioli toma por dado o enunciado, não é para incluir um contexto pragmático qualquer, mas para incluir o efeito significante relativo a sua "forma de dizer" própria: não é tanto por oposição às frases propriamente ditas (fora de contexto), mas por oposição às proposições (reduzidas a seu conteúdo).

Isso significa que o enunciado define o quadro no qual é interpretado. Mais exatamente, uma vez que se trata de operações de orientação, e de delimitações de pontos de vista, o enunciado define uma forma de cenário no qual se inscreve. Esse cenário faz parte de seu efeito significante. É um conjunto de condições postas para sua interpretação. É exatamente este o sentido que se deve dar à noção de condições enunciativas: elas remetem ao cenário interpretativo que o enunciado induz.

Tal concepção do enunciado revela, desde então, ser o exato oposto daquilo que promete a semântica pragmática. O sentido não é função do contexto: é o contexto que é função do sentido. Ou, mais exatamente, é o cenário enunciativo, enquanto parte integrante do sentido que o enunciado produz. Mas, a esse cenário, o locutor vai precisar se alinhar.

Evidencia-se, assim, que nem o ato enunciativo, nem seu aparelho, nem sua materialização sob a forma de discurso, têm verdadeiramente seu lugar – tais como Benveniste os concebe – no programa de pesquisa culioliano.

A linguagem

Após Saussure

Em *Émile Benveniste aujourd'hui*, Culioli presta homenagem a Benveniste por ter reabilitado a questão da linguagem, reintroduzindo-a como problemática no campo de uma Linguística da qual ela tinha sido excluída.

Sabe-se porque Saussure desloca o programa de pesquisa da Linguística da linguagem para a língua: porque o todo da linguagem é uma entidade inconsistente, que só se caracteriza de modo incompleto, de qualquer maneira que se a tome, continuamente multiforme, incessantemente com duas faces, no sentido em que cada ponto de vista traz consigo um ponto de vista divergente (são assim citados a produção e a audição; o som e o sentido; o individual e o social; o diacrônico e o sincrônico). De geral e consistente na linguagem, só há o fato da língua, tomada como um sistema, constituído de signos, unidades com duas faces indissociáveis, que não são senão valores puros. Esse sistema se obtém ao se colocar entre parênteses a dimensão "individual" da linguagem (e também a dimensão diacrônica): são consideradas, por meio dessa exclusão, de um lado, a subjetividade, de outro, a contingência concreta dos agenciamentos de signos que constituem uma sequência de linguagem, já que eles procedem da produção de um indivíduo (de uma fala).

A partir daí, o fato de se evidenciar o caráter estritamente diferencial dos signos faz sobressair um segundo argumento que se opõe ao estudo direto das propriedades gerais da linguagem: os valores são necessariamente relativos ao sistema que os determina. Não há universais da linguagem. As línguas são estudadas uma a uma. Ou se algumas podem ser aproximadas, é somente na medida em que estão formalmente ligadas, porque são da mesma família.

Reabilitar a linguagem como objeto de estudo é, portanto, reabilitar os pontos de vista divergentes e, em particular, a dimensão individual no que ela teria de generalizável (o indivíduo seria posto em jogo da mesma forma de uma língua a outra: os agenciamentos procederiam de restrições generalizáveis): Benveniste reintroduz a perspectiva do discurso; Culioli reintroduz o enunciado. É também reabilitar a própria noção de divergência: tem-se um objeto não homogêneo, semântico e semiótico. Observaremos a forma que toma essa clivagem em Culioli. É, sobretudo, questionar toda concepção estritamente relativista. Há princípios gerais de estruturação dos valores: as frases nominais, os índices de pessoa, para mencionar dois exemplos bem conhecidos no trabalho de Benveniste, têm funções universais; e, segundo Culioli, há mecanismos formais invariantes. E é, enfim, relacionar o campo de investigação da Linguística à diversidade das línguas: se a linguagem é objeto de estudo, deve ser apreendida na diversidade de suas formas; restringir-se a uma língua, ou a línguas tomadas uma a uma, ou a famílias de línguas, leva a ocultar toda problemática do generalizável. Chegamos ao programa que Culioli formula como sendo "o estudo da linguagem por meio da diversidade das línguas naturais". Esse programa pode ser claramente observado nas pesquisas de Benveniste, quando este circula do semítico às línguas ameríndias, ou do coreano ao georgiano.

O programa é ambicioso, já que se trata de recobrir o conjunto dos fatos de língua. Pode até mesmo causar vertigem, pois é a linguagem como faculdade humana que é seu objeto. "O todo global da linguagem não é cognoscível", dizia Saussure: ninguém poderia almejar esse conhecimento. Há como que cheiro de enxofre em uma ciência que se arroga tais pretensões.

Mas há também limitações. Como já dissemos, é por meio das línguas, e somente por meio delas, que Culioli se propõe a apreender a questão da faculdade da linguagem. Para Benveniste, se há efetivamente o projeto de ampliar o campo de investigação a todas as produções simbólicas que participam da constituição da condição humana, veremos que a limitação consiste precisamente em se interrogar mais sobre o que elas põem em jogo, sobre o que constroem, do que sobre a faculdade que as constitui.

Aliás, tanto para um como para outro, há a limitação que a definição de um quadro teórico geral servindo de ponto de vista para abraçar a totalidade considerada e problematizá-la constitui: para Benveniste, esse quadro é o que constrói a articulação semiótico-semântico.[18]

Enfim, nem um e nem outro pretendem dar conta do "todo" da linguagem. Culioli insiste no fato de que a linguagem não é propriedade do linguista: o "domínio" do linguista é limitado à "relação que existe entre a atividade de linguagem e estas configurações específicas que são os enunciados nas diversas línguas naturais".[19] Vimos, aliás, que ele não diz nada a respeito das condições efetivas de proferimento de um enunciado (um locutor e um contexto extralinguístico específicos) enquanto o que constitui o que não é "repetível"[20] no enunciado. Benveniste, por sua vez, não renuncia à dicotomia língua/fala, ainda que a desloque ao reinscrever o discurso no campo da Linguística: resta o que descreve como "o texto do enunciado",[21] o agenciamento particular de uma sequência de linguagem efetiva, que ele continua a relacionar com a fala (parole). Encontramos aqui o eco das divergências observadas na parte A. De uma certa forma, cada um exclui de seu domínio o que outro, ao contrário, tematiza: o discurso, de um lado, o enunciado em seu texto, de outro.

Resta que, com a linguagem, é bem a questão do humano que é colocada. Vimos sob que forma para Benveniste: a linguagem constitui o sujeito e as categorias da experiência humana. Para Culioli, que se atém às línguas, aos mecanismos formais que elas desenvolvem, trata-se de dar conta de uma faculdade humana, específica ao homem, de evidenciar as suas propriedades, que, de uma forma ou de outra, devem tocar no que faz a especificidade da condição humana. Compreendemos, a partir de então, que a Linguística deve se inscrever em uma problemática mais ampla: a da experiência humana e das representações simbólicas para um, a das atividades cognitivas para outro.

Divergências

A partir dessa base comum que o estudo da linguagem e das línguas em sua diversidade constitui, fica claro que cada autor desenvolve sua própria problemática, o que nos leva a reencontrar as divergências discutidas na primeira parte e que dizem respeito à oposição discurso/enunciado. Trata-se, agora, de situar essas divergências no quadro geral em que se inscrevem e que as determina: antes de constituir pontos de vista diferentes sobre a enunciação, elas procedem de pontos de vista diferentes sobre a linguagem. É essa diferença que é preciso explicitar. Ela manifesta-se essencialmente em dois pontos: de um lado, o tipo de dimensão projetada e a própria concepção de linguagem, de outro, o tratamento da diversidade das línguas e a problemática da invariância. Por falta de espaço, somente o primeiro ponto nos interessará aqui.

O programa semiológico

1. Para Benveniste, dois projetos articulam-se: o que consiste em reativar o programa semiológico que o próprio Saussure havia formulado e que integra o linguagístico no conjunto dos sistemas semiológicos; e o que consiste em concorrer com as disciplinas próximas "para uma verdadeira ciência da cultura que fundará a teoria das atividades simbólicas do homem".[22] Eles estão intimamente ligados pela propriedade geral de "significância" que os une. É essa propriedade que define a dimensão própria do semiológico. E a "grande antropologia" que Benveniste evoca, para a qual o conjunto das ciências humanas convergiria,[23] encontra seu fundamento no que denomina o nível significante ("o nível significante une o conjunto das ciências do homem"): é, pois, a semiologia que serve de alicerce.

Claudine Normand[24] sublinhou o caráter totalizador desse duplo programa: ele o é, sem dúvida, em cada um de seus componentes (trata-se de dar conta de tudo que procede da significância, e de tudo que concerne ao homem ("ciência geral do homem"),[25] e, mais ainda, pelo modo como esses "componentes" devem se articular. Como se o homem se resumisse integralmente no fato semiológico. Como se a semiologia constituísse a via suprema para o completo desenvolvimento da condição humana: o "objeto interno da semiologia geral [...] englobou todo o seu externo em uma totalização fantástica".[26]

70 Linguagem e enunciação

Essa ambição não emana, entretanto, do simples recobrimento: da linguística à semiologia, à ciência da cultura e à ciência da sociedade, e depois à ciência do homem, efetua-se um trabalho complexo de articulação cujo movimento é sempre duplo.

Benveniste põe em jogo explicitamente, em cada um dos níveis referidos (da linguagem ao semiológico, à cultura, à sociedade, e ao homem) uma relação de **integração**: é esta uma de suas teses principais, que resulta na continuidade de seus textos, e cuja recorrência foi bem evidenciada por Claudine Normand.

Mas essa integração não se reduz jamais a uma incorporação: há, a cada vez, uma reversão, quer a relação de pertencimento se inverta, quer seja duplicada por uma relação de exterioridade.

Essa reversão manifesta-se de diferentes maneiras: em certas formas de escrita (por exemplo, a passagem de "em" para "fora" na expressão "na linguagem e, acreditamos, igualmente fora da linguagem")[27] ou, de modo mais explícito, na apresentação de hipóteses dadas como equivalentes, mas que permanecem heterogêneas.[28] Manifesta-se também no emprego quase substitutivo que é feito dos dois conceitos de integração e de interpretância (ver a observação de Normand).[29] E é essa mesma reversão que reencontramos com os índices de discurso, que são "signos", "formas linguísticas", pelas quais "o homem se constitui como sujeito",[30] mas que ao mesmo tempo "não existem a não ser na medida em que são atualizados na instância de discurso":[31] a experiência humana da subjetividade está inscrita na língua ("essa experiência [...] está lá, inerente à forma que a transmite"),[32] mas não se realiza senão no ato pelo qual o locutor "apropria-se" da língua ("Assim, a enunciação é diretamente responsável por certas classes de signos que ela promove literalmente à existência"[33]).[34]

Podemos entender esses posicionamentos como marcas de uma confusão na qual a empreitada de Benveniste naufragaria, mas eles evidenciam, antes, uma "dificuldade intrínseca"[35] do projeto, pois constituem o próprio nó da reflexão posta, um nó que, na verdade, o termo de integração resume.

Não parece que nunca se tenha notado que se trata de um termo fundamentalmente ambíguo, pois Benveniste faz entrar sempre em cena a ambiguidade, ainda que não a explicite. O fato é que em seus empregos usuais, tal termo pode designar, conforme o caso, um processo de englobamento ou, ao contrário, um processo de inserção (basta pensar nas "políticas de integração", na "integração" em uma grande escola, em que o conjunto integra o indivíduo ao mesmo tempo em que o indivíduo integra também o conjunto, em uma relação recíproca que é a chave do sucesso da operação). No próprio texto de Benveniste, a relação entre a unidade e o sintagma, a propósito da qual o conceito de integração aparece pela primeira vez, procede, *a priori*, mais de "inserção" do que de "englobamento": trata-se, para a unidade, "de integrar uma unidade de nível superior".[36]

Se há então "uma relação de integração necessária"[37] entre a linguagem e a cultura, entre a linguagem e a sociedade, entre a linguagem e a experiência humana, isso não significa simplesmente que a linguagem contém cultura, sociedade e experiência humana: ela os contém tanto quanto os interpreta, ou, mais exatamente, ela os contém na medida em que os interpreta, em sua exterioridade mantida, mas transformada. A integração designa uma relação que, consequentemente, se deve entender como dialética, mesmo se essa dialética não tenha sido explicitamente pensada e exposta por Benveniste: ele a delineia a cada instante. Ela passa, sem dúvida, por uma forma de englobamento, mas que é minada pela contradição entre englobamento e inserção, e que se resolve em termos de processo (a integração designa, primeiramente, um processo, e não seu resultado): a linguagem integra a condição humana, enquanto a interpreta nessa relação dialética que a interpretação mantém entre interioridade e exterioridade.

Trata-se efetivamente de um programa totalizante, mas que é estruturado pela relação dialética de integração. Benveniste, além disso, vai trabalhar para lhe dar uma base teórica consistente: é o que indicamos na seção "Enunciação". a propósito das limitações.

De fato, a partir de um certo período, seu discurso sobre essa questão da dimensão vai passar do registro de evocação quase visionária para o da elaboração programática propriamente dita. Em 1954, ele evoca uma "semiótica geral que cobriria ao mesmo tempo a vida mental e a vida social".[38] O texto de 63, *Vistas d'olhos sobre o desenvolvimento da linguística*,[39] é, sem dúvida, o mais visionário: "Aprofundando a natureza da linguagem, descobrindo as suas relações tanto com a inteligência como com o comportamento humano ou os fundamentos da cultura, essa investigação começa a esclarecer o funcionamento profundo do espírito nas suas operações".[40] Mas, paralelamente, um trabalho é realizado sobre a subjetividade, o discurso e a experiência humana. E ao final, em *Estrutura da língua e estrutura da sociedade*[41] ou em *Semiologia da língua*,[42] o tom não é mais o mesmo: trata-se verdadeiramente de articular relações, de arquitetar essa semiologia geral a ser construída.

Podemos distinguir duas grandes diretrizes que vão organizar (e restringir) o projeto de totalização.

72 Linguagem e enunciação

2. Há, inicialmente, uma tese fundamental concernente à relação entre o humano e a linguagem, que transparece do conjunto de trabalhos de Benveniste, e que já encontramos sob sua forma positiva: a linguagem constitui a experiência humana ("a linguagem ensina a própria definição do homem").[43] Isso significa que na análise dos funcionamentos linguagísticos, a questão da condição humana deve ser colocada em termos de efeitos: o humano é um resultado do linguagístico. E isso tem, portanto, uma vertente negativa: o humano intervém somente no "término" do processo de análise. O fato de que o homem produz o linguagístico não é, sem dúvida, contestado em si. Mas toda a crítica à concepção instrumentalista da linguagem visa a sustentar que ele não deve ser pensado como uma "origem" da linguagem ("A linguagem está na natureza do homem, que não a fabricou").[44]

Reconhecemos nessa tese negativa os ecos do pensamento estruturalista, quando este optou por afastar toda problemática da origem da linguagem. Mas o estruturalismo o faz em nome do sistema da língua, que, sozinho, constituirá o objeto da linguística. É surpreendente que Benveniste mantenha essa linha, quando, justamente, reintroduziu o discurso e, ao mesmo tempo, a questão da condição humana no seio da linguística. A linguagem continua em primeiro plano, porque não deve ser concebida como um instrumento. E essa linha é mantida até o fim, inclusive quando a semântica (o discurso) terá sido totalmente autonomizada, sob a forma de uma segunda linguística: em "A forma o sentido na linguagem",[45] em que essa autonomização é a mais radical, a conclusão retoma o "poder significante da língua",[46] que se encontra "no fundamento de tudo", e "que acontece bem antes de dizer alguma coisa".*

Há aí uma continuidade de base com Saussure, que nada vai superar: o humano é considerado senão enquanto é significado pela linguagem, enquanto produção linguagística, e não como alguém que teria uma atividade linguagística. Assim, se a linguagem é reabilitada, não é pelo fato de constituir uma "faculdade humana": não há qualquer problemática da faculdade em Benveniste: há senão esse poder significante que coloca a linguagem na origem não somente de si mesma (é a posição estruturalista), mas também da condição humana.

De uma certa maneira, entretanto, essa tese se inverte por efeito da reversão descrita anteriormente, quando a linguagem como atividade emerge sob a forma de discurso como ato: pois se a linguagem constitui a pessoa,

---

* N.T.: Tradução nossa das passagens de Benveniste citadas pela autora.

ela a constitui "desde que ela fale",[47] para se apropriar da língua. Daí a concepção de enunciação tal como apresentada na primeira parte: o homem, que não é a origem da linguagem, deve, entretanto, ser a origem de seu discurso. Mas essa origem guarda o traço da reversão que a constituiu: a cada vez, é "uma pessoa nova"[48] que a enunciação constitui; o ser falante é menos um sujeito autônomo, senhor de seu discurso, do que o efeito de uma "dialética singular",[49] em que "uma experiência humana se instaura como nova".[50] Da mesma forma, o presente da enunciação, "que é o presente do próprio ser",[51] a partir do qual "se imprime na consciência o sentimento de uma continuidade que denominamos 'tempo',[52] é um presente "incessante",[53] "que se renova a cada produção de discurso".[54] É isso que faz a originalidade da "filosofia" da experiência humana que Benveniste concebeu.

3. A outra linha diretriz manifesta-se na própria arquitetura da semiologia, cuja elaboração é, em particular, o objeto de *Semiologia da língua*. Essa arquitetura está fundamentada na distinção entre semântica e semiótica. A demonstração é a seguinte. Certos sistemas semiológicos (código das leis de trânsito etc.) se apoiam no primeiro modo de significância (semiótico). Outros (música, artes plásticas), no segundo (semântico). Somente a linguagem associa os dois. Isso lhe confere "seu poder maior [...] de criar um segundo nível de enunciação, em que se torna possível sustentar propósitos significantes sobre a significância".[55] É assim designada a faculdade metalinguística. E essa faculdade encontra-se "[n]a origem da relação de interpretância pela qual a língua engloba os outros sistemas".[56] É, pois, essa "possibilidade que temos de nos elevarmos além da língua, de abstraí-la, de contemplá-la [...]"[57] que deve permitir desenvolver a semiologia, a partir da linguagem até o conjunto dos sistemas semiológicos, e até constituir uma ciência geral do homem. Ora, a possibilidade de abstrair-se da língua é a separação entre semântica e semiótica que garante.

Essa separação é, portanto, crucial: sabemos o quanto Benveniste insiste nela em todos os textos teóricos após 1964 (*Os níveis de análise linguística*).[58] Ela fundamenta a possibilidade da metalinguagem. E assim, é o que torna possível a totalização pela qual a linguagem vai poder englobar todo seu exterior: dizendo tudo sobre si mesma, a linguagem vai poder dizer tudo sobre tudo. Ora, vamos mostrar que essa separação não era algo refletido: se Benveniste volta sempre a essa questão, é por ela não deixar de ser problemática (o que mostram tanto Normand quanto Tamba-Mecz).

74 Linguagem e enunciação

E, de fato, o poder da metalinguagem encontra-se limitado pelo que é considerado como o primeiro princípio que diz respeito às relações entre sistemas semióticos: o princípio de não redundância,[59] segundo o qual "não se pode 'dizer a mesma coisa' pela fala e pela música".[60] Entre os sistemas semióticos, a relação é de interpretação. A metalinguagem não é total: ela interpreta mais do que diz; ela integra mais do que engloba. Mais uma vez, a reversão da integração entra em cena.

O programa culioliano

Pudemos evidenciar quatro características do programa de Benveniste: totalização, reversão, forclusão da atividade significante, separação do semiótico e do semântico. A ambição culioliana é, na verdade, totalmente outra, não só porque os métodos teriam mudado e a cognição substituído as ciências humanas em sua aura. Primeiramente, a ampliação entrevista por Culioli não se situa necessariamente em uma perspectiva que objetiva fundar uma nova ciência. Ele prega, sem dúvida, uma descompartimentalização das disciplinas: a teoria culioliana se articula, assim, com a psicologia cognitiva; ela se alimenta também de certos trabalhos de inteligência artificial e está lado a lado, de maneira variada, de outras ciências que se ocupam de formalismo, de cognição, ou mais amplamente da questão humana. A linguagem, enquanto faculdade humana, participa das atividades de representação e de categorização: a linguística deve, pois, negociar com as disciplinas que compartilham de perto ou de longe dessa problemática, mas sem, por isso, ampliar o seu domínio para além daquilo que constitui seu objeto próprio, a saber, as línguas em sua diversidade.

Em diversas ocasiões, Culioli insistiu no fato de que cada disciplina é específica (cada domínio "tem suas exigências próprias").[61] E ele sustenta de modo claro que o linguista "não tem acesso" diretamente às operações propriamente cognitivas.

É assim que, para definir a posição da Linguística, Culioli propõe distinguir três níveis de atividades de representação:[62] o nível das operações cognitivas (nível 1), o nível dos arranjos formais, que são o vestígio dessas operações nos enunciados (nível 2), e o nível por ele denominado metalinguístico (nível 3), das operações que o linguista reconstitui para dar conta de 2. O nível 3, por consequência, consiste em uma representação de 1: mas na medida em que só temos acesso a 1 pelas representações de 2, e que 3 é, por sua vez, uma representação dessas representações reconstituídas, há um jogo necessário entre 3 e 1. É claro que esse jogo limita consideravelmente as prerrogativas do linguista.

É, portanto, no sentido literal que a questão da cognição define um horizonte para a Linguística: o horizonte em relação ao qual ela deve se situar, mas no qual ela não saberia investir.[63]

Podemos, a partir daí, extrair as diretrizes do programa culioliano que se opõem termo a termo àquelas que explicitamos a propósito de Benveniste.

1. Contrariamente a Benveniste, é pela linguagem, como atividade humana, que Culioli se interessa: pela "linguagem como atividade simbólica e atividade enunciativa".[64]

Há, aí, um aparente paradoxo, se lembrarmos que a própria enunciação não é concebida como um ato.

É precisamente porque a enunciação é concebida como um processo de constituição de sentido (e não como o ato de um locutor) que a linguagem deve ser concebida como uma atividade. O sentido é construído, enunciado por enunciado. A linguagem não poderia ser concebida como uma grade interpretativa posta sobre o mundo (semiótico), nem como um motor discursivo do qual os sujeitos se apropriam para investir o mundo de significação: é uma máquina própria para construir significação. Do mesmo modo que defende, contrário a "uma linguística dos estados", uma nova linguística que seria "linguística das operações", Culioli prega, em definitivo, a passagem de uma semiologia dos sistemas e dos discursos a uma semiologia das operações de constituição da significação. Os sistemas variam de língua para língua, os discursos, de locutor para locutor: é somente na atividade que a linguagem reside, aquém dos sistemas e dos discursos.

Assim, Culioli toma as produções linguagísticas não como espelho de uma humanidade a se revelar (o espelho do cultural), mas, antes, como sintomas de uma problemática humana a restituir. É, de certo modo, o registro da percepção exigido que difere: para Benveniste, os fatos linguagísticos deixam ver a linguagem, e, transversalmente, as categorias nas quais o humano se determina; para Culioli, trata-se mais de entender o que neles se trama. Temos uma verdadeira inversão: a condição humana não é mais apreendida na "saída", como determinada pela linguagem; ela está na entrada, nessa faculdade de produção de sentido.[65]

Compreendemos assim que é o cognitivismo que veio ocupar o lugar da antropologia. O problema é determinar como a significação se constrói, e de que trabalho se trata: de que procede o sentido humano? É a questão da cognição que está em jogo: como o ser humano faz significar o mundo,

76 Linguagem e enunciação

como o conhece. Enquanto Benveniste considera poder abordar o problema da condição humana por meio de suas produções (os sistemas semiológicos, que ele pega inteiramente estabelecidos, bastando interpretá-los), Culioli se situa na origem dessas produções para se interrogar sobre o modo como são produzidas.

Quer dizer que Culioli retoma uma concepção instrumentalista, em que o homem seria primeiro determinado por si só e criaria, manusearia e utilizaria a linguagem para produzir o sentido a seu modo? Não necessariamente: a linguagem é uma faculdade e não um instrumento. É essa faculdade que é primeira, em relação às línguas, aos discursos e aos enunciados; e do homem, só se considera essa faculdade, não sendo o restante – se houver – objeto da linguística. De uma certa maneira, Culioli estabelece a integração desde o início: linguagem e humanidade não são separadas, mesmo se necessariamente não coincidam. É o conceito de atividade que essa integração marca: a linguagem não é senão uma atividade humana (ela não é autônoma), e põe em jogo uma problemática humana (a da cognição), que não é autônoma em relação a essa atividade.

Falta apresentar uma consequência metodológica do que acaba de ser dito. Se a linguagem é uma atividade, e não um sistema semiológico que se desdobra em atos sempre contingentes de apropriação do sistema (semiótico e semântico), ela só poderia ser apreendida a partir do que essa atividade produz: os enunciados. Culioli não toma por objeto de análise uma língua enquanto sistema estruturado (por oposições ou regras, pouco importa), ainda menos a apropriação dessa língua em um discurso, mas enunciados em uma língua, e o valor interpretativo que esses enunciados constroem. Para retomar exemplos conhecidos de Benveniste e Culioli, Culioli não questiona qual seria o valor significativo de *prae* ou de *bien* enquanto unidades de língua, mas o que *prae* e *bien* constroem nos enunciados. E a partir daí, em um segundo momento somente, o valor da unidade de língua poderá ser reconstituído: a linguística tem como tarefa a descrição das línguas (singulares). Mas sua tarefa primeira, a partir da qual aborda a descrição das línguas particulares, é a de caracterizar a atividade de linguagem. O enunciado vem em primeiro lugar (o domínio da linguística é "a relação entre a atividade de linguagem e as configurações específicas que são os enunciados nas diversas línguas naturais"):[66] se Culioli estabelece que seus dados são os enunciados, é, em definitivo, tanto por oposição às proposições (que são entidades teóricas) quanto por oposição às próprias unidades.

2. O que vai possibilitar, a partir dos enunciados, ter acesso às operações de linguagem, e, mais amplamente, cognitivas, que estão em jogo? A solução que Culioli põe em prática não está desvinculada da de Benveniste, uma vez que recorre crucialmente à atividade metalinguística. Nos níveis apresentados anteriormente, o nível 3, denominado nível metalinguístico, visa a reconstituir senão o nível 1 das operações cognitivas, pelo menos a relação entre o nível 1 e o nível 2.

Mas esse nível metalinguístico não é a faculdade metalinguística que evoca Benveniste. Trata-se de uma construção teórica, construção de um sistema de representações formais que poderá gerar um cálculo;[67] o nível 3 é do domínio do linguista, e não do locutor. Culioli assume aí a necessidade da elaboração teórica e da formalização.[68] Essa preocupação está ausente da problemática de Benveniste, que em momento algum projeta concretamente a construção de um sistema formal de representação.[69]

É importante compreender o que legitima, em Culioli, o recurso à formalização. Não é tanto a exigência de rigor, de explícito e de estabilidade, exigência de que partilha Benveniste: uma notação estabilizada seria suficiente (e Benveniste, por sua vez, propõe uma notação tão estabilizada quanto possível, fundada sobre um jogo de conceitos). O formalismo se distingue da notação, no sentido em que permite um cálculo. E é esse cálculo que Culioli considera necessário: porque possibilita o vaivém entre teoria e observação, entre nível 3 e nível 2, gerando predições que o empírico põe em questão.[70]

Uma notação não é suficiente porque não há correspondência biunívoca entre o nível 2 e o nível 3,[71] e porque não se poderia tê-la, já que isso não ocorre nem mesmo entre os níveis 1 e 2: "não há relação termo a termo entre as representações de nível 1 e as representações de nível 2. [...] Se tivéssemos uma relação termo a termo, teríamos uma nomenclatura (ou) um código".[72] Em substituição a isso, há somente um movimento de ajustamento:[73] é esse movimento que o cálculo representa. Eis uma segunda diferença importante no que se refere à concepção do metalinguístico: a atividade metalinguística é trabalho de ajustamento, não procedendo desta faculdade que teríamos "de nos elevarmos além da língua, de abstraí-la, de contemplá-la, ainda que utilizando-a [...]".[74]

O ajustamento se manifesta nas relações entre os níveis 1 e 2 por meio de fenômenos imbricados e confusos como a sinonímia, a homonímia, a ambiguidade, a paráfrase, os valores compostos ("em resumo, tudo, exceto um jogo fixo entre representantes e representações"):[75] Culioli fala de labilidade (idem). Mas ela se manifesta também no próprio interior do nível 2, sob uma forma que é, então, diretamente observável (é preciso uma hipótese teórica para reconhecer fenômenos como a sinonímia), quando todo enunciado encontra-se em relação com uma série de glosas que lhe ajustam o sentido. As glosas constituem um dado empírico crucial para Culioli: é a partir delas que devem ser reconstituídas as operações de linguagem em um enunciado. Ora, por definição, elas jamais são exatas, jamais definitivas, elas são plurais e deformáveis. Elas atestam a plasticidade da representação. O nível não 3 é senão um desdobramento formal desse trabalho de glosa.

Em outras palavras, a atividade metalinguística do linguista apoia-se na atividade que Culioli denomina epilinguística e que se manifesta, em particular, nas glosas que todo locutor poderá produzir. Esta é constitutiva da própria faculdade de linguagem, visto que a característica das representações linguagísticas é proceder por ajustamentos. Benveniste fundamenta a possibilidade do metalinguístico na separação entre semântico e semiótico. Com o epilinguístico, não há duas ordens de significância, não há o sistema e os discursos. A glosa é um enunciado que incide sobre um enunciado. Há apenas um nível, jamais fechado, mas sempre clivado: aquele da "(re)construção"[76] de sentido que os enunciados realizam de um ajustamento ao outro.

É, pois, uma vez mais a separação que é questionada. Trata-se de fundamentar a linguagem nessa clivagem entre o enunciado e a pluralidade de suas glosas, que têm o mesmo sentido e que não têm o mesmo sentido.

No princípio da separação entre semântica e semiótica: os níveis de análise linguística

A questão da separação está na origem das divergências entre Benveniste e Culioli: isso vale para a enunciação, ato separado de apropriação do sistema da língua em Benveniste, processo constitutivo da atividade de linguagem em Culioli; e, mais amplamente, vale para a semântica que separa duas ordens de significância em Benveniste, enquanto Culioli considera uma única ordem elevada clivada, a da (re)construção do sentido. No entanto, vimos que essa separação, que em *O aparelho formal de enunciação* é consumada, põe em jogo, em outros textos, uma articulação mais complexa quando se mistura com a problemática da integração.

Devemos distinguir vários momentos no trabalho de Benveniste em torno dessa questão da separação.

Há o momento intermediário onde se opõem "dois universos diferentes, embora abarquem a mesma realidade".[77] Apresentada desde 1964, essa concepção encontra sua expressão mais forte em 1966, em *A forma e o sentido na linguagem*: "Há para a língua duas maneiras de ser língua no sentido e na forma".[78] Nesse momento, o que dizia respeito apenas à frase em 1964, também diz respeito a todas as entidades lexicais: "Assim, tudo faz realçar o estatuto diferente da mesma entidade lexical, segundo a tomemos como signo [semiótico] ou como palavra [semântico]".[79]

Há o resultado de 1970, que já aparecia nos diferentes textos que versavam sobre os índices do discurso, em que duas ordens de entidades são diferenciadas: as que provêm do sistema da língua e as que provêm do aparelho formal da enunciação.

E há o momento fundador, em que o texto de 1964 oscila. Nesse momento, Benveniste ocupa-se em descrever a metodologia estrutural, que ele organiza em torno do conceito de nível: a questão é a da identidade das unidades linguísticas. Aqui, signos e palavras não são diferenciados, referindo-se indiferentemente ao sistema da língua (o que, na sequência, irá se chamar o semiótico).[80]

No entanto, a propriedade que vai fundamentar a identidade desses signos, que Benveniste chama de palavras apenas por "comodidade",[81] é precisamente a que vai ser dada em 1966 como característica do estatuto semântico das entidades lexicais: a capacidade de integração ("O sentido de uma palavra consistirá na sua capacidade de ser integrante de um sintagma particular e de preencher uma função proposicional").[82] Em 1964, é ela que "leva-nos às unidades significantes",[83] do merisma à palavra/signo, passando pelos fonemas. A noção de integração, introduzida aqui pela primeira vez e cuja complexidade mostramos, apresenta-se apenas como uma releitura dos princípios do estruturalismo.

Poderíamos ver nessa coincidência um simples engano: Benveniste ainda não diferenciou o que devia. Isso seria reduzir o alcance das teses avançadas no artigo, pois o problema não é que Benveniste não diferencia

80 Linguagem e enunciação

o caráter distintivo do signo de sua capacidade integrativa: ele define um pelo outro ("Uma unidade será reconhecida como distintiva num determinado nível se puder identificar-se como 'parte integrante' da unidade de nível superior"),[84] ou mais exatamente mostra que um se define senão pelo outro.[85] Fundamenta o que virá a se tornar o semiótico no que se tornará o semântico.

Poderíamos, então, ver nessa intricação o efeito retroativo de uma reorientação posterior: em 1966, Benveniste manifestadamente renunciou às teses de 1964, ao afirmar que, sozinhas, as relações paradigmáticas definem o signo. Seria não levar em conta o que se construiu no próprio artigo de 1964. Pois a integração é, no texto, o que exerce o papel de báscula: ela permite a passagem da palavra/signo à frase. Ora, passando da palavra à frase, passamos do estruturalismo a esta outra linguística, que é a da predicação e da referência. Essa passagem se dá como um salto, de um universo a outro: entre os dois universos, intervém o referente. Isso não impede que seja a palavra/signo, enquanto integrante da frase, que "efetua-lhe a significação".[86]

É preciso ir ao extremo da lógica da integração: em 1964, o semiótico integra o semântico. Ele o integra no sentido da reversão descrita na seção "Após Saussure". As palavras/signos integram a frase (integram-se nas frases); e, ao mesmo tempo, tiram sua identidade de unidades significativas de sua integração nas frases. Isso não significa que o semântico esteja englobado no semiótico: trata-se de dois universos diferentes. Encontramos a mesma dialética entre interior e exterior como vimos no programa semiológico (entre a linguagem e a experiência subjetiva). O semântico é exterior ao semiótico, visto que põe em cena o locutor e também o referente. Isso não impede que o semiótico "o enforme",[87] pois são as palavras/signos que efetuam a significação da frase. E falta pouco para que o semiótico o englobe, como a linguagem englobaria a experiência humana: nesse caso, é o discurso que determina esse pouco, o ato de um locutor se apropriando da língua para comunicar. Antes de inventar uma separação entre interior (semiótico) e exterior (semântico) a que a linguagem se subsumiria, Benveniste encontra uma topologia que é a da garrafa de Klein, em que se passa continuamente do interior ao exterior.[88]

Falta esse pouco, o ato do locutor, que é decisivo e que funda a separação (que rompe a continuidade). Em seus trabalhos empíricos, Benveniste não se priva de integrá-lo, seja com os índices de discursos, que são signos no sistema semiótico, ou com todas as outras unidades cuja função ele estuda:

trata-se sempre de uma função sintática ou discursiva, portanto, de uma função semântica.[89]

Seria preciso, sem dúvida, interrogar-se sobre a razão pela qual ele mantém a separação em seus textos teóricos, não integrando aí o discurso.[90] Não o faremos aqui: isso supõe uma comparação mais precisa entre os textos teóricos e os textos empíricos.

Aqui, entretanto, a divergência com Culioli faz-se presente. Este integra o ato de locução na língua e no enunciado. Ele o integra, não o engloba: o ato muda de estatuto, torna-se atividade de linguagem de um lado, processo enunciativo de outro, e o referente torna-se valor referencial. Para finalizar, Culioli situa-se na linha das teses de 1964. Quando estuda o funcionamento das unidades no seio dos enunciados, ele as toma em sua função integrativa. Quando as define como os traços de operações, ele se coloca do lado de sua capacidade integrativa. Quando apreende a enunciação como processo de constituição de sentido, compreende que a significação de uma frase seja "efetuada" pelas unidades que a compõem.

É isso que assinala uma continuidade entre Culioli e Benveniste, quando eles ultrapassam a separação entre língua e fala, para fundamentar a linguagem em uma heterogeneidade constitutiva, que não é separação, mas integração: integração do sentido ao dizer que se resolve na clivagem do sentido, sempre (re)construído.

Texto originalmente publicado em "Lectures d'Émile Benveniste", A. Montaut; C. Normand (org.), Linx, Paris, Universidade de Paris x, 1992.

Notas

[1] A. Culioli, "Théorie du langage et théorie des langues", PLE II, Paris, Ophrys, 1999, pp. 115-23.

[2] Os termos escolhidos aqui não são aqueles que Benveniste emprega (ele emprega o termo invariante, a propósito da função verbal, mas em um sentido que não parece ser exatamente aquele que Culioli dá ao termo). Mais adiante, discutiremos a relação que ele coloca entre semântica e semiótica e precisaremos a natureza da clivagem mencionada.

[3] É preciso, portanto, admitir que o discurso de Benveniste é, em seu próprio desenvolvimento, "confuso", segundo a expressão de Culioli (op. cit.), e que se contradiz frequentemente, como o notam tanto Culioli (op. cit.), como I. Tamba-Mecz ("A propos de la distinction entre sémiotique et sémantique", *Émile Benveniste aujourd'hui, Actes du colloque international du CNRS*, tome II, Tours, Bibliothèque de l'Information gramaticale, 1983) e, de outro modo, C. Normand, ("Constitution de la sémiologie chez Benveniste", *Histoire Epistémologie Langage*, tome 11, fasc. II, 1989), mais confuso em todo o caso, e mais problematizado por não deixar aparecer a última formulação. Mas antes de atribuir essa situação à posição insustentável que seria aquela

82 Linguagem e enunciação

de Benveniste, entre continuação e avanço de Saussure, vejo nela a espessura de um pensamento que "a vulgata de Enunciação" (a expressão é de Claudine Normand, "Les termes de l'énonciation chez Benveniste", *Histoire Epistémologie Langage*, tome 8, fasc II, 1986, p. 200) simplifica. Em outras palavras, para recuperar a oposição que propõe Claudine Normand entre "textos de finalização" e "textos de abertura" (1986, p. 195), meu posicionamento consistirá em considerar *O aparelho formal da enunciação* como um texto de finalização.

4 Na sequência, apresentarei a teoria culioliana em alguns de seus aspectos. Esta apresentação deve ser entendida pelo que é: uma apresentação. Enquanto tal, ela só compromete a mim.

5 Essa ambiguidade conceitual é possível porque o próprio termo de enunciação, enquanto deverbal, é ambíguo, conforme a nominalização seja construída a partir do sujeito ou a partir do objeto (trata-se, portanto, de uma ambiguidade linguística). A situação não é muito diferente daquela do termo constituição: em "a constituição do governo", remetemos quer à ação realizada (por exemplo, pelo primeiro ministro), essa ação sendo então concebida em seu desenvolvimento (X está em via de constituir o governo), quer à forma como o governo é constituído (quem faz parte dele, como é composto?). Neste segundo caso, não nos interessa absolutamente quem o constituiu.

6 Sem dúvida, esta questão relaciona-se à observação de Normand (1986, p. 201) segundo a qual não se encontra, nos textos de Benveniste, a expressão "sujeito da enunciação" que se tomou, entretanto, o hábito de lhe atribuir. Um sujeito da enunciação seria um outro sujeito que o locutor, marcando, então, a separação entre enunciação e locução.

7 É. Benveniste, *PLG I*, Campinas-SP, Pontes/Editora da Unicamp, 1995, p. 290.

8 Idem, p. 289.

9 Não está excluído, porém, que o processo enunciativo tal como ele o reconstitui não conduza, finalmente, a estabelecer uma teoria do sujeito: esse indivíduo locutor que o ato de locução toma como completamente constituído (um pequeno pedaço de mim, que está aqui e que fala, como come, se desloca, respira, abraça ou escarra) é trabalhado pelo processo enunciativo. Em particular, esse processo o cinde (este é só o seu ponto de vista; você não diz jamais o que acredita dizer, o que desejaria dizer, você não diz senão o seu ponto de vista), o inscreve em uma relação de alteridade ao seu dizer, e, paralelamente, em uma dialética intersubjetiva. Ele cria aí um sujeito, não somente sujeito enunciativo como aquele de Benveniste, ou sujeito origem, mas um sujeito clivado.

10 Daí o fato de que "ele" possa estar, de certo modo, mais próximo do "eu" do que do "tu". Ver A. Culioli, "Valeurs aspectuelles et opérations énonciatives: l'aoristique", *PLE II*, 1999, pp. 127-43 para uma ilustração desta propriedade: "Tu boirais bien un verre" [*Você bem que beberia um*] é mais dificilmente atestável do que "Il boirait bien un verre" [*Ele bem que beberia um*], porque if [ele] é compatível com uma reidentificação. Para que "Tu boirais bien un verre" possa melhor funcionar, seria necessário acrescentar, por exemplo, "tel que je te connais". [*Pelo que eu te conheço, você bem que beberia um*].

11 A. Culioli, *PLE II*, 1999, pp. 127-143.

12 A. Culioli, *PLE I*, Paris, Ophrys, 1990.

13 Segundo *Le Petit Robert*, o que distingue uma aparelhagem de um aparelho é precisamente que ele não deve formar um todo estruturado.

14 Ver, por exemplo, a tese de J. -J. Franckel, *Études de quelques marqueurs aspectueles du français*, Genève-Paris, Droz, 1989, sobre a categoria do aspecto, em que as marcas são estudadas uma a uma.

15 É. Benveniste, *PLG II*, 1989 [1970], p. 83. Nesta passagem, como também de uma forma mais ou menos clara, de acordo com os trechos, no restante destas três primeiras páginas do artigo, o termo "enunciação" é tomado em um sentido que não está longe daquele de Culioli: a enunciação está, apesar de tudo, relacionada ao ato individual de um locutor, mas o fato de que ela seja inicialmente tratada como um "pôr em funcionamento da língua", permite, antes de abordar seu objeto próprio ("o ato mesmo", o que o conduz ao aparelho formal de enunciação), evocar "um outro aspecto", o da "conversão da língua em discurso" que vai associar sintaxe e semântica.

16 No final de *O Aparelho formal da enunciação*, são entrevistos outros dados que seriam "as formas complexas do discurso" (PLG II, Campinas-SP, Pontes, 1989, p. 90), prefigurando assim o que será o programa da análise do discurso. Se deixarmos de lado *As relações de tempo no verbo francês*, não se trata do programa que o próprio Benveniste seguiu. Também não é o programa de Culioli: toda a diferença entre discurso e enunciado está aqui em jogo, o que vou agora tentar explicitar.

[17] Ver a mesma ambiguidade em "as condições de armistício": as condições prévias ao tratado do armistício (o armistício é o objeto, é visado) /as condições postas pelo tratado do armistício (o armistício é sujeito).

[18] Ver É. Benveniste, *PLG II*, 1989 [1969].

[19] A. Culioli, "Conditions d'utilisation des données issues de plusieurs langues naturelles", *PLE II*, 1999.

[20] Retomamos o termo de J.-C. Milner, *Introdution à une science du langage*, Paris, Seuil, 1989.

[21] É. Benveniste, *PLG II*, 1989 [1970], p. 82.

[22] Idem, *PLG I*, 1995 [1963], p. 32.

[23] Idem, *PLG II*, 1989 [1968], p. 38.

[24] C. Normand, 1989, op. cit.

[25] É. Benveniste, *PLG II*, 1989 [1968], p. 38.

[26] C. Normand, 1989, op. cit., p. 163.

[27] É. Benveniste, *PLG I*, 1995 [1958], p. 290.

[28] Penso em particular na passagem de *Estrutura da língua e estrutura da sociedade*, onde se diz: "E formularemos estas duas proposições conjuntas: em primeiro lugar, a língua é o interpretante da sociedade; em segundo lugar, a língua contém a sociedade" (É. Benveniste, *PLG II*, 1989, p. 97).

[29] C. Normand, 1989, op. cit., p. 163.

[30] É. Benveniste, *PLG I*, 1995 [1958], p. 286.

[31] Idem, *PLG I*, 1995 [1956], p. 281.

[32] Idem, *PLG II*, 1989 [1965], p. 69.

[33] Idem, *PLG II*, 1989 [1970], p. 86.

[34] Sabemos que é a separação língua/discurso que possibilita essa reversão. Mas Claudine Normand mostra como a "possibilidade de separá-los como a de juntá-los (1989, op. cit., p. 159) é abalada, os índices da enunciação sendo ao mesmo tempo signos e não signos.

[35] C. Normand, 1989, op. cit. p. 158.

[36] É. Benveniste, *PLG I*, 1995 [1964], p. 136.

[37] Idem, *PLG II*, 1989 [1968], p. 24.

[38] Idem, *PLG II*, 1989 [1954], p. 18.

[39] Idem, *PLG I*, 1995 [1963].

[40] Idem, p. 32.

[41] É. Benveniste, *PLG II*, 1989 [1968].

[42] Idem, *PLG II*, 1989 [1969].

[43] Idem, *PLG II*, 1989 [1958], p. 284.

[44] Idem, p. 285.

[45] É. Benveniste, *PLG II*, 1989 [1966].

[46] Idem, p. 234.

[47] É. Benveniste, *PLG II*, 1989 [1965], p. 69.

[48] Idem.

[49] Idem.

[50] Idem.

[51] É. Benveniste, *PLG II*, 1989 [1970], p. 86.

[52] Idem, p. 85-6.

[53] Idem, p. 86.

[54] Idem, p. 85.

[55] É. Benveniste, *PLG II*,1989 [1969], p. 66.

[56] Idem.

[57] É. Benveniste, *PLG II*, 1989, [1966], p. 233.

[58] Idem, *PLG I*, 1995 [1964].

84 Linguagem e enunciação

[59] Idem, *PLG II*, 1989, [1969], p. 53.

[60] Idem.

[61] A. Culioli, *PLE II*, 1999, pp. 67-82.

[62] Idem, *PLE I*, 1990, pp. 22-46.

[63] Idem, *PLE II*, 1999, pp. 67-82: "O linguista não pode fazer a teoria da linguagem, mas (...) ele é parte interessada e (...), portanto, seu domínio é a relação que existe entre a atividade de linguagem e suas configurações específicas que são os enunciados nas diversas línguas naturais".

[64] A. Culioli, *PLE II*, 1999, pp. 67-82.

[65] Observamos, entretanto, que Benveniste faz, pelo menos em uma ocasião, referência a essa problemática no texto de 1952-1953, a propósito da classificação das línguas que desemboca na questão dos tipos, e mais genericamente na dos universais: por fim, trata-se de "problemas a resolver" ("cada língua tem para resolver um certo número de problemas, que se reduzem todos à questão central da 'significação'", *PLG I*, 1995 [1952-1953], p. 125, e das "diversas figuras de um mesmo jogo", *PLG I*, 1995 [1952-1953], p. 125). Nas metáforas do jogo e do problema, é bem algo da ordem da atividade de linguagem que é visado.

[66] A. Culioli, *PLE II*, 1999, pp. 67-82.

[67] Idem, *PLE I*, 1990, p. 22-3.

[68] Idem, p. 28.

[69] Exceto em *A classificação das línguas*, em que se projeta explicitamente a construção de um modelo lógico (*PLG I*, 1995, p. 122 e 125): é interessante que essa referência à formalização seja concomitante à reflexão sobre o "jogo" linguagístico mencionado na nota 65.

[70] A. Culioli, *PLE I*, 1990, p. 23.

[71] Idem, p. 28.

[72] Idem, p. 22.

[73] Idem, p. 26.

[74] É. Benveniste, *PLG II*, 1989 [1966], p. 233.

[75] A. Culioli, *PLE I*, 1990, p. 22.

[76] Idem, p. 26.

[77] É. Benveniste, *PLG I*, 1995 [1964], p. 139.

[78] Idem, *PLG II*, 1989 [1966], p. 229.

[79] Idem, p. 232.

[80] Ver a análise de I.Tamba-Mecz, op. cit.

[81] É. Benveniste, *PLG I*, 1995 [1964].

[82] Idem *PLG II*, 1989 [1966], p. 232.

[83] Idem, *PLG I*, 1995 [1964], p. 135.

[84] Idem, Ibid.

[85] É o conceito de nível que permite a demonstração. Podemos resumi-la assim: o teste da comutação (que consiste em produzir um par mínimo para testar a natureza distintiva entre dois segmentos) realiza-se passando para uma unidade de nível superior; ele procede, pois, por integração.

[86] É. Benveniste, *PLG I*, 1995 [1964], p. 132.

[87] Idem, *PLG I*, 1995 [1964], p. 139-40.

[88] Ver a crítica de Tamba-Mecz, op. cit., para quem Benveniste combinaria duas acepções contraditórias do conceito de língua, a língua saussuriana e a língua que integra a semântica. Podemos tomar essas oscilações como confusão, mas podemos também ver aí a consequência das teses de 64, em que se mostra que a língua saussuriana integra seu exterior, a saber, a frase, e, por meio disso, a semântica. Há, então, "semiotização do discursivo", bem como "semantização da língua" (Tamba-Mecz, idem): é o efeito da garrafa de Klein.

[89] Ver a demonstração de Normand (1989, op. cit., p. 163), que se conclui assim: "tal como decorre das análises de Benveniste, a língua apresenta-se como um jogo de oposições formais pelas quais o sujeito se diz em sua relação com o mundo e consigo mesmo".

Culioli após Benveniste 85

[90] Seria preciso questionar também as razões pelas quais, no texto de 66, ele desiste de fundamentar a identidade do signo na integração. Uma das razões é que a função integrativa acaba por arruinar a distintividade, já que a palavra, em seus empregos, torna-se polissêmica: fidelidade ao estruturalismo. Mas a fidelidade não explica tudo: Benveniste apega-se à separação semiótica/semântica por se apegar também à semântica, e à reflexão sobre "a experiência humana da subjetividade". Normand desenvolve a ideia de que a semântica poderia optar por "falar de outra forma das mesmas coisas [...] Não mais analisar, mas descrever (glosar sobre) [...] não mais uma descrição sistemática, mas um discurso sobre os discursos" (1989, op. cit., p. 157-58). De fato, poderíamos dizer que Benveniste é desses linguistas que não querem renunciar ao "filosofar": a semântica lhe permite isso. Ele sustenta que a Linguística passa por uma reflexão sobre a condição humana. Ele está errado? O fato é que é fazendo semântica "pura", longe das considerações formais (cf. "o presente é por natureza implícito", É. Benveniste, *PLG II*, 1989 [1965]), que ele descobre a lógica da temporalidade linguística em *A linguagem e a experiência humana*: uma lógica complexa e singular, que, em relação a toda concepção clássica da expressão linguística da subjetividade, inova verdadeiramente.Talvez o jogo valha a pena.

Aspectos da teoria de Antoine Culioli

Jean-Jacques Franckel
Denis Paillard

Este capítulo não constitui uma espécie de resumo da teoria de Antoine Culioli,[1] mas propõe uma leitura orientada que visa explicitar como algumas de suas linhas de força se desenvolvem nos debates e programas que suscita atualmente.[2]

Essa teoria pode ser apresentada sob três aspectos. Corresponde a uma teoria da enunciação, a um sistema de orientação* [système de repérage]** e a uma teoria da invariância (e da variação).

Uma teoria da enunciação

1. A teoria é, seguidamente, designada sob o termo de **teoria da enunciação**. Ora, esse termo aparece em muitos outros quadros teóricos, e a própria maneira como deve ser entendido, aqui, constitui um primeiro acesso a sua especificidade.

---

* N.T.: *Relação de orientação [relation de repérage]* é a relação fundamental da Teoria das Operações Enunciativas de Antoine Culioli, uma vez que todo termo é orientado [*repéré*] em relação a outro termo que lhe serve de orientador [*repère*]. Salientamos que o termo repérage não tem um equivalente natural em português, o que explica a opção por mantê-lo no original em algumas traduções.

**N. dos orgs.: Encontramos, em outros trabalhos, o termo "relação de localização abstrata" ou simplesmente "localização". Ressaltamos que na primeira versão em português desse artigo, publicada em 2006, foi empregado o termo "localização abstrata" para "repérage", "localizador" para "repère" e "localizado" para "repéré".

88 Linguagem e enunciação

Trata-se de uma teoria da enunciação na medida em que toma como objeto o próprio enunciado. O enunciado não é considerado como o resultado de um ato de linguagem individual, ancorado em um *hic et nunc* qualquer, por um enunciador qualquer. Deve ser entendido como uma organização de formas a partir das quais os mecanismos enunciativos, que o constituem como tal, podem ser analisados, no quadro de um sistema de representação formalizável, como um encadeamento de operações do qual ele é a marca. O termo *operação* se justifica pela hipótese de que o valor referencial desse enunciado não é dado, mas sim construído. Isso significa que as formas organizadas que o materializam remetem, não a valores, mas a operações de constituição do valor referencial. Estudar a enunciação é, pois, estudar as modalidades de constituição desse valor.

Os mecanismos enunciativos que estabelecem o objeto de análise não são, portanto, externos à língua e devem ser distinguidos das condições efetivas que regem a produção do enunciado no *hic et nunc* de uma enunciação singular. Desse ponto de vista, a teoria da enunciação de Culioli não é de maneira alguma uma teoria pragmática. Toda organização de formas é da ordem do enunciativo. O sujeito enunciador não constitui uma instância pré-constituída exterior a essas operações, pelo contrário, é um produto dessas operações. Na verdade, desempenha um papel muito variável de um enunciado a outro e, sobretudo, ele se inscreve em relações complexas com o coenunciador que não se reduzem àquelas do par locutor/colocutor. Os processos de regulação/ajustamento instauram relações de alteridade, ao mesmo tempo complexas e formalizáveis entre enunciador e coenunciador, que não se confundem com as relações pragmáticas que podem se formar entre os sujeitos falantes.[3]

2. Pelo fato de não se tratar de uma teoria dos sujeitos enunciadores, mas de uma teoria das operações abstratas, que compete à análise explicitar a partir da organização das formas constitutivas do enunciado e das restrições que manifesta, essa teoria geralmente se apresenta, de maneira mais explícita, sob a denominação de **teoria das operações predicativas e enunciativas**. Estas são apreendidas por efeitos empíricos interpretativos que constituem os dados a partir dos quais o linguista pode estabelecer e colocar à prova hipóteses, descobrindo novos fatos.

A noção de enunciação é indissociável daquela de **boa formação de um enunciado**. Essa noção determina o próprio tipo dos dados e dos fatos de língua tomados em consideração, cuja natureza assinala a especificidade da teoria. É por isso que Milner[4] coloca como uma "forma de descoberta" a formulação feita por Culioli da intuição linguística, segundo a qual a sequência "un chien aboie" [um cachorro late] não constitui um enunciado bem formado. Ainda que gramaticalmente correto, parece pouco provável que se encontrem condições de enunciação em que tal enunciado possa aparecer naturalmente sob essa forma. No entanto, essa asserção deve ser especificada e modulada de duas maneiras:

- A restrição somente recai sobre essa forma particular. Esta se inscreve em uma família parafrástica de formas tais como: "un chien, "ça" aboie" [um cachorro, isso late]; "il y a un chien qui aboie" [há um cachorro que late]; "c'est un chien qui aboie" [é um cachorro latindo] etc. Cada uma dessas sequências corresponde a um enunciado bem formado em condições contextuais determinadas. A forma da sequência determina os tipos de contextos compatíveis. Imaginemos, por exemplo, a pergunta "Quel est ce bruit?" [Que barulho é este?]. Poderíamos obter uma resposta como "C'est un chien qui aboie" [É um cachorro latindo]. Em contrapartida, tendo em vista esse contexto específico, nenhuma das outras formas acima parece, *a priori*, bem formada, uma vez que cada uma delas determina um outro tipo de contexto, e cada contexto determina uma classe de formas possíveis.

- Ocorre que a forma "un chien aboie" [um cachorro late] é a que restringe de modo mais rigoroso o tipo de contexto (literário e estilisticamente marcado) com o qual é compatível. É nesse sentido que se pode classificá-la de mal formada. Isso não exclui, no entanto, a possibilidade de encontrá-la. Pode-se, por exemplo, imaginar o início de uma charada. Como primeira frase de uma história, pareceria necessário acrescentar uma sequência como "dans le lointain" [em um lugar distante]..., ou inseri-la em uma enumeração: "On entend les manifestations de la vie quotidienne du village: les cloches sonnent, un chien aboie" [ouvem-se as manifestações da vida cotidiana do vilarejo: os sinos tocam, um cachorro late] etc. Em suma, o fato empírico principal é que a noção de boa formação não serve para uma análise em termos de tudo ou nada, mas sim em termos do que se poderia chamar de "custo enunciativo" para a interpretação. A noção de boa formação não se reduz ao que se observa em outras teorias em termos de aceitabilidade assinalada por atribuições de asterisco. É preciso determinar, por um lado, os contextos que parecem ampla

90 Linguagem e enunciação

e nitidamente atestáveis para uma determinada forma, por outro, os ajustes e as modificações que devem ser feitos em uma forma não atestável ou dificilmente atestável em um determinado contexto para que ela assim o seja em outros.

É comum observar que o sentido de uma determinada forma (quer se trate de uma unidade ou de uma sequência) depende de seu contexto. Porém, um dos maiores achados da teoria é que, reciprocamente, uma determinada forma estabelece um tipo de contexto, que corresponde ao que chamamos de seu valor referencial.

Assim, por exemplo, "Qu'est-ce que c'est" [O que é isso] e "Qu'est-ce que c'est que ça" [O que é que isso] não desencadeiam o mesmo tipo de contextos/ cenários. *O que é isso* tende a impor muito mais uma forma interrogativa do que exclamativa, o que não é o caso de *O que é que isso*, compatível com as duas entonações. Portanto, é a própria forma da sequência *O que é isso?* que desencadeia a pergunta (o ponto de interrogação é determinado pela forma, muito mais do que a determina). Em contrapartida, os contextos não são os mesmos. *O que é isso* tende, sobretudo, a questionar um acontecimento (por exemplo, uma batida à porta), enquanto *O que é que isso* pode corresponder a uma pergunta de identificação de um objeto desconhecido (forma interrogativa) ou à expressão de uma indignação diante de um determinado acontecimento. Essa análise torna indispensável considerar fatores prosódicos e entonacionais,[5] e a presença eventual das "pequenas palavras" (tais como *não mas...*), que, classicamente, não são tratadas no âmbito de uma análise linguística equivalente, para serem sobretudo de interesse dos estudos pragmáticos. Considerar esses tipos de fenômenos corresponde ao que Culioli chama de "pragmática integrada".

Assim, a própria natureza dos dados analisados constitui uma espécie de carteira de identidade da teoria. Pode-se especialmente citar a importância dada por Culioli ao estudo das exclamativas[6] e, em particular, ao estatuto da forma negativa, que, nesse caso, não se deixa reduzir ao que as outras estruturas enunciativas lhe conferem.

Natureza das operações: sistema de orientação [système de repérage] e domínios nocionais

O operador ε

O programa da teoria de Antoine Culioli fundamenta-se na hipótese de que o conjunto das operações enunciativas se resume a um operador único, o operador de orientação representado por ε, que é um operador que "põe em relação". Todo termo (no sentido mais amplo: sequência, frase, unidade lexical etc.) é tomado em relação a um outro termo, previamente dado, que tem, consequentemente, nessa relação sempre assimétrica, o estatuto de termo orientador [*repère*]. Essa operação fundamental de orientação encontra-se no centro da teoria em uma primeira fase de sua evolução, até quase o fim dos anos 1970.[7] Na segunda fase, o trabalho fica, sobretudo, centrado no conceito de noção e de domínio nocional. A fase atual estabelece os modos de articulação entre esses dois momentos.

Uma teoria da alteridade

O operador ε relaciona dois termos (*a* e *b*) em uma relação de alteridade primeira: a ε b, e reformula essa alteridade primeira como uma relação assimétrica: *a* é orientado [*repéré*] por *b*. Ao mesmo tempo, essa orientação é indissociável das propriedades de *a* e *b*, que fazem com que o termo *a* tenha uma maior ou menor vocação, na relação, de ser orientado por *b* (em *o livro está sobre a mesa*, *livro* e *mesa* têm propriedades que tendem a fazer de *mesa* mais um termo orientador [*repère*] do que o inverso, visto que *mesa* não é evidentemente um termo orientador em si). As propriedades dos termos não são anteriores a sua instauração nas relações; são estas que as determinam.

A análise da diferença entre (1) "Jean a une voiture" [João tem um carro] e (2) "la voiture est à Jean" [o carro é de João] conduziu Culioli a introduzir o operador Ɜ (épsilon espelhado). Essa operação permitiu postular como central a oposição entre relação determinista/não determinista.

Em (1), trata-se de uma relação não determinista: o fato de que "Jean" (b) "localiza" *um carro* (a) não significa que ele não localize outra coisa. Dito de outro modo, carro pertence a uma classe de termos localizáveis por "Jean". É o que representa Ɜ em *b* Ɜ *a*.

92 Linguagem e enunciação

Em (2), ao contrário, *carro* não é apreendido no quadro de pertencimento a uma classe. É o que representa a ε *b*.

O não determinismo de 3 faz surgir o que se revela ser uma propriedade constitutiva da relação de orientação: não existe relação direta entre o termo orientador e o termo orientado. O termo orientador define uma classe de localizáveis, e o termo orientado está, portanto, necessariamente inscrito em uma classe. A introdução dessa classe permite instaurar um duplo jogo de alteridade:

- Alteridade da classe dos localizáveis em relação ao termo orientador *b*.
- Alteridade de *a* nessa classe.

O sistema de orientação torna-se, assim, indissociável de uma teoria da alteridade, das relações entre o mesmo e o outro. O operador ε foi, inicialmente, utilizado na análise de relações que diziam respeito à categoria da pessoa;[8] posteriormente, desempenhou um papel decisivo no tratamento de problemas de determinação e de modos de constituição do enunciado.[9]

A unicidade do operador ε não significa que as orientações que permite constituir sejam homogêneas. Um enunciado se apresenta como um emaranhado de relações dessimétricas que se sobrepõem em diferentes níveis, em que os termos podem ter um estatuto de termo orientador em um nível e de termo orientado em um outro nível.

Domínios nocionais

Estatuto híbrido da noção

A partir de 1980, aproximadamente, o desenvolvimento da teoria passou por uma leve modificação, e a reflexão se centrou, sobretudo, sobre o conceito de **noção** e **domínio nocional**.[10]

Culioli, primeiramente, definiu noção como um feixe de propriedades físico-culturais, sem lhe conferir um estatuto linguístico propriamente dito, apresentando-a como uma entidade híbrida, entre o mundo e as representações físico-culturais, por um lado, e a língua, por outro.

A noção é em si própria indizível, sendo apreendida senão através das realizações particulares que são suas ocorrências. Ela implica, portanto, relacionar uma ordem de existência, que não é materializável, nem exibível, nem dizível em si, com as marcas dessa existência, e que jamais são senão suas marcas.

Noção e ocorrência

Uma ocorrência não tem relação estabilizada com a noção da qual constitui uma realização particular. Sua determinação passa pela instauração de dois polos organizadores:[11]

a) um padrão de conformidade, que permite identificar uma ocorrência como um exemplar da noção: é o **tipo.** Este permite estabelecer tudo o que um livro é, por exemplo, na medida em que – desde o instante em que – é livro. O tipo permite estabelecer a pertença de um exemplar de livro à classe dos livros. Enquanto pertencendo à classe, as ocorrências estão conforme ao tipo, sendo, portanto, **exemplares intercambiáveis**. Um exemplar está conforme a propriedade que ele identifica e da qual constitui uma amostra.

Se considerarmos apenas esse modo de relação à noção, toda ocorrência de *livro* é uma ocorrência como qualquer outra; trata-se de uma classe de ocorrências indiscerníveis. Do ponto de vista restrito da relação com o tipo, a pertença de uma ocorrência a uma classe de ocorrências-exemplares depende do tudo ou nada. De uma ocorrência a outra, a relação à propriedade não é objeto de nenhuma alteridade, uma vez que a única alteridade considerada corresponde à passagem de uma ocorrência a outra, para o que é da propriedade $<ser\ livro>^*$.

b) A noção fornece um segundo polo organizador que é o **atrator**. A ocorrência é herdeira da noção apenas sob certos aspectos, o que estabelece sua singularidade. O atrator permite determinar em que e em qual medida uma ocorrência tem a ver com a noção. A ocorrência divide a noção em aspectos de noção, tem-se uma forma de divisão da noção em zonas que correspondem a várias formas de ser *livro*, a do *mais ou menos livro*. O atrator estabelece uma dupla singularidade: a singularidade da noção, enquanto indizível; a singularidade dos indivíduos que somente são herdeiros da noção sob este ou aquele aspecto e que a dividem. Caso apenas se considere esse tipo de relação com a noção, têm-se indivíduos separados, singulares, incomparáveis.

Cada ocorrência é um indivíduo cuja singularidade o distingue de todas as outras, visto que a relação ao tipo estabelece o comparável.

---

* N. dos orgs.: Os símbolos < > indicam que se trata da noção em questão. "Propriedade" é, por vezes, empregado em lugar de "noção".

Uma ocorrência é, portanto, um indivíduo singular que corresponde a um aspecto ou ponto de vista particular de uma noção e, ao mesmo tempo, uma realização que é conforme à noção. Trata-se de dois modos de estabilização indissociáveis que se estabelecem com ponderações variáveis. O domínio nocional corresponde à diversidade das ocorrências da noção em função da articulação singularidade/exemplaridade.

Articulação entre orientação e domínios nocionais

A fase mais recente de desenvolvimento da teoria de Culioli consistiu em retomar a operação de orientação a partir de dois termos orientadores que constituem os dois polos reguladores da noção. Constatou-se, primeiramente, que era necessário distinguir dois modos distintos de orientação:

- uma orientação do tipo "construção", em que, em relação ao termo orientador, a existência do termo orientado é predicada;
- uma orientação do tipo "especificação", em que o termo orientado é especificado por sua relação com o termo orientador.[12]

Desde então, pôde-se trabalhar a hipótese de que as ocorrências de uma noção são elas próprias construídas e especificadas, por um lado, por orientação ao tipo, e por outro lado, ao atrator. Isso significa que as diferentes estruturações do domínio nocional podem ser relacionadas aos diversos efeitos do operador ε.

A invariância como teoria da variação

A reflexão sobre a noção de invariância se desenvolveu a partir de duas questões centrais: 1) a diversidade das línguas; 2) a identidade das unidades linguísticas através da diversidade de seus empregos.

A diversidade das línguas

Dos universais a uma teoria da invariância

A definição da Linguística como ciência da linguagem apreendida por meio da diversidade das línguas naturais tornou-se emblemática da abordagem de Culioli. Essa definição tem, entre outras, duas consequências:

- Ela marca que a pesquisa de uma generalização não poderia se estabelecer apenas sobre a consideração das propriedades de uma língua ou de um número restrito de línguas. Não é a partir de princípios cognitivos universais independentes das propriedades das línguas que se forjam os instrumentos de descrição dessas línguas, mas a partir da observação minuciosa da organização específica de cada uma delas.[13]
- Ela recoloca, nesse ponto, a questão central de uma variação, mas de uma variação regrada, e cujos modos de regulação decorrem de princípios invariantes. As línguas podem ser consideradas, ao mesmo tempo, exemplares da linguagem (pode-se passar de uma para outra, traduzir, toda criança aprende a língua de seu meio) e indivíduos (uma vez que cada língua é singular, e, de um certo ponto de vista, irredutivelmente específica, e que seja somente porque nenhuma unidade tem exatamente o mesmo funcionamento nem o mesmo comportamento de uma língua a outra).

É a análise da singularidade de cada língua em seus diferentes componentes que é suscetível de fornecer um acesso a uma teoria generalizável. Desde então, não se trata de estabelecer **universais** a partir de um modelo teórico fixado sobre categorias metalinguísticas e/ou cognitivas preestabelecidas, do qual cada língua ofereceria realizações particulares, mas, sim, de buscar **invariâncias** a partir da consideração da singularidade e da diversidade. O estabelecimento de invariantes depende de procedimentos de descoberta problematizados, que emergem gradualmente dos dados.

Natureza do formalismo

O estatuto das invariantes é coerente com o do formalismo construído. Na teoria de Culioli, a elaboração de uma metalíngua de análise se caracteriza pelo fato de esta não ser estabelecida sobre empréstimos dos formalismos preexistentes no arsenal dos modelos lógico-matemáticos. O modo de questionamento das línguas em sua diversidade impõe a elaboração de um formalismo específico. Essa elaboração está baseada na hipótese de que a linguagem, enquanto sistema de representação suscetível de funcionar como metalíngua, contém propriedades formais específicas que podem ser entrevistas a partir de dados empíricos. A descoberta desses dados passa por procedimentos que não são estruturados *a priori* por modelos preestabelecidos para responder a questionamentos diferentes daqueles que tratam da linguagem.[14] As invariantes evidenciadas constituem os parâmetros e os instrumentos da metalíngua.

96 Linguagem e enunciação

Os princípios de regulação são internos à linguagem através da variação de seus usos observáveis nas línguas e, portanto, não dependem *a priori* de uma necessidade que seria externa à linguagem.

Isso não significa que mecanismos cognitivos fundamentais não se manifestam na linguagem, mas postula que a linguagem faz funcionar, de maneira específica, esses mecanismos.

Desse ponto de vista, pode-se considerar a teoria de Culioli uma "fenomenologia". Ela se opõe a uma apreensão instrumental da linguagem que codificaria ou encarnaria um sentido ou um pensamento que lhe preexistiria ou que existiria de modo independente. A linguagem constitui, ao contrário, uma forma de pensamento específico (o que não significa, de maneira alguma, que todo pensamento se reduz à linguagem!) e essa especificidade somente é atingível pela análise das operações da qual ela é constitutiva.

Uma análise transcategorial

Isso se traduz em particular pelo fato de que as categorias que apresentam, de um ponto de vista cognitivo, uma forma de universalidade como o tempo, o espaço ou o número, por exemplo, não são categorias das quais se parte para estudar sua "realização" nesta ou naquela língua particular. Elas correspondem bem mais a valores referenciais, cujos modos de constituição são singulares de uma língua em relação a outra e aparecem na medida em que são descobertos os dados particulares que as materializam.

Assim, o que se nomeia de *interação*, ou *realizado*, por exemplo, recobre, na verdade, funcionamentos extremamente heterogêneos. Por essa razão, a teoria se estabelece, de forma privilegiada, por meio de trabalhos consagrados ao funcionamento particular de tal unidade dentro de tal língua e não ao estudo do modo de materialização em determinada língua de uma dada categoria preestabelecida.

Uma consequência dessa abordagem se manifesta por uma abordagem que se pode caracterizar como **transcategorial**. Isso significa, por um lado, que as categorias pertinentes a uma língua não são necessariamente pertinentes a uma outra e, por outro lado, que o funcionamento de uma determinada unidade instaura fenômenos que dependem de várias categorias heterogêneas.

Identidade das unidades linguísticas

1. Como vimos anteriormente, uma hipótese fundamental é que o valor referencial de um enunciado é o produto de operações que se materializam pelas unidades da língua e por suas organizações. Trata-se, portanto, dos únicos dados sobre os quais a análise pode se estabelecer (incluindo as manifestações prosódicas e entonacionais), com exceção de qualquer outro elemento que não fosse marcado. Ela exclui, em particular, as posições de lugares lineares e independentes do termo que os ocupa, ou ainda, as categorias vazias sobre as quais se apoiam, ao contrário, as teorias que postulam autonomia de um nível sintático de funcionamento.[15] A teoria de Culioli se opõe à concepção de sintaxe e gramática como lugar de regularidades, e de léxico como o de singularidades. Aqui, é o léxico que constitui o fator de regulação, visto que as construções introduzem, ao contrário, um fator de instabilidade.[16] A própria concepção de léxico se acha transformada: os itens lexicais devem se conceber, não mais como o material pré-constituído instaurado pela organização sintática dos enunciados, mas como lugar de uma variação regrada. Portanto, a teoria constitui, ao mesmo tempo, uma abordagem específica do papel das unidades na construção do valor referencial dos enunciados.

2. Uma parte essencial dos trabalhos suscitados por esse quadro teórico concerne, de fato, à descrição sistematizada das unidades particulares de diversas línguas apreendidas através da variação das relações dessas unidades com seu ambiente textual. Este trabalho, que diz respeito a todos os tipos de unidades (morfológicas, lexicais, conectores etc.), se desenvolve, ao mesmo tempo, no plano da modalização e no das investigações empíricas.

3. Uma primeira etapa da teoria postulava que cada unidade se encontra relacionada a uma operação por ela marcada. Restituía-se uma invariância da operação para além das variações, tratando a unidade como uma espécie de operador que tem elementos do cotexto como operando. Era o domínio da aplicação da operação que, então, se supunha fornecer o domínio de variação da operação. Percebia-se, dessa maneira, uma forma de interação entre a unidade e seu ambiente. As unidades não são diretamente portadoras de sentido em si mesmas, contribuindo, de maneira específica, para construir sentido em um determinado ambiente, uma vez que sua identidade não se caracteriza por um valor, mas, sim, por um funcionamento. Essa abordagem já indicava que o sentido das unidades não é anterior à interação com seu ambiente, constituindo um primeiro tipo de tratamento do fenômeno que se apreende como a polissemia, para o qual toda unidade usual da língua, qualquer que seja sua pertença categorial, é compatível com valores disparatados e até mesmo contraditórios. Ela permitia postular uma forma de invariância que não se reduz a um tipo de denominador semântico comum que seria delimitado por uma maior ou menor abstração estabelecida sobre a analogia e a metáfora. Ela fornecia, assim, um primeiro tipo de solução para o inevitável vício das duas restrições antagônicas que conduzem ora a sobrecarregar semanticamente a palavra para não perder nada de sua especificidade, ora a esvaziá-la para que possa abarcar a totalidade de seus empregos.

Essa abordagem engendra, no entanto, um paradoxo: se a operação própria a cada unidade é invariante e só alcança resultados variáveis em função dos termos tomados como operandos, a variação se encontra indefinidamente relacionada com o cotexto. Acontece, porém, que todo elemento do cotexto é, ele próprio, deformável e polissêmico, suscetível, por sua vez, de adquirir vários valores.

É o motivo pelo qual, nos desenvolvimentos atuais da teoria, considera-se a ideia central de que a variação é constitutiva da própria identidade de uma unidade. A noção de "marcador de operação" se encontra ultrapassada, na medida em que a relação entre operador e operando é, ela própria, variável. Constata-se, por fim, que o operador não é fixo, e, sim, trabalhado de maneira específica por fatores do meio textual que o cerca. Trata-se de uma interação dinâmica e não de um condicionamento em sentido único.

4. Na medida em que a variação das relações de uma unidade com seu entorno é considerada como constitutiva da identidade dessa unidade, não é mais possível fundamentar essa unidade em um valor semântico estável e autônomo, ou em um valor prototípico, definível fora do contexto. Além disso, na medida em que essa interação é ela própria variável, e que se trata verdadeiramente de uma interação (o item atua sobre o entorno, interpreta-o, tanto quanto o cotexto atua sobre ele, confere-lhe um valor), também não é mais possível conceber uma unidade como um operador: um operador põe, sim, em jogo o entorno, seu valor é dependente dele, mas essa interação é estável e em sentido único (o operador não interpreta o cotexto, não lhe confere um valor).

Daí a instauração de um novo modelo de representação da identidade lexical: a forma esquemática. A forma esquemática de um item lexical é um polo de regulação das interações com os elementos de seu ambiente que são necessários para o seu funcionamento (o cotexto). É um esquema no sentido em que organiza o cotexto e o interpreta. É uma forma no sentido em que é suscetível de adquirir vários valores, em que é variável. Trata-se não mais de abstrair uma invariância a partir da variação, mas de evidenciar os princípios reguladores dessa variação.

A forma esquemática põe em jogo três planos de variação:

- Uma variação interna à própria unidade, que provém do fato de que as deformações que resultam das interações com os diferentes cotextos possíveis se encontram estruturadas de maneira específica pela forma esquemática própria a essa unidade.

- Uma variação que provém dos itens lexicais do cotexto, que ativam este ou aquele parâmetro da forma esquemática. Um verbo como *passar* vê seu funcionamento ativado de maneira diferente caso se trate da sequência *passar o chapéu, o café, o tempo, um cheque, uma doença, uma temporada*, para citar apenas alguns exemplos possíveis com a forma transitiva.

- Uma variação das construções sintáticas, compatíveis com a unidade, que são, ao mesmo tempo, internas a esse item, no sentido em que são constitutivas de sua identidade (tal item entra em tal conjunto determinado de construções), e externas, no sentido em que cada uma delas procede de uma reconstrução (*passar* é reconstruído por "*por*" em *passar por*).

A construção sintática não pode ser descrita em termos de subcategorização, mas em termos de "repertório". As construções dos itens são excessivamente singulares ao item para poder estabelecer subcategorias; no entanto, pode-se reagrupar diferentes itens a exemplo de uma construção comum: o repertório de um item lexical é o conjunto das construções que compartilha com outros itens: assim, *ver* compartilha com *deixar* a construção infinitiva (com a inversão ou não do sujeito: *eu vejo / eu deixo João partir / partir João*), mas compartilha com *crer* a construção completiva em *que* (*eu creio / eu vejo que João parte*) etc. Têm-se, assim, redes de construções, mas *ver* corresponde a um cruzamento específico dessas categorias.

Uma vez que a construção de um item lexical é um lugar de variação (há várias construções possíveis para um mesmo item) e que essa construção se interpreta como uma reconstrução do item em questão, é preciso deduzir daí que as construções sintáticas guardam uma autonomia relativa em relação ao léxico (a escolha de um item lexical não determina inteiramente a construção sintática na qual vai entrar).

Chega-se, então, à proposição de que a sintaxe é parcialmente autônoma em relação ao léxico, inclusive quando menos parece, isto é, no que concerne às construções sintáticas dos itens lexicais.

Para concluir, citamos o resumo que Culioli[17] apresenta de um aspecto dos fundamentos de sua abordagem:

> A epistemologia do compartimentado, do estático e do linear, dada a resistência dos fenômenos, deve ser substituída por uma epistemologia do interativo, do dinâmico e do não linear, em uma dialética complexa do rígido e do maleável, em que se atam e se desatam figuras do estável e do instável, através da plasticidade regulada da linguagem.

Artigo publicado originalmente em *Langages*, n. 129, 1998, p. 52-63. A primeira versão em português deste texto foi publicada na revista *Organon*, 20, n. 40/41, 2006, Instituto de Letras da Universidade Federal do Rio Grande do Sul. A publicação nesta obra é feita com a expressa autorização do editor da revista.

Notas

[1] Uma boa parte dos conceitos e das proposições mencionadas neste artigo foram objeto de definições, comentários e desenvolvimentos em uma série de textos aos quais o acesso mais direto é constituído pelo índice da coleção de artigos de Antoine Culioli (*PLE I*, *PLE II* e *PLE III*).

[2] Este artigo é ampla e, às vezes, diretamente inspirado nas reflexões a respeito dessa teoria desenvolvidas por Sarah De Vogüé em uma série de artigos (ver bibliografia). O presente artigo retoma, portanto, um fundo coletivo e representa em seu conteúdo – senão em sua forma – um trabalho de equipe. Foi beneficiado, em particular, pela releitura atenta de Evelyne Saunier e de Sarah De Vogüé.

[3] Sobre este ponto, três textos são essenciais. Dois encontram-se nesta obra: "Modos de presença do outro", de D. Paillard e S. de Vogüé, e "Culioli após Benveniste: enunciação, linguagem e integração", de S. de Vogüé; o terceiro encontra-se em A. Culioli, *PLE I*, 1990: "Representation, referential processes, and regulation. Language activity as form production and recognition", pp. 177-213.

[4] J.-C. Milner, "De quelques aspects de la théorie de Antoine Culioli projetés dans un espace non énonciatif", *La Théorie d'Antoine Culioli, ouvertures et incidences*, Paris, Ophrys, 1992, pp. 19-38.

[5] Ver, particularmente, E. Saunier, "Ce qui tient à *tenir* dans Tiens!". *Orbis Linguarum*, n. 4, 1997, pp. 183-200.

[6] A. Culioli, "A propos des énoncés exclamatifs", *PLE III*, 1999, pp. 113-123, e "Quantité et qualité dans l'énoncé exclamatif", idem, pp. 125-34.

[7] Ver, particularmente, A. Culioli, "A propos d'opérations intervenant dans le traitement formel des langues naturelles", *PLE II*, 1999, pp. 31-41, assim como A. Culioli, "The concept of Notional Domain", *PLE I*, 1990, pp. 67-81.

[8] A. Culioli, "Sur quelques contradictions en linguistique", *PLE II*, 1999, pp. 43-52.

[9] A. Culioli, "Notes sur 'détermination' et 'quantification'", *PLE III*, 1999, pp. 37-48, e "Rôle des représentations mélalinguistiques en sintaxe", *PLE II*, 1999, pp. 95-114.

[10] A. Culioli, "Sur le concept de notion", *PLE I*, 1990, pp. 47-65 ; A. Culioli, "The concept of Notional Domain", *PLE I*, 1990, pp. 67-81.

[11] Ver S. de Vogüé. "Des temps et des modes", *Le Gré des langues*, n. 6, Paris, L'Harmattan, 1993, pp. 65-91.

[12] Ver D. Paillard, "Repérage: construction et spécification", *La Théorie d'Antoine Culioli, ouvertures et incidences*, Paris, Ophrys, 1992, pp. 75-88.

[13] Ver D. Paillard e S. Robert, "Langues diverses et langues singulières". *Langage et sciences humaines: propos croisés. Acte du colloque en hommage à Antoine Culioli*, Berne, Ed. Peter Lang. n. 46, 1995, pp. 117-43.

[14] A. Culioli, "La linguistique: de l'empirique au formel", *PLE I*, 1990, pp. 9-46.

[15] Ver S. de Vogüé, "La transitivité comme question théorique: querelle entre la Théorie des Positions de J.-C. Milner et la Théorie des Opérations Prédicatives et Enonciatives d'A. Culioli", *Linx*, Nanterre, Université de Paris X, n. 24, 1991, pp. 37-65, e "*Si*, la syntaxe et le point de vue des opérations", *La théorie d'Antoine Culioli, Ouvertures et incidences*, Paris, Ophrys, 1992, pp. 123-144.

[16] Ver as variações do que Culioli chama de uma família parafrástica, em que a partir de um determinado material lexical, constrói-se um conjunto não fechado de estruturas sintáticas.

[17] A. Culioli, "Qu'est-ce qu'un problème en linguistique?", *PLE III*, 1999, pp. 59-66.

Da interpretação à glosa: por uma metodologia da reformulação

Jean-Jacques Franckel

Se admitirmos que o sentido das palavras e dos textos não é exterior à língua, mas decorre de uma ordem própria que não é o decalque nem de um pensamento, nem de um referente externo,[1] constata-se que a explicitação desse sentido só é possível por meio da atividade de paráfrase e reformulação. Trata-se de uma atividade metalinguística, específica da linguagem humana, que apreende o sentido apenas quando o faz circular por meio de formas diferentes, na fluidez de ajustes jamais definitivos.

Essa atividade de reformulação faz surgir de imediato um paradoxo: ela consiste, na realidade, em "dizer de outra forma", e, portanto, deslocar, alterar o que se faz objeto. O sentido de qualquer unidade de língua que seja (unidade morfo-lexical, sequência, enunciado, texto...) aparece, então, desde que se procure explicitá-lo, como um tipo de "buraco negro": ele pode ser aproximado, delimitado, mas jamais tocado nem atingido, a não ser que se reproduza, ininterruptamente, a materialidade que o encarna, reprodução da qual ele jamais pode escapar sem se transformar.

Essa irredutibilidade manisfesta-se de modo diferente quando a reformulação diz respeito a uma *palavra*, mais particularmente no caso da elaboração de definições, ou a uma *sequência* (encadeamento de palavras contextualizável e interpretável) e mais amplamente um enunciado, isto é, uma sequência contextualizada. Além disso, ela apresenta-se como central em todas as atividades de tradução (*traduttore, traditore*).

A atividade de definição
O simples fato de que essa atividade seja possível mostra que o paradoxo apontado anteriormente se mostra realmente contornável, pelo menos em

104 Linguagem e enunciação

parte. Os dicionários são ferramentas funcionais que mostraram seu valor. A reformulação de uma palavra em outra ou em uma sequência (encadeamento de palavras) basta, geralmente, para lhe "compreender o sentido". Como conciliar esse incontestável êxito empírico da reformulação com a estrita impossibilidade teórica de "tirar" o sentido da materialidade que o encarna? É que, na maioria das vezes, é possível *empiricamente* se satisfazer do grau de proximidade entre a palavra e sua "definição". Certamente, o essencial do sentido da palavra, ou, pelo menos, um aspecto essencial, é bem conservado nessa passagem, a tal ponto que – a criação do dicionário obriga – a definição em questão tem a reputação de demonstrar a verdade.

Essa atividade definitória esbarra, no entanto, em uma dificuldade que, em compensação, permanece incontornável, pelo menos para as palavras correntes da língua (a definição de palavras técnicas pode facilmente se resolver pela descrição do objeto, do estado de coisas ou do fenômeno que constitui seu referente): trata-se do fenômeno concreto da polissemia. A questão do sentido da palavra encontra-se desdobrada em uma constelação de sentidos diferentes e frequentemente discrepantes, sem relação inteligível entre eles.

Explicitar o sentido de uma palavra equivale, enfim, a sempre explicitar o sentido, ou ao menos um aspecto do sentido, de um ou outro dos enunciados em que ela se encontra empregada. A definição dada é então resultado do que poderíamos chamar de ilusão da "contaminação contextual". Essa contaminação vem aplicar à palavra que se faz objeto de uma definição a interpretação da sequência particular na qual ela se encontra inserida a título de exemplo ilustrativo.

Tomemos o caso do adjetivo "doux", por exemplo. Nós o encontramos definido em uma primeira acepção (cf. especialmente Petit Robert) do seguinte modo: "qui a un goût faible ou sucré" [que tem um gosto suave ou açucarado]. É fácil ver, consultando outras acepções, que "doux" por si próprio não implica em nada o gosto (cf. por exemplo, "un climat très doux" [um clima muito ameno], ou ainda "une pente douce" [uma leve inclinação]), e que mesmo em matéria de gosto, o açucarado ou o insípido depende da natureza da substância ou do alimento a que se refere o nome qualificado: "doux" não é de modo algum definível como açucarado ou de gosto suave no caso de "l'eau douce" [água doce], em que corresponde mais precisamente a "non salé" [não salgada]. Ora, esse valor de "non salé", por sua vez, não se origina nem de "doux" por si só, nem de "l'eau" (cujo tipo, salgado ou não, não poderia ser constitutivo, *a priori*, da definição). É exatamente da interação entre "eau" e "doux" que se origina o valor de "non salé", que não pertence propriamente nem a um, nem a outro. Se considerarmos agora o caso de "une pente douce", que podemos, em uma primeira aproximação, reformular como "une pente de faible declivité" [uma inclinação pouco acentuada], podemos, da mesma maneira, admitir que esse valor venha tanto de "doux" como de "pente". Mas associar "doux" a "faible" parece aceitável, também aqui, apenas localmente: quando evoco "son doux visage" [rosto macio], isso não tem nada de "faible". E assim por diante.

A conclusão essencial é que não parece possível reformular o sentido de uma palavra: nós apenas reformulamos determinado emprego da palavra em determinada sequência dada, sendo esta explícita ou não. Por exemplo, reformular "doux" em termos de "lisse" implica que, de um modo ou de outro, mobilizemos uma textura a fim de "dar corpo" à noção de "être doux"; e se é em termos de "faible" ou "sucré", que pensemos em um alimento etc.: como todo ser, "être doux" somente é apreensível por meio de um "modo de ser" que dele é indissociável sem que lhe seja assimilável. Da mesma forma, se associamos uma duração à palavra "jour", é porque pensamos implicitamente em uma sequência como "en un jour" [em um dia]; se falamos em termos de "lumière" ou de "éclairage", é que lembramos de "en plein jour" [em pleno dia] ou "sous un jour" [sob uma luz]; e se a reformulamos como "moment particulier", é porque se impõe um exemplo como "un grand jour" [um grande dia], ou ainda "un beau jour" [um belo dia] como referência da chegada de um evento na narrativa.

O que persiste é que a sinonímia entre unidades de uma mesma língua, ou a tradução de uma unidade por uma (ou várias) outra(s) entre línguas diferentes, constitui sempre uma relação empiricamente bem estabelecida. Trata-se de casos frequentes e instáveis que se baseiam na junção de duas condições: 1) duas sequências compostas totalmente ou parcialmente de palavras diferentes produzem um sentido percebido como próximo; 2) a diferença formal pode ser vista sob um foco lexicalizado facilmente localizável. Dois enunciados como "j'entends encore sa douce voix" [eu escuto ainda sua voz doce] e "j'entends encore sa voix suave" [eu escuto ainda sua voz suave/deliciosa], podem constituir uma ilustração do fenômeno: não somente a palavra "suave" pode ser considerada, nesse caso, como sinônimo de "doux", mas a palavra correlata "suave" em português constituirá uma tradução possível nessa língua. Além disso, "suave" é definido pelo *Le Petit Robert* como: "qui a une douceur delicieuse" [que tem uma doçura deliciosa]. Ora, essa aproximação só é possí-

106 Linguagem e enunciação

vel em um meio muito particular que estabelece a evocação ou a percepção da voz, e na medida em que os únicos elementos de variação são a passagem de "doux" a "suave" (acompanhada aqui da necessária modificação da posição do adjetivo). Um outro ambiente invalidaria essa aproximação.[2] Esses fenômenos são perfeitamente conhecidos, mas, inevitavelmente, colocam a questão ainda mal elucidada do respectivo papel da palavra e de seu ambiente (seu cotexto) na construção do sentido que resulta da sua interação. Ou, melhor dizendo, legitimam como programa de trabalho possível a desintrincação dessa interação.

As atividades de reformulação, interpretação, explicitação, tradução de uma sequência ou de um enunciado

Ao reformular uma palavra – por uma definição, por exemplo – nós reformulamos, na realidade, apenas sequências, explícitas ou não. A incompletude inerente a essa atividade de reformulação se traduz pela possibilidade de desdobrá-la em uma nova formulação que é, desta vez, aquela da variação assim produzida, às vezes facilmente explicitável, muitas vezes também ínfima, a ponto de escapar de uma tal tentativa. Qual distinção estabelecer, por exemplo, entre sequências como "Il a eu raison d'agir ainsi" [Ele teve razão em agir assim] e "Il a bien fait d'agir ainsi" [Ele fez bem em agir assim]? Abre-se assim a possibilidade mais ou menos imediata de um *comentário* sobre aquilo que parece preservado ou não do sentido da unidade na passagem a uma ou outra dessas reformulações.

Veremos que nesse tipo de caso, a única maneira de estabelecer uma distinção fundamentada e verificável, suficientemente desprendida das intuições epilinguísticas necessariamente muito variáveis de um indivíduo a outro (e frequentemente propensas, diga-se de passagem, a se manisfestarem nas confrontações, tão virulentas quanto incontroláveis), é estabelecer *contextos discriminativos*: trata-se de encontrar, com o auxílio de bases de dados, um contexto em que somente uma das formas é efetivamente atestada, em detrimento da outra. Esse método permite escapar da problemática de uma "nuância" evanescente.

É, finalmente, em uma confrontação da sequência com cada uma de suas reformulações possíveis, no exame das *diferenças* que se manifestam nesse vaivém, que se pode delinear uma aproximação de seu sentido.

Trata-se, na verdade, de esfregar, em um diálogo incessante, as palavras umas contra as outras como panos entrelaçados, até desgastá-las, até ver surgir a sua *trama,* de confrontar as intuições até uma transparência quase imaterial. A transparência do sentido só é finalmente obtida por sua dissolução.

Neste capítulo, propomos alguns elementos para *uma metodologia da reformulação*, chegando à elaboração do que chamaremos uma *glosa*. Trata-se de um dispositivo de linguagem que passa por um longo percurso – na verdade, um processo de usura da linguagem por si mesma, mas que não se limita a isso. O que está em jogo é o estabelecimento de procedimentos controláveis, que passam por uma argumentação e que se apoiam em fatos de língua reproduzíveis para além das hesitações que, forçosamente, o simples recurso à intuição epilinguística implica.

A sequência como lugar de elaboração de uma glosa

A sequência como unidade mínima de elaboração de uma glosa

Antes de tratar dos métodos de sua elaboração, precisemos a que se aplica uma glosa.

Tratando-se de um tipo particular de reformulação, reservaremos o termo de glosa para a reformulação de uma *sequência*, isto é, de um pequeno encadeamento de palavras contextualizável e inteligível, do tipo daquelas tomadas anteriormente como exemplo. Pode tratar-se de um sintagma ("une pente douce", "en un jour") ou de uma frase simples ("il a bien fait d'agir ainsi"). Cada unidade de uma sequência é considerada em um cotexto (o resto da sequência), e mais amplamente, em um ambiente textual.

Não falaremos de glosa de uma palavra: uma glosa não é assimilável a uma definição. Na realidade, só há reformulação daquilo que tem um sentido. Ora, ressaltamos que uma unidade considerada isoladamente – pelo menos quando se trata de uma unidade muito corrente, portanto fortemente "polissêmica" – não pode ser considerada como tendo um sentido em si: ela é compatível com uma multiplicidade de valores que resultam da transferência, para a própria palavra, do resultado da interação com seu cotexto, mas não pode se reduzir a nenhum deles. Ela só tem sentido por meio do que Benveniste denomina sua "função integrativa".[3]

A sequência é, portanto, a unidade mínima para a qual a possibilidade de elaborar uma glosa é possível. Mas, ao mesmo tempo, uma sequência apenas se torna interpretável a partir do momento em que a relacionamos a um contexto, ou a uma situação, ou seja, a partir do momento em que ela adquire o estatuto de um enunciado ou se integra a um enunciado. Do mesmo modo que uma unidade só se investe de um valor no âmbito de sua interação com um cotexto – no âmbito, portanto, do que chamamos uma sequência – uma sequência somente é interpretável relativamente ao contexto, isto é, a um enunciado contextualizado.

É indispensável precisar aqui o que deve ser entendido por contexto e contextualização.

Da sequência ao enunciado: a noção de contexto

A noção de contexto (ou de situação, não faremos diferença aqui) pode ser sumariamente considerada de dois pontos de vista:

- *Pragmático*: o contexto ou a situação consiste em um conjunto de condições e de efeitos particulares do proferimento em um momento e em um ambiente extralinguístico dados. A ênfase é colocada sobre o caráter *circunstancial* da atividade significante.

- *Construtivista*: a contextualização (ou a realização) de uma sequência fundamenta-se apenas na natureza e no agenciamento das formas linguísticas que a compõem, independentemente das condições efetivas de seu proferimento, das intenções pressupostas do locutor e das relações de interlocução; focaliza-se, assim, o caráter estável e repetível da contextualização e da interpretação.

Ponto de vista pragmático

Desse ponto de vista, o sentido de um enunciado se apreende por meio da sequência de palavras considerada em sua articulação imediata com o sujeito que a pronuncia e com as condições particulares nas quais ela é pronunciada. Sua interpretação depende não somente das palavras, mas de toda uma série de fatores extralinguísticos, especialmente sociológicos, antropológicos, psicológicos (em particular, as intenções pressupostas do locutor: em muitos casos, apenas interpretamos o que alguém diz em função das intenções que lhe atribuímos, do conhecimento que temos dele, ou acreditamos ter).

Nesse prisma, o contexto ou a situação é *externo*(a) ao enunciado no qual ele é proferido.

Se, desse modo, consideramos um enunciado em sua dimensão singular e individual, devemos conceber cada enunciado como único, proveniente de um ato de locução que não é jamais repetível. Uma sequência de palavras que forma um enunciado produzido em uma circustância dada não terá, jamais, exatamente o mesmo sentido, as mesmas nuânças, o mesmo alcance que essa mesma sequência de palavras em uma outra circunstância. O que interessa, no sentido de um enunciado, não é o que ele tem de repetível, mas o que ele pode ter de singular. Assim, "São três horas" é suscetível de interpretações muito diversas se queremos exprimir nossa fadiga, nosso alívio, nossa inquietude, se falamos de alguém que está atrasado, ou se nos preparamos para uma ação julgada inconveniente levando-se em consideração a hora em questão etc. Cada proferimento pode ser associado a uma profusão de interpretações classificadas em vários planos e cuja organização provém muito mais da ordem do sociológico e do psicológico do que da linguística.

Ponto de vista construtivista

Em uma perspectiva construtivista, para a qual o sentido é apreendido como proveniente unicamente do material verbal, consideramos que o contexto ou a situação *não é exterior(a) ao enunciado*, mas é gerado(a) pelo próprio enunciado. Nessa perspectiva, o contexto não constitui um conjunto de dados externos a uma sequência, sendo a própria forma da sequência a responsável por determinar as condições de sua constituição em um enunciado contextualizado. É nessa perspectiva que nos propomos a fundamentar a atividade de elaboração de uma glosa

É necessário, portanto, precisar essa abordagem construtivista do contexto em alguns de seus aspectos essenciais.

UMA ABORDAGEM "REDUCIONISTA" DO SENTIDO

Essa abordagem construtivista do contexto, e, mais amplamente do sentido, é deliberadamente *reducionista*: trata-se de delimitar a parte *estabilizável* do sentido de um enunciado. Precisemos.

As duas abordagens, *pragmática* e *construtivista*, evocadas acima têm a ver com o fato de que o sentido pode ser, de um lado, considerado como *inesgotável*, e de outro, *estabilizável*:

110 Linguagem e enunciação

- *Inesgotável*, como mostram numerosos exemplos de atividades significantes que evidenciam o caráter jamais acabado nem cristalizado do sentido ou encontram-se, por essência, nele fundamentadas. Podemos, por exemplo, citar:
  – a psicanálise e as atividades de decodificação dos "sentidos escondidos", das significações inconscientes, dos deslocamentos, dos lapsos;
  – a exegese, a hermenêutica;
  – de um modo mais geral, todas as atividade de "explicação do texto". O sentido de um texto, de acordo com a época ou as condições nas quais o lemos, não é depreendido da mesma maneira, e, sem cessar, surgem os "novos sentidos";
  – entre essas atividades, em particular aquelas que visam a reformular uma sequência para explicitar seu sentido, atividade que se encontra precisamente no centro do presente artigo. Como ressaltamos, as competências epilinguísticas mobilizadas conduzem, na maioria das vezes, a resultados muito dispersos, às vezes até mesmo contraditórios.
- *Estabilizável*, visto ser a intercompreensão (mais ou menos) possível, uma tradução sempre "negociável": há sempre uma parte invariante no sentido de um texto ou de um enunciado. Uma parte do sentido e dos aspectos da situação e/ou do contexto que permitem sua interpretação se mostra repetível, invariante. É exatamente essa parte do sentido que uma glosa procura delimitar.

Da forma da sequência à sua contextualização e à sua interpretação

A proposição segundo a qual uma sequência torna-se um enunciado ao determinar o contexto ou a situação que permite a sua interpretação deve ser precisada e modulada. Na realidade, não se trata do contexto *efetivo*, que só se observa em uma ou outra ocorrência particular do enunciado tomado na singularidade desse contexto, mas do *tipo* de contexto de que ele provém, marcado por uma regularidade e características invariantes. O princípio é o seguinte: quando analisamos os contextos que permitem a uma sequência ter o estatuto de enunciado (e por aí mesmo tornar-se interpretável), observamos que, para além da singularidade desses contextos, eles apresentam, todos e sempre, uma propriedade comum, uma invariância semântica.

Tomemos o exemplo da sequência "Ça tient". Essa sequência adquire um sentido reformulável, em uma primeira aproximação, como "ça ne s'écroule pas"[4] [Isso não desmorona].

Algumas manipulações permitem evidenciar a complexidade pela qual a forma da sequência determina, ao mesmo tempo, sua contextualização e sua interpretação. No caso de "ça tient", podemos de saída observar que *"ça"* remete a um dispositivo, em que se constatam o equilíbrio ou a solidez. Não sabemos precisamente de que dispositivo se trata, cabendo ao contexto efetivo precisá-lo. No entanto, a forma da sequência, e nada além dela, permite estabelecer que se trata de uma montagem, de uma junção, de um alicerce, ou de algo do gênero.

Passemos a algumas transformações para fazer aparecer o jogo entre *forma, contextualização* e *interpretação*.

"Ça se tient"

A passagem à forma reflexiva traz consequências para o tipo de referente ao qual pode remeter *ça*: o dispositivo em questão só pode ser da ordem do *intelectual*. Também aqui, se apenas o contexto efetivo determina precisamente de qual dispositivo intelectual se trata (um raciocínio, uma argumentação, um álibi etc.), a forma da sequência é suficiente para verificar que se trata exatamente desse tipo de elaboração, "tenir" marcando que a coerência se encontra validada. A forma "ça tient" não é excluída nesse caso, mas é certamente menos natural que "ça se tient" [Isso se sustenta]. Em compensação, se passarmos para a forma negativa "ça ne tient pas", constatamos que a referência a um raciocínio ou uma argumentação torna-se de novo perfeitamente possível.

"Ça tient bien"

Observamos, nesse caso, que o dispositivo ao qual remete *"ça"* não pode de modo algum remeter a um dispositivo intelectual. Além disso, essa forma ativa um contexto de teste, de experimentação. Obtemos, assim, a interpretação: ao testar a solidez de uma montagem, confirma-se essa solidez. Essa reformulação da sequência incorpora o contexto, estabelecido pela simples forma dessa sequência.

Poderíamos argumentar que essas observações que pretendem fundamentar-se em considerações puramente linguísticas não são, na realidade, mais consistentes do que aquelas que o simples bom senso extralinguístico poderia propiciar: para estabelecer a solidez de uma montagem, é preciso testá-la.

Mas uma análise mais aprofundada permite mostrar que uma reformulação tal como "c'est solide" [Está sólido] ou "ça résiste" [Isso aguenta] não é uma boa glosa de "ça tient". Essas reformulações são, sem dúvida, satisfatórias

112 Linguagem e enunciação

para a compreensão, mas não para a análise. A formulação de uma glosa implicaria desmembrar o papel respectivo de "tenir" e de "bien" neste exemplo. Ora, sem nos lançarmos em uma tal empreitada, podemos destacar algumas observações sobre esses termos:

"Ça"
"Ça" desempenha um papel importante no fato de se tratar de um dispositivo. Se compararmos "ça tient" e "elle tient", observamos que "elle" pode facilmente remeter a "la neige" [a neve], que não tem nada de um dispositivo.

"Bien"
Entre os diversos valores aos quais pode corresponder esse advérbio,[5] "bien" pode remeter, de um lado, a um valor apreciativo de "conformidade" com aquilo que podemos esperar, ou com aquilo que parece desejável, para permanecer em uma formulação aproximativa (ex.: "Il a bien fait" [Ele fez bem]), e de outro lado, um valor de "confirmação" (ex.: "La lettre a bien été envoyée" [A carta foi realmente enviada]). Esses dois valores, claramente distinguíveis em certos empregos, podem se encontrar associados e até mesmo amalgamados em outros. Assim, uma sequência como "Jean est bien arrivé" adquire, de um lado, um valor de confirmação ("c'est verifié, il est effectivement arrivé" [é fato, ele efetivamente chegou]), e marca, de outro lado, que a chegada se realizou sem obstrução, em condições conforme as esperadas ou desejadas ("tout va bien" [está tudo bem]). Esses dois valores podem se manifestar em um tipo de ambivalência nítida, como ilustra o exemplo "il est bien passé*".[6]

É essa ambivalência que se manifesta no caso de "ça tient bien". De um lado, a "solidez" está de acordo com aquilo que ela deve ser, com o que é esperado em termos de solidez (desejável, eventualmente receado, se procu-

---

* N. dos orgs.: De acordo com o autor, há um grande número de contextualizações diferentes que incidem ora sobre os valores de "bien", ora sobre os valores de "passer", o que, consequentemente, especifica o tipo de referente associável ao pronome "il". Fornecemos, a título de ilustração, algumas das contextualizações evocadas pelo exemplo "Il est bien passé", o que permite vislumbrar sua ambivalência: 1) "bien" se opõe a "mal" ou "pas bien" – "le repas a été bien digéré" [a refeição foi bem digerida]; "le message a été bien entendu" [a mensagem foi bem compreendida]: temos um contexto em que há o enfraquecimento de um obstáculo ou a superação de uma dificuldade, contexto que se estende a exemplos como "le candidat lors de sa prestation electorale télévisée a fait bonne impression" [o candidato, em seu programa eleitoral televisionado, causou boa impressão] e "il a réussi à passer l'obstacle sans encombre" [ele conseguiu ultrapassar o obstáculo sem dificuldade]; 2) "bien" corresponde a "efetivamente", a uma verificação realizada: "Jean est bien passé, mais il a oublié de me laisser le paquet" [Jean de fato passou, mas esqueceu de me deixar o pacote].

Da interpretação à glosa **113**

rarmos desmontar o dispositivo), uma verdadeira solidez, que faz com que sua coesão não se perca, que algo não desmorone; por outro lado, a solidez é confirmada, e só ocorre por meio de uma verificação em forma de teste.

"Tenir"

As diversas tentativas de caracterização do verbo "tenir" evidenciam, de um modo ou de outro, um componente "negativo": qualquer coisa que poderia cair, ou não mais ser, ou não mais estar lá, ou desaparecer, não cai mais ou perdura.[7] Aceitemos, sem discuti-la aqui, a ideia geral de uma tal caracterização, que podemos considerar como suficiente para tentar uma explicitação do princípio de elaboração de uma glosa de "ça tient bien".

Mostrar que podemos considerar como parte integrante da identidade do verbo "tenir" o fato de que aquilo que é poderia não perdurar em seu estado e, no entanto, perdura, faz aparecer o caráter enganoso de uma análise que consistiria em colocar, de um lado, uma solidez, e de outro, um teste que a confirmaria. Pelas propriedades do verbo "tenir", a "solidez" constitui-se aqui apenas por seu próprio teste: o estado daquilo a que se refere "ça" só é estabelecido pelo próprio fato de que ele poderia não perdurar. Sem outra especificação do estado em questão, a qualidade em que "tenir" marca que a potencialidade da aniquilação ou da alteração não é realizada se reduz ao simples fato de ser (estabelecido) tal como é.

Compreendemos, então, como diferentes reformulações, tais como "ça resiste fortement" [isso aguenta, resiste fortemente], "ça ne veut pas céder" [isso não quer ceder], "ça présente une grande cohésion" [isso apresenta uma grande coesão], "c'est à toute épreuve" [é a toda prova], "ça ne présente aucun risque" [isso não apresenta nenhum risco], "ça ne bougera pas" [isso não vai mexer] etc. podem se revelar ao mesmo tempo pertinentes do ponto de vista de uma interpretação, mas mais ou menos descentradas do ponto de vista de uma tentativa mais analítica e generalizável representada por uma glosa, cuja formulação poderia ser: aquilo que é dado como suscetível de não perdurar em seu estado perdura efetivamente em seu estado ("tenir"), *efetivamente* significando que se encontra ativada ("bien") a confrontação entre aquilo que é e que poderia não ser ou ser diferente. Essa glosa, discutível, pode ser, obviamente, refinada. Ela visa simplesmente a 1) não substituir a análise linguística por observações provenientes de inferências extralinguísticas (assim, o fato de resistir ou de ser sólido resulta dessa análise, mas não é o seu fundamento);

114 Linguagem e enunciação

2) propor uma reformulação que não seja da ordem de um puro e simples jogo de sinonímia.

"Ça tient toujours"

Essa forma põe em jogo um outro tipo de dispositivo: trata-se, nesse caso, de um dispositivo intersubjetivo, um contrato, um acordo, um encontro, em que "tenir" marca que ele não é anulado, que ele permanece válido, que ele é confirmado.

A possibilidade introduzida por "tenir" de que um estado de coisas P passe a um estado de coisas P' (anulação de P ou passagem a *outro que P*) adquire aqui, pelo fato da presença de "toujours", um valor temporal, P' correspondendo a *não mais p*. A entidade à qual se refere "ça" é potencialmente limitada no tempo, suscetível de cessar em um dado momento. Esse questionamento de ordem temporal tende a ser parte integrante do próprio enunciado, um tipo de questionamento performativo, de certa forma, que se traduz pelo contorno tendencialmente interrogativo do enunciado, correspondente a *uma demanda de confirmação:* "ça tient toujours pour demain?" [*ainda está de pé amanhã?*].

Observamos que os valores *perdurar, confirmar, validar* que se ligam a "tenir", nesse caso, estão diretamente relacionados ao fato de que se trata de um encontro (ou algo do gênero), mas que, ao mesmo tempo, o fato de "ça" remeter a um tipo de acordo efêmero provém diretamente da própria forma da sequência.

Importa ressaltar o caráter repetível desses dados: podemos verificar que cada ocorrência de cada forma comentada conduz às mesmas constatações, ao mesmo *tipo* de contexto, claramente caracterizável qualquer que seja a realização efetiva de seu contexto. Esse caráter repetível pode ser estabelecido por uma relação de empregos atestados ou ainda pelo amplo consenso suscetível de se desprender de seu comentário.

Da constatação de que a sequência desencadeia o tipo de contextualização que torna possível a sua interpretação, ficaremos tentados a concluir que tudo está em tudo, e, reciprocamente, que nos encontramos prisioneiros de uma circularidade sem escapatória, que esse tipo de observação não conduz a nenhuma problemática explorável. Uma resposta – que apenas evocaremos na sequência deste capítulo – consiste em estabelecer que o verbo "tenir" tem uma identidade (cuja aproximação foi sugerida) que provoca efeitos que lhe são próprios nos diferentes empregos em que pode aparecer. A identidade do verbo "tenir", ou de qualquer outra palavra, não se reduz a nenhum dos valores particulares suscetíveis de serem adquiridos, seja intuitivamente imposto à percepção ou lexicograficamente considerado como primeiro ou central (por exemplo, *ter consigo um objeto, segurando-o a fim de que ele não caia ou escape*).

A identidade de uma unidade, nessa perspectiva, não consiste em isolar um dado valor para dele tentar derivar todos os outros. Tal procedimento se apoia, na verdade, no fenômeno já mencionado, segundo o qual aquilo que aparece como um dado valor de uma unidade é sempre e nada mais do que o resultado de sua interação com seu cotexto. O cotexto é constituído não apenas das unidades lexicais ao redor da palavra, mas também da construção sintática na qual ela aparece. O simples fato de que um verbo, por exemplo, seja posto em jogo em uma construção transitiva ou intransitiva, e, mais do que isso, em um determinado tipo de construção transitiva mais que em outra, vai necessariamente determinar o modo variável pelo qual a identidade da palavra irá se manifestar.

Há sempre elementos exteriores que impossibilitam uma abordagem direta do que constituiria a identidade da palavra em termos de sentido, essa identidade *não sendo observável enquanto tal*, sob a forma de um sentido bruto ou puro que existiria por si só. Só podemos apreendê-lo por meio do que nos é evidenciado pela interação com os elementos que o atualizam. O sentido da palavra não é dado, mas sempre construído. Descrever a identidade da palavra é descrever as condições dessa interação com o cotexto.

O cotexto da palavra, o contexto da sequência são, portanto, filtros convocados pela palavra, mas que tornam sua identidade opaca. Esses filtros são, ao mesmo tempo, uma consequência dessa identidade e uma condição necessária à sua interpretação.

A CONTEXTUALIZAÇÃO COMO PROCEDIMENTO DE EXPLICITAÇÃO DA DIFERENÇA DE SENTIDO ENTRE DUAS SEQUÊNCIAS

Tendo cada sequência a propriedade de determinar o tipo de contexto que fundamenta a sua interpretação e a sua instituição em "enunciado", a contextualização torna-se um meio privilegiado de explicitar a diferença de sentido entre duas sequências de sentidos à primeira vista pouco distinguíveis, pelo menos de modo controlável.

Retomemos o exemplo da comparação entre "Il a bien fait (de)" e "Il a eu raison (de)". Podemos observar, antes de mais nada, que a diferença bem pouco visível entre essas duas sequências poderia se tornar muito mais nítida ao empregar o presente. "Il fait bien" corresponde, na maioria das vezes, a um

116 Linguagem e enunciação

contexto em que "faire" remete à ação de *submeter-se, obedecer*. O personagem ao qual *"il"* [ele] se refere, fica submetido à imposição de uma coerção, sendo exposto a represálias no caso de não acatá-la.[8] Observamos, uma vez mais, que o contexto de intimação é determinado pela forma da sequência "il fait bien". Esse contexto não é de modo algum imposto pela forma "il a bien fait", por exemplo.

A diferença entre "Il a bien fait (de)" e "il a eu raison (de)" parece *a priori* imprecisa, mas pode ser, ainda aqui, evidenciada por meio de uma forma "de análise distribucional contextual". Sem que seja o caso de aprofundar o estudo desse exemplo, consideremos o enunciado : (1) "Diderot a eu raison de rétablir la dignité des arts industriels" [Diderot teve razão em reestabelecer a dignidade das artes industriais]; ou ainda (2) "Ce poète a eu raison de parler des fils mystérieux que la vie a brisés" [Este poeta teve razão em falar dos fios misteriosos que a vida quebrou]. Observamos que esse tipo de exemplo exclui, ou torna muito pouco natural, a substituição por "a bien fait de". Inversamente, pode-se imaginar dizer: (3) "Finalement il a bien fait de tomber malade, cela lui aura évité d'être mêlé à cette affaire pénible" [Por fim, ele fez muito bem em ficar doente, isso o impediu de se envolver neste assunto penoso], mas a substituição de "il a eu raison" será, sem dúvida, incongruente nesse caso. Evidenciamos assim, pouco a pouco, *contextos discriminativos* por meio dos quais emergem dados pouco perceptíveis em um primeiro momento, e especialmente o fato de que "avoir raison" parece mais intencional que "faire bien de". Esses dados são delicados e devem ser verificados recorrendo-se a um maior número possível de exemplos atestados, única maneira de se ir além da intuição.

A UMA MESMA SEQUÊNCIA PODEM CORRESPONDER ENUNCIADOS MUITO DISTINTOS

Uma sequência não implica necessariamente um tipo de contextualização único: isso significa que ela pode corresponder a enunciados bem distintos. É o que mostram, em particular, os dois exemplos evocados anteriormente: "ça tient" e "il fait bien".

No caso de "ça tient", observamos que essa sequência pode corresponder a um outro contexto e, consequentemente, a um outro enunciado que aquele analisado anteriormente: "ça" pode também remeter ao volume de um conteúdo relativo ao de um recipiente,[9] "ça tient" significando então *que o volume do conteúdo não excede o do recipiente* (a relação normal perdura).[10] Podemos dar uma nova ilustração do assunto desenvolvido no parágrafo precedente: o

Da interpretação à glosa **117**

contexto que desencadeia "ça tient" nessa interpretação é apenas um *tipo* de contexto cuja invariância solicita uma articulação entre recipiente e conteúdo, este sendo suscetível de exceder aquele. A natureza precisa destes parâmetros permanece indeterminada: somente um contexto efetivo precisará se se trata de uma mala em relação ao porta-malas do veículo, de um amontoado de objetos a serem alojados em uma mala etc.

Podemos observar que os dois enunciados-contextos compatíveis com "ça tient" são nitidamente descontínuos, a ponto de não se perceber a relação *a priori* entre os valores dos quais se investe "tenir" em cada um desses dois casos. Enfim, remarquemos que cada contexto corresponde a compatibilidades diferentes com os desenvolvimentos possíveis da sequência. Podemos observar que advérbios como "bien" e "juste", por exemplo, são discriminantes dos dois tipos de contexto examinados.

Se retomamos agora a sequência "il fait bien", vemos que, ao lado da interpretação mencionada acima, existe uma outra interpretação (estritamente incompatível, desta vez aqui, com o "passé composé"): "il" remete a um dispositivo decorativo: um quadro, um objeto de arte etc., de modo que "il fait bien" marca a disposição favorecida, a apresentação vantajosa, a valorização bem-sucedida. Assinalemos, uma vez mais, esse fenômeno fundamental: é a própria forma da sequência que determina a situação (ou o contexto) que a torna interpretável.[11] Observamos, em particular, que "il", nesse caso, não pode mais referir a uma pessoa. Para uma situação como esta, utiliza-se uma forma do tipo: "il présente bien". Dizer de seu noivo "qu'il fait bien" equivaleria a tratá-lo como um figurante.*

DO COTEXTO AO CONTEXTO

A dinâmica pela qual uma palavra convoca o tipo de cotexto que permite, na formação da sequência assim obtida, atingir uma primeira etapa de estabilização de um ou mais sentidos é da mesma ordem que aquela pela qual uma sequência convoca o tipo de contexto que vai integrá-la a – ou constituí-la como – um enunciado interpretável.

Retornemos ao exemplo de "ça tient". Vimos que essa sequência desencadeia tipos de contexto/situação que constituem uma condição para a sua interpretação. Do mesmo modo, esse movimento especifica o tipo de entidade

---

* N. T.: Mais precisamente, significa, por exemplo, dizer que ele representa bem um papel que lhe foi solicitado.

118 Linguagem e enunciação

à qual pode se referir "ça": um dispositivo (o contexto sendo responsável por testá-lo) ou um objeto adquirindo o estatuto de um conteúdo (o contexto consistindo em um ajustamento em relação a um recipiente suscetível de ser menor).

Temos então um triplo processo de cotextualização, contextualização, interpretação:

- cotextualização: determinação do tipo de entidade à qual se refere "ça" (dispositivo/conteúdo);
- contextualização: teste/ajustamento a um recipiente, a algo que contém;
- interpretação: isso não desmorona/o volume do conteúdo não excede aquele do recipiente/do que o contém.

As três partes desse processo estão estreitamente articuladas e aparecem de forma mais ou menos distinta, chegando, até certo ponto, a se confundir: a explicitação da interpretação passa, na maior parte das vezes, pela explicitação do contexto. Veremos que a glosa tem por função permitir a dissociação dessas três partes: a interpretação não deve ser confundida com a contextualização, mesmo se elas parecem, de um certo ponto de vista, indissociáveis.

Podemos considerar que a análise do tipo de cotexto convocado por uma dada unidade em uma dada construção constitui uma abordagem esclarecedora da maneira como se desdobra a variação do que constitui a identidade de uma palavra.

Os diferentes tipos de entidades às quais pode se referir "ça" na sequência "ça V" – no caso, obviamente, em que essa sequência existe – constituem, por exemplo, um modo particular e relativamente controlável de desdobramento dessa variação. À disparidade pouco apreensível dos sentidos possíveis do verbo pode corresponder a disparidade desses tipos de entidades cuja configuração se mostra passível de ser delimitada.

Sobretudo, em uma perspectiva de desintricação do papel respectivo de uma unidade e de seu cotexto na determinação dos sentidos que essa unidade é suscetível de adquirir, esse tipo de sequência "minimalista" permite dar corpo a uma forma de variação "interna" do verbo. Essa variação não pode, no entanto, ser considerada como puramente interna, já que sua manifestação toma corpo por meio de um dado contorno sintático, que seleciona empregos intransitivos do verbo, e se apoia nas propriedades de "ça" que, por ser indeterminado e aberto quanto a seus valores referenciais, não possui características específicas em atividade na construção dos sentidos obtidos.

O tipo de fenômenos evidenciados com o verbo "tenir" se verifica com outras unidades. Consideremos, por exemplo, a sequência "Ça tourne". "Tourner", nessa construção, também determina o tipo de entidade à qual se refere "ça", que tem justamente por propriedade ser indeterminado quanto ao tipo de referente ao qual remete. Não é o referente de "ça" que vai dizer o que "tourne" [muda, gira, altera-se, funciona, evolui etc.], é "tourner" que diz o tipo de referente correspondente a "ça": o vento (a atmosfera, as relações de forças); a maionese (o molho); a rota; a cabeça; o motor, o computador; o negócio, o processo (em bom funcionamento, que se desenvolve ou perdura por si próprio, por seu próprio impulso); a atribuição das funções (as equipes de um serviço, alternância); dispositivo (ele pode/é concebido para girar); a roda, a hora, para mencionar apenas o essencial.

Observamos que essas entidades são, ao mesmo tempo, *precisas* (correspondendo a uma classe de termos, na realidade, estreitamente determinada e em número finito) e *dispersas* (sem relação identificável umas com as outras). Elas constituem pistas, confusas, indiretas, mas cruciais na direção das propriedades do verbo "tourner".

É possível aqui, uma vez mais, mobilizar advérbios (ou locuções adverbiais) discriminativos: *rápido*, *fracamente*, *sem parar*, *todos os anos*, *facilmente* etc.

O mesmo princípio vale para outros tipos de unidade. Tomemos o caso do adjetivo "triste". Podemos iniciar uma análise desse adjetivo por meio da observação das condições de contextualização da sequência "c'est triste" [é triste], em que "c' " pode, para ser breve, remeter seja a uma situação, seja a um elemento decorativo, a uma cor. Aí também os advérbios como "bien" [bem], de um lado, "un peu" [um pouco], de outro, constituirão advérbios discriminativos.

Essas observações delineiam uma metodologia de análise. A inscrição de um V ou de um Adj. em uma sequência minimalista do tipo "ça V" ou "c'est adj." não poderia de modo algum constituir um dispositivo metodológico sistematicamente aplicável. Muitos V ou Adj. são, aliás, incompatíveis com essa construção. O que importa, no entanto, é que um acesso à identidade de uma unidade pode ser constituído pela análise metodologicamente controlada do papel que ela desempenha nos enunciados em que ela é colocada em jogo, papel analisado frente ao contexto convocado. A noção de interação implica que a unidade não seja *mergulhada* em um determinado cotexto ou outro que lhe atribuiria, do exterior, os valores: ela convoca os cotextos que estabelecem suas condições de interpretabilidade, que deixam de ser dados ou introduzidos do exterior para serem determinados pela palavra.

Glosa, metalíngua, formalização da linguagem por si própria

Recapitulemos:

- O sentido de uma palavra considerado em si próprio é constitutivamente opaco: só chegamos a uma inteligibilidade explicitável da palavra na opacidade que lhe confere necessariamente as próprias condições dessa inteligibilidade, que apenas apreende a palavra nas interações. Essas interações se apresentam sob a forma de sequências ou de enunciados nos quais a palavra se encontra empregada, com valores, na maioria das vezes, muito disparates, que não chegam a apresentar nenhum fio diretor aparente (cf. os exemplos precedentes de "tenir", "tourner", "doux"). Só podemos compreender uma palavra quando desdobrada em outra coisa que ela mesma, visto que sua quintessência se manifesta de modo fragmentado nos diferentes meios textuais em que aparece, nas atualizações que deixam ver apenas um de seus aspectos.
- Toda reformulação de uma sequência constitui uma alteração de seu sentido. Por considerarmos que o sentido é indissociável do material verbal que lhe dá corpo, toda mudança de forma dá lugar a uma mudança de sentido. Uma circulação do sentido é, no entanto, possível, permitindo ajustamentos frequentemente satisfatórios no que se refere ao limite de compreensão requerida nas práticas correntes de linguagem. É essa circulação que está em funcionamento na atividade de tradução de uma língua para outra. Como é banal relembrar, algo do sentido do enunciado de origem é conservado, mas algo também é irremediavelmente perdido no que o traduz, no que sempre se sobrepõe ao enunciado e o empobrece.
- É no próprio âmago dessa alteração e dessa opacidade que uma glosa procura penetrar. É um trabalho de formalização da linguagem por meio de si própria, em uma tentativa – frequentemente julgada suspeita, ou simplesmente ilusória, ou até mesmo impossível, e, de todo modo, paradoxal – de dissociar o objeto de estudo do instrumento

de estudo, sem recurso a um formalismo independente. Esse tipo de tentativa fundamenta-se no postulado de que a língua constitui um sistema autônomo, munido de uma organização própria, que só é apreensível por meio dela mesma, em suas manifestações formais. As formas da língua tornam possível sua própria formalização, embora isso se dê com um grau de complexidade que sempre a excede.

A glosa supõe, de todo modo, um trabalho de abstração. Podemos considerar a glosa de um enunciado como proveniente de um nível intermediário no vaivém entre o empírico e o formal. Essa abstração não impede sua ancoragem na interpretação empírica do enunciado que ela formula, mas, ao permitir escapar à evidência ofuscante da compreensão imediata, ela visa a estabelecer uma desintricação do papel desempenhado na construção do sentido desse enunciado pelas unidades que o constituem.

A reformulação de uma glosa não é, portanto, fundamentada em redes de sinônimos locais. Não se trata mais de mobilizar uma ou outra unidade de sentido próximo em um contexto dado para estabelecer uma reformulação, mas, pelo contrário, de considerar seus sinônimos como lugar de análise do que os distingue da unidade considerada. Na realidade, o recurso à sinonímia para explicar o sentido de uma unidade constitui, finalmente, uma negação de sua identidade, enquanto a glosa corresponde a uma tentativa de caracterizá-la em sua especificidade irredutível.

A glosa mediatiza a interpretação dos textos, situando-se, portanto, a meio caminho entre a explicação de texto e a teorização, entre a evidência e a abstração, entre a percepção epilinguística do sentido e uma formalização de sua construção, entre o particular e o regular. Visa a escapar da circularidade inerente à metalíngua pela qual a língua pode servir para descrever a si própria.

Um exemplo de glosa: "une pente douce"

A título de ilustração, retomaremos o exemplo de "une pente douce".

Da singularidade de cada exemplo

A análise que segue poderá parecer tão árdua quanto insignificante dado o caráter perfeitamente anedótico de uma sequência *a priori* sem interesse.

122 Linguagem e enunciação

Como reivindicar o interesse pela linguagem como atividade específica da espécie humana, apreendida por meio da diversidade das línguas e dos textos, partindo de um objeto tão ridiculamente microscópico?

Podemos adiantar ao menos três respostas para essas colocações:

- Por mais minúsculo que seja o exemplo, a aposta consiste em nada menos do que uma tentativa de se libertar das amarras da metalíngua. O desafio é propor um procedimento de formalização da linguagem por si mesma;
- É indo até o extremo da singularidade dos dados que princípios de funcionamento generalizáveis podem ser evidenciados, e não partindo de princípios *a priori* estabelecidos como universais, e, especialmente, de princípios que, supostamente, sustentariam a organização de um tipo de léxico universal;
- Toda unidade lexical pode constituir o ponto de partida ou a construção de uma reflexão sobre a própria noção de identidade de uma unidade lexical. Ora, uma glosa visa, precisamente, entre outras coisas, a captar o que, em cada sequência, corresponde a uma atualização da identidade das unidades que a constituem. Isso implica glosas variáveis em função da unidade mais particularmente considerada na sequência (mais para "tenir" ou mais para "bien", no exemplo de "ça tient bien", por exemplo). Trata-se, em uma glosa, não mais de produzir um sinônimo de um ou outro dos componentes da sequência, mas de explicitar o que constitui a parte de sua identidade. Como fizemos questão de assinalar, trata-se de um trabalho que passa por uma análise das unidades consideradas uma a uma. A contrapartida positiva desse programa *a priori* um pouco desencorajador, é que a glosa de uma sequência comporta uma parte da análise que deve ser, pelo menos parcialmente, exportável a todos os outros empregos das unidades em questão. Assim, a análise de "une pente douce" deverá fornecer ou se apoiar em uma caracterização do adjetivo "doux" generalizável a seus outros empregos. Uma glosa propõe, portanto, para cada exemplo, uma análise que não seja uma simples reformulação local e conjuntural, mas uma reformulação que comporte os princípios de um reinvestimento possível na descrição de outros exemplos na falta eventual de toda relação interpretativa inteligível.

No caso de "une pente douce", focalizaremos a busca de uma glosa a partir do adjetivo "doux".

Do mesmo modo que esboçamos uma argumentação para mostrar que "c'est solide" ou "ça résiste" não é uma boa glosa de "ça tient" (é uma reformulação que diz, ao mesmo tempo, muito e não o bastante), nos propomos a mostrar que "une pente de faible declivité" não é uma boa glosa de "une pente douce".

A análise do adjetivo "doux", como, aliás, de todo adjetivo, exige uma resposta a duas questões que devem ser distinguidas: 1) o que qualifica o adjetivo; 2) como ele qualifica aquilo que ele qualifica. Trata-se, em outros termos, de determinar *de que* e *em que* ele pode ser qualificativo.

O que qualifica o adjetivo?

A resposta que se impõe imediatamente é que o adjetivo qualifica o nome. Mas essa resposta deixa de lado o essencial, que envolve dois problemas: 1) definir *o tipo de N* suscetível de ser qualificado pelo adjetivo; 2) definir qual *aspecto* do N se encontra assim qualificado.

Tipo de N suscetível de ser qualificado

Determinar o tipo de N suscetível de ser qualificado decorre de uma análise distribucional que pode ser efetuada por dois viéses:

1. Um levantamento dos N que aparecem efetivamente no *corpus*. Constatamos que, no caso de *doux*, como naquele de inúmeros adjetivos, esse número é abundante, atípico e dos mais disparates, e que a distribuição não é exatamente a mesma dependendo se o adjetivo é atributivo direito, atributivo esquerdo, ou predicativo. Citemos desordenadamente uma pequena amostra: *água, inclinação, clima, temperatura, molho* (onde *doux* tende a ser posposto); *música, canção, textura, voz, beijo, temperamento, odor, lembrança, momentos, rosto etc.*

2. A dificuldade em explorar diretamente tal disparidade leva a preferir uma outra abordagem, que consiste em considerar o caso dos N com os quais *doux* não aparece, ou aparece apenas de modo restrito ou anormal. Trata-se não de levantar uma lista, tarefa evidentemente irrealizável, mas de estabelecer *em que condições contextuais* a sequência formada poderia, apesar de tudo, se mostrar interpretável.

Notamos, por exemplo, que ao lado de *pente douce, angle douce* seria impossível. Esse tipo de impossibilidade constitui um indício importante das propriedades do adjetivo. A análise tende a mostrar que, *do ponto de vista dessas propriedades*, *une pente douce* não poderia ser apreendida como uma inclinação apresentando um ângulo muito aberto em relação à horizontal, mesmo que essa análise seja empiricamente pertinente.

Tomemos um outro exemplo: a sequência "une douce pluie" [chuva] não é rara, contrariamente a "une douce neige" [neve], e de modo mais nítido ainda, "une douce grêle" [granizo]. O que será preciso imaginar para que "une douce grêle" seja interpretável? Sem dúvida, que a chuva de granizo em questão seja reconfortante, que ela tenha um efeito emoliente, que faça bem. "Une douce maison" ou "un doux foyer" não são interpretados de forma imediata, mas sua interpretação não tem também nada de absolutamente impossível. O interesse é precisamente que uma tal sequência suscite um (pequeno) *trabalho interpretativo*. A consulta de exemplos atestados faz parecer que nos sentimos bem com isso, confortáveis, em segurança, "aquecidos". Uma vez mais, não poderíamos reformular "doux", aqui, como "confortable" ou "au chaud" sem "contaminá-lo" com as propriedades parasitas do N qualificado. A ideia que parece se evidenciar de modo geral é aquela do bem-estar.

Percebemos interesse de se entregar a um tipo "de explicação de texto" das sequências de todas as ordens. Parece que os exemplos mais naturais não são necessariamente os mais simples de explicitar. Eles podem, com efeito, encontrar-se confundidos pela substituição prejudicial de inferências extra-linguísticas em análises fundamentadas nas simples propriedades do material textual. Inversamente, em uma abordagem mais problematizante, o trabalho interpretativo exigido pelos exemplos pode constituir um acesso privilegiado ao funcionamento da palavra.

Definir qual aspecto no N se encontra qualificado

A exploração desses exemplos permite *descobrir* uma constante: aquilo que, em todos os casos, qualifica "doux", é da ordem de uma *sensação*: "doux" *qualifica um efeito que N provoca*, estabelece N *como desencadeador de um efeito sobre o estado interno do sujeito*. Aquilo que é "doux" é *aquilo que é sentido ou experimentado como tal*. Não é N que é qualificado, mas a *sensação desencadeada por* ou *associada* a N. Essa "descoberta" pode parecer se originar de uma evidência, mas assinala um dado que, de fato, não é explicitado nas definições lexicográficas clássicas. Ela permite vencer um primeiro passo decisivo na caracterização do adjetivo, por meio de várias de suas consequências:

- Ela põe em evidência que o que é qualificado não é uma propriedade intrínseca do N. Assim, "doux", em uma sequência como "une texture très douce", não remete diretamente à textura em questão (como faria, por exemplo, um adjetivo como "lisse" ou "rugueux"), mas ao que é experimentado quando a tocamos. Da mesma forma, "un climat doux" não significa, apesar das aparências, um clima apresentando uma pequena distância entre valores extremos da temperatura. Essa interpretação, embora não seja falsa empiricamente, leva a confundir o sentido da sequência com uma *inferência* que podemos tirar dela. Que os extremos da temperatura sejam aproximados em "un climat doux" provém do fato de que o organismo não se sente aí agredido, que a temperatura externa permanece em harmonia com a do corpo.
- Ela permite ver como se encontra estabelecida uma *dinâmica de contextualização*. Qualquer que seja o N, "doux" "traz a instrução" de lhe conferir uma função de *desencadeador de sensação*.
- Ela introduz uma dimensão *processiva* do adjetivo: *doux* aciona o desencadeamento de uma sensação, "trabalha", "constrói" o N que qualifica como um estímulo cujo efeito qualifica.

Resta estabelecer como *doux* qualifica a sensação da qual ele constitui N como o desencadeador.

Como ele qualifica?

Uma resposta a essa questão impõe distinguir três grandes tipos de caso, tendencialmente correlatos à posição do adjetivo:

1. "Doux" qualifica a sensação da qual ele faz de N o desencadeador como suscetível de alterar o estado interno do sujeito que experimenta essa sensação, e, ao mesmo tempo, como não o alterando de fato: ela *preserva* o equilíbrio desse estado interno, com o qual se encontra em harmonia. Obtemos valores que podemos entender sob as formas negativas, tais como: "ne heurte pas" [não machuca], "n'agresse pas" [não agride], "ne perturbe pas" [não pertuba], "ne trouble pas" [não incomoda] e, de modo mais amplo, não provoque *nenhuma sensação que se salienta, que se sobressai*.[12] O resultado pode ser um efeito calmo e harmonioso, assim como do insípido, da falta de característica e da falta de saliência (que marca especificamente o derivado "douceâtre").

Esse caso apresenta três características:
- Ele corresponde, exclusivamente, à posição de epíteto direito: *música, clima, temperatura, água, molho.*
- A qualificação é de ordem quantitativa: "doux" é aqui associado a uma fraca intensidade. Assim, uma "musique douce" é uma música que não agride a sensibilidade auditiva, e, *por inferência*, uma música que produz poucos decibéis. Do mesmo modo, "un climat doux" se caracteriza por uma temperatura em harmonia com aquela do corpo, e *por inferência*, nem muito alta, nem muito baixa etc.[13]
- O sujeito é a sede de uma sensação, que ele suporta, não sendo ativo no desencadeamento dessa sensação da qual somente N é a fonte. N é um desencadeador externo, um estímulo, e provoca *por si só* uma sensação que o sujeito percebe (ele *ouve* a música, *sente* a temperatura).

2. "Doux" qualifica a sensação da qual faz de N o desencadeador como *constitutiva* de um fator de harmonia no estado interno do sujeito. "Doux" pode ser analidado como *o que torna harmonioso o estado interno do sujeito, o que faz com que ele se sinta bem*. A qualificação não é de ordem quantitativa, não se traduz por uma medida. Esse caso privilegia a anteposição de "doux". Assim, "son doux visage" é um rosto constituído como fonte de harmonia interna *pelo* e *para* o sujeito. O mesmo se dá para a rosa, que na prisão de Dom José, mesmo que murcha e seca, guarda sempre "sa douce odeur".

As características desse caso são as seguintes:
- Esse caso corresponde de forma maciça às construções impessoais: "il est doux de", "c'est doux de"...
- O sujeito apenas é sede de uma sensação quando é ele mesmo quem *a suscita ativamente* do interior, quem faz de N um desencadeador de sensação. Esta não é mais da ordem de uma *percepção*, mas de uma *evocação*. O fato de ser estímulo não é construído por "doux" como sendo uma propriedade de N. A propriedade de desencadeador conferida a N vale somente no tempo em que ela é atualizada como tal pelo sujeito.
- O desencadeamento é puramente *interno* ao sujeito. No caso precedente, um estímulo *preservava* a harmonia do estado de um sujeito; aqui, o sujeito é *a fonte* de um estado harmonioso.

3. O sujeito torna-se sede de uma sensação desencadeada por N e que se origina de uma propriedade de N, mas somente quando ele próprio ativa em N a função de desencadeador. N é constituído como desencadeador externo, como no primeiro caso, mas só desempenha esse papel ao ser ativado pelo sujeito, fazendo dele, ao mesmo tempo, o desencadeador de uma sensação de origem interna e de ordem *cinestésica*. A harmonia que resulta da sensação provém da neutralização do hiato entre o interno e o externo do sujeito: constrói-se uma fronteira entre interno e externo como lugar de sua própria neutralização. Esse caso privilegia os empregos pospostos e predicativos de "doux": "ta peau est si doux". "Doux" encontra-se comumente associado ao *tocar* de uma textura.

É desse caso que se origina "une pente douce", ao qual retornaremos em forma de conclusão no parágrafo seguinte: uma inclinação somente é leve a partir do momento em que a descemos ou a subimos, "doux" qualificando a sensação desencadeada por essa própria atividade como sendo da ordem do insensível.

Em suma, podemos dizer que, no primeiro caso, N é constituído como desencadeador de uma sensação de fonte externa (percepção de um estímulo); no segundo, como desencadeador de uma sensação de fonte interna (evocação); no terceiro, como desencadeador de uma sensação cinestésica, de fonte ao mesmo tempo interna e externa.[14] Em breves palavras, o estímulo é respectivamente de ordem física, psíquica e cinestésica.

Síntese à guisa de conclusão

Uma síntese da análise precedente pode ser proposta sob a forma da caracterização que segue do adjetivo "doux":

"Doux" constitui N como desencadeador de um efeito sobre o estado interno de um sujeito. "Doux" qualifica esse efeito como estando em harmonia com o estado interno do sujeito.

Essa caracterização pode ser concebida como um tipo de "gerador de glosas" das sequências que colocam em jogo esse adjetivo. Vimos que essas glosas poderiam – e até mesmo deveriam – proliferar-se para desempenhar seu papel formalizante, mas somente na medida em que essa proliferação corresponda à manifestação de um esquema de funcionamento estabilizado e

128 Linguagem e enunciação

regular. Ela constitui, por princípio, a identidade do adjetivo: a hipótese é que ela se manifesta de modo regular em todos os empregos, qualquer que seja a singularidade destes.

Vejamos, à guisa de conclusão, o que ocorre com "une pente douce".

A caracterização precedente permite justificar um primeiro encadeamento de glosas superpostas, mais especificamente centrada no adjetivo "doux", ainda que indissociável das propriedades do N qualificado ("pente"): "une pente douce" é uma inclinação associada a uma atividade pela qual esta desencadeia sensações cinestésicas que estão em harmonia com o estado interno do sujeito, não lhe afeta o equilíbrio e a estabilidade, manifesta um amortecimento da descontinuidade entre o mundo externo dos estímulos e o mundo interno das sensações. A sensação se dá aqui como uma ausência ou uma neutralização da sensação relativamente àquilo que se pressupõe desencadeá-la. Tratando-se de "pente", a atividade em questão consiste em subi-la ou descê-la. Podemos então dizer, reponderando desta vez a glosa sobre as propriedades de "pente", que o fato de descê-la ou de subi-la não provoca impressões fortes nem sensações violentas, não exige esforços importantes, é uma inclinação que descemos ou que subimos *insensivelmente*. Decorre daí que "une pente douce" pode ser tanto agradável (confortável, ergonômica), se não traz esforços, como perigosa, se ela desce sem que nem mesmo possamos percebê-la.

Um tal encadeamento ilustra a ideia segundo a qual um glosa não se reduz a uma formulação fixa e perfeitamente estabilizada, sendo a manifestação de uma dinâmica fundamentada em uma caracterização geral, abstrata e estabilizada. Uma glosa representa um tipo de negociação entre essa caracterização abstrata (aquém de todo sentido particular do adjetivo) e o valor que corresponde a sua atualização em uma sequência particular. No presente caso, a glosa proposta, do ponto de vista de "doux", só vale para um dos casos de figuras examinados, o terceiro, que coloca em jogo uma sensação de ordem cinestésica, relacionada a uma atividade do sujeito.

Os diferentes termos mobilizados nas glosas (*sensação, percepção, estado interno/mundo externo, harmonia, amortecido, continuidade – neutralização de um hiato* etc.) não são nem da ordem de um campo semântico, nem de semas, nem de sinônimos locais, mas de variações na realização da caracterização abstrata que se encontra no princípio de todo valor e de todo emprego efetivo.

Por outro lado, o encadeamento de glosas precendente tem por origem uma caracterização do adjetivo *doux*, podendo ser um outro encadeamento proposto, desta vez, mais particularmente centrado no N ("pente"). Isso não significa que devem existir tantas glosas de uma sequência quantas forem as unidades lexicais ou morfológicas envolvidas. As glosas não decorrem de palavra por palavra, já que só há glosa de sequências e de enunciados, e que uma glosa apenas se focaliza em uma unidade na interação particular por meio da qual nós a observamos. A análise de "pente douce" não deixa de considerar as propriedades da palavra "pente", cuja análise resta a ser feita, mas que já se encontra parcialmente balizada pelo que revela, de sua parte, o adjetivo "doux". No espírito do que precede, podemos orientar essa análise por uma série de questões:

- a noção de horizontalidade é parte integrante da identidade da palavra "pente", ou é apenas uma consequência particularmente visível ?;
- a mesma questão se coloca para o processo de *descer* e *subir*. Esses dois processos são tratados como simétricos pela palavra? A noção de *esforço* (mais precisamente, *da ausência de esforço*) que pode ser mobilizada em uma glosa de "une pente douce" é intrínseca a "pente" ou é um efeito da identidade de "doux"?

A noção de glosa fundamenta-se no postulado de que a língua constitui um sistema autônomo, munido de uma organização própria, que só é apreensível por meio de si mesma, nas suas manifestações formais. As formas da língua tornam possíveis sua própria formalização em uma reduplicação incessante, mas constituída como lugar de ressonância e de raciocínio.

Texto originalmente publicado nos *Atos do Colóquio "D'une langue à l'autre"*, Daniel Lebaud (éd.), Besançon: Presses Universitaires de Franche-Comté, 2002, pp. 51-78.

Notas

[1] Para uma apresentação desta problemática, ver, nesta obra, "Referência, referenciação e valores referenciais", de Jean-Jacques Franckel.

[2] *Eau, chanson, peau, climat, mot, folie doux/douce* poderiam, respectivamente, corresponder, em português: *água doce, canção meiga, pele macia, clima ameno, palavra de ternura, doce loucura.*

[3] É. Benveniste, "Os níveis da análise linguística", *Problemas de linguística geral I*, Campinas, Pontes/Editora da Unicamp, 1995, pp. 127-40.

[4] Esta sequência poder ter uma outra interpretação e ser, portanto, o suporte de um outro enunciado, que corresponde a um outro contexto do qual falaremos no parágrafo seguinte.

[5] Ver P. Péroz, *Systématique des emplois de bien en français contemporain*, Genève-Paris, Droz, 1992.

[6] Ver J.-J. Franckel, "Il est bien passé", *Le gré des langues*, n. 11, Paris, L'Harmattan, 1997, pp. 144-51.

[7] Cf. em particular a caracterização de E. Saunier: "tenir" marca que sendo dada uma relação de referência R e uma instabilidade (R, R') tal que "outro que R" seja considerável, um termo é a fonte da validação de R.

130 Linguagem e enunciação

[8] Ver o exemplo "Ele faz bem em obedecer às ordens da mãe, do contrário, fica de castigo".

[9] A remissão é feita, uma vez mais, de modo aberto, genérico, e, ao mesmo tempo, estreitamente determinado.

[10] Nessa etapa, uma aproximação destinada simplesmente a destacar o princípio em análise – e não os detalhes da análise – será satisfatória.

[11] As duas interpretações/contextualizações possíveis de *il fait bien* supõem outras diferenças mais ou menos sensíveis, em particular, entonações distintas.

[12] Multiplicamos propositalmente as formulações constitutivas da glosa para mostrar que, apesar de não ser algo cristalizado, nem por isso a glosa é imprecisa.

[13] A distância entre o sentido de uma sequência e as inferências que podemos tirar dela ou até mesmo substituí-la, é mais ou menos visível, dando origem a uma certa confusão. Vemos muito bem a distância entre *une peau douce* [uma pele macia] e *une peau agréable à caresser* [uma pele agradável de se acariciar], mas, sem dúvida, menos entre *une musique douce* [uma música suave] e *une musique de faible intensité* [uma música de fraca intensidade] ou entre *l'eau douce* [água doce] e *l'eau non salé* [água não salgada]. A problemática da glosa não provém nem de uma semântica referencial, nem de uma semântica inferencial para retomar uma distinção clássica.

[14] Esses três casos poderiam ser analisados respectivamente em termos de "compacto", "denso", "discreto".

Modos de presença do outro

Sarah de Vogüé
Denis Paillard

A relação entre um enunciado e o mundo pode ser concebida de um duplo ponto de vista: de um lado, por meio das relações entre sujeitos (digamos, locutor-interlocutor), de outro, pela verdade do conteúdo proposicional. Essas duas abordagens são, em geral, tratadas separadamente, ainda que se reconheça a necessidade de articulá-las.[1]

Em ambas, uma problemática da alteridade, isto é, do **mesmo** e do **outro**, se instaura, seja pelo problema do estatuto do interlocutor em relação ao locutor, seja pelo problema do falso em relação ao verdadeiro. Nos diferentes tratamentos propostos, o modo de constituição dessa alteridade apresenta um certo número de traços comuns aos dois domínios:

1. o **mesmo** é considerado como primeiro: primazia do locutor, primazia do verdadeiro; na verdade, durante muito tempo, apenas o mesmo era considerado; desse ponto de vista, a asserção positiva constituía o enunciado por excelência;

2. uma vez admitida a necessidade de tratar do **outro**, várias respostas são possíveis levando-se em consideração o estatuto que se deve dar a ele. Primeira resposta: o outro é **único**, reduzindo-se ora ao interlocutor, ora ao falso. Segunda resposta: o outro é **múltiplo** (plural), fato observado ora pela introdução da noção de polifonia em Ducrot, ora pela Teoria dos mundos possíveis. A segunda resposta conduz imediatamente a uma nova questão: se o outro é múltiplo, como se organiza essa multiplicidade? Ela é estruturada ou não? Devemos distinguir/construir diferentes formas de alteridade?

3. nas abordagens existentes, a parte dedicada, de um lado, ao linguístico, de outro, ao mundo, varia consideravelmente.

No que se refere aos três itens acima mencionados, o presente artigo propõe um tratamento da alteridade que diverge profundamente das abordagens mais conhecidas: 1) o outro é primeiro em relação ao mesmo, que, por sua vez, é o resultado de uma construção (homogeneização ou ainda centragem); 2) o outro é múltiplo, mas nos limitamos a duas formas de alteridade, cada qual com propriedades bem definidas; 3) o mesmo e o outro são definidos a partir do arranjo e da combinação de marcas linguísticas e não a partir da situação de comunicação.

Antes de apresentar efetivamente a nossa abordagem, parece-nos necessário voltar, com relação aos itens 1, 2 e 3, às teorias existentes. A primeira parte do artigo tratará, portanto, dos sujeitos; a segunda, da "vericondicionalidade". No entanto, não encontraremos esse tratamento diferenciado na terceira parte, já que procuraremos mostrar não ser possível separar os dois domínios.

O outro como sujeito

O outro na Teoria dos atos de linguagem

Na Teoria dos atos de linguagem, quando um locutor produz um enunciado, além de **informar** (conteúdo proposicional), ele também **age** (realiza o ato de prometer, ordenar, permitir etc.). Essa ação é finalizada: por meio dela, o locutor quer agir sobre o mundo e, especificamente, sobre o interlocutor enquanto pessoa do mundo. Assim, o outro está inscrito na própria definição da noção de ato de linguagem.

A Teoria dos atos de linguagem desenvolveu-se essencialmente em duas direções. De um lado, procurou-se elaborar uma tipologia dos atos de linguagem, os critérios de distinção consistindo na existência ou não de alternâncias linguísticas, bem como nas relações entre o ato e seu eventual suporte (cf. as distinções ilocutória/perlocutória, ato direto/ato indireto). Como o próprio termo "alternância" diz, o ato é, de certa forma, anterior a seu suporte linguístico.[2] De outro, esforçou-se em definir os critérios que permitem dizer que houve efetivamente esse ou aquele ato.

Considerando o que acaba de ser dito, esses critérios não são de ordem linguística, já que tanto o emprego de um determinado termo pode ser um sinal de diferentes atos de linguagem, como, até nos casos em que um termo é o suporte estabilizado de um ato de linguagem, as "condições de felicidade" do ato, para retomar o termo de J. Searle,[3] não são por ele definidas. Na validação do ato, é o interlocutor que intervém de maneira decisiva. Isso é claramente colocado por Recanati, quando diz: "[...] A intenção de L (o locutor) não é simplesmente de comunicar a O (o ouvinte) um conteúdo **p**, mas uma intenção complexa e reflexiva de comunicar **p** a O por meio do reconhecimento dessa intenção por O";[4] e ele continua: "seguindo os passos de Strawson, podemos dizer que a intenção ilocucionária do locutor (a intenção de realizar este ou aquele ato ilocucionário) se dá por meio do reconhecimento, por parte do ouvinte, dessa intenção".[5] O interlocutor, como destinatário (ou melhor, como alvo) desse ou daquele ato ilocutório, é, por essa razão, a garantia de seu sucesso.

Esse recurso ao interlocutor não significa, contudo, uma descentragem radical do locutor sobre o interlocutor: o fato de o interlocutor ser o responsável por conferir uma realidade ao ato ilocutório do locutor não implica uma forma de alteridade. Ao contrário, isso corresponde a uma forma de homogeneidade fundada na conformidade entre uma intenção e seu reconhecimento (reconhecimento que tem como extensão o comportamento verbal ou de outro tipo por parte do intelocutor). Que possa haver um não reconhecimento (isto é, não conformidade) não muda nada no processo: é o reconhecimento (e, portanto, a conformidade) que vem em primeiro lugar. O outro (o interlocutor) só é considerado como alguém que se identifica com o locutor: no final das contas, sua exterioridade primeira é apenas a condição (necessária) dessa identificação.

A análise conversacional que se desenvolveu a partir das máximas de Grice reforçou essa concepção do outro como simples garantia de uma comunicação bem-sucedida (basta pensarmos na importância dada ao chamado "princípio de cooperação"). O papel das marcas linguísticas na definição do outro é ainda bem menor. Na verdade, por trás desse processo há uma espécie de legislação da comunicação, em que a noção de violação das regras de "boa conduta" assume uma importância crucial,[6] mas não pode ser considerada como o fundamento de uma alteridade: trata-se, ainda aqui, apenas da faceta negativa da conformidade. Ela não se inscreve em uma problemática de ajustamento/fracasso,[7] mas é colocada a serviço do reconhecimento, por parte do interlocutor, de uma intenção comunicativa: violando este ou aquele princípio conversacional, eu quero que você saiba tal coisa/que você reaja desta ou daquela maneira.[8]

Assim, em nenhum momento assistimos ao estabelecimento de uma alteridade que escapa ao locutor, a um modo de presença do outro que não se reduz a um simples espelho ou ainda a um princípio de regulação. A alteridade

134 Linguagem e enunciação

nada mais é senão a separação dos dois sujeitos: ambos se apresentam (alternadamente) como um locutor totalmente consciente e dono de seu enunciado. Essa relação de exterioridade é, na maioria das vezes, gerida em termos de cooperação, mas nada nos impede de considerá-la a partir da máxima *homo homini lupus est* (isso não modificaria em nada o que acaba de ser dito).

Dos atos de linguagem à polifonia: os trabalhos de Ducrot

Na introdução de sua última obra, *O dizer e o dito*,[9] Ducrot retoma a evolução de sua reflexão, observando ser preciso olhar para além das mudanças a fim de conseguir enxergar a unidade profunda de seu método na instalação de uma problemática da alteridade; ele teria passado de uma alteridade externa (aquela que está em jogo na Teoria dos atos de linguagem) a uma alteridade interna, que se realiza na noção de polifonia. A seguir, tentaremos explicitar os fatores responsáveis por essa modificação no estatuto reservado ao outro.

Em seus primeiros trabalhos, Ducrot situa-se no âmbito da Teoria dos atos de linguagem, mas se distancia de seus principais seguidores em dois pontos: de um lado, recusa a estrita separação entre semântica e pragmática e, de outro, recomenda uma abordagem "linguística" dos atos de linguagem. Trataremos aqui apenas da segunda questão.

Ducrot critica, em diferentes momentos de seu trabalho,[10] a "moralização" dos atos de linguagem decorrente da extensão do linguístico no real postulado por Searle, no que se refere às condições de felicidade de um ato de fala. Se, para Searle, aquele que realiza o ato de prometer deve respeitar sua promessa, para Ducrot, prometer é ser obrigado a fazê-lo, mas o fato de se **dizer obrigado** não significa que a promessa enunciada deva ser cumprida: não há engajamento no mundo. Ducrot endossa essa discussão introduzindo a noção de mundo ideal. Assim, ele fala do "poder que tem o ato de fala de criar um mundo ideal e de elaborar leis para esse mundo".[11]

Esse deslocamento do mundo real para o mundo ideal construído pela enunciação tem como consequência uma redefinição do estatuto do outro. À distinção locutor/alocutário (mundo real) vem se adicionar a distinção enunciador/destinatário (mundo ideal). Essa segunda distinção não é uma simples reprodução da primeira. Ao contrário, a ruptura entre os dois vai se tornando mais radical: a distinção locutor/alocutário, bem como o princípio de separação estrita que ordenam suas relações, perderão, cada vez mais, sua importância; inversamente, a presença do outro (que Ducrot chama, em um primeiro momento, de destinatário) em meu discurso vai aumentando, questionando a exterioridade estrita.

Desde o início, o destinatário não é garantia de felicidade do ato de linguagem, pois, para isso, ele deveria ser, supostamente, um ser no mundo. Ele recebe o estatuto de alvo argumentativo, sendo aquele para quem o enunciador elabora as leis, nos limites do mundo ideal que sua enunciação constrói. A partir da concepção do destinatário como alvo, Ducrot permanece em uma problemática do mesmo. O alvo não é a fonte de nenhuma alteridade: construído pelo enunciador, é mudo e imóvel.

A concepção de destinatário como alvo é questionada a partir do momento em que Ducrot procura levar em conta **a eficácia** (variável) de uma argumentação. Com efeito, a noção de eficácia supõe que se considere o outro que escapa do controle estrito do enunciador ("a argumentação que eu desenvolvo o convence ou não?"). A introdução da noção de eficácia aparece no artigo consagrado ao marcador *d'ailleurs* [aliás] (Ducrot, 1980): *d'ailleurs* [aliás] é apresentado nesse artigo como articulando dois argumentos direcionados a uma mesma conclusão. O recurso a um segundo argumento não é simplesmente cumulativo, justificando-se pelo fato de que o enunciador, ao considerar que o primeiro argumento corre o risco de não convencer o destinatário, escolhe uma troca de domínio argumentativo. O questionamento da eficácia do primeiro argumento confere uma autonomia ao destinatário: de uma certa forma, o alvo começa a mudar e não é o enunciador que controla essas mudanças. Ducrot dá conta dessas mudanças afirmando que o enunciador cria várias imagens sucessivas do destinatário.[12] O enunciador não é mais o único dono de seu enunciado: ele se adapta (pouco importa que seja antecipando-os) aos movimentos do destinatário. Assim, instala-se uma problemática efetiva do outro.

Poderíamos ficar tentados a comparar a noção de eficácia argumentativa à de felicidade do ato ilocutório analisada anteriormente. Na verdade, a ruptura **mundo real/mundo ideal do enunciador** impede qualquer tipo de aproximação: o destinatário não é um ser no mundo, não sendo o caso de julgar a eficácia de minha argumentação a partir de um comportamento verbal ou não verbal desencadeado pelo interlocutor. Em outras palavras, todo reconhecimento de minha intenção com base na exterioridade dos dois locutores enquanto seres do mundo deixa de ser um critério. O outro só existe na enunciação,

136 Linguagem e enunciação

tornando-se ao mesmo tempo irredutível a meu projeto enunciativo. Não há mais "reabsorção" do ato de linguagem por meio de seu reconhecimento. Diante disso, Ducrot abandona toda a problemática dos atos ilocutórios, centralizando-se na heterogeneidade constitutiva da minha enunciação. A noção de polifonia passa a ser o sustentáculo de toda a teoria de Ducrot.

A introdução da polifonia faz do enunciado um "*diálogo cristalizado em que várias vozes se entrecruzam*".[13] A distinção enunciadores/destinatários se desfaz: os enunciadores são definidos como **pontos de vista** coexistentes no âmbito de um mesmo enunciado. O número de enunciadores possíveis não é determinado; também não se distinguem mais diferentes tipos de enunciadores suscetíveis de possuírem propriedades diferentes. Dessa forma, o outro não é mais considerado em relação ao mesmo; resta apenas a heterogeneidade constitutiva do enunciado, mosaico de vozes.[14]

A alteridade no seio das abordagens semânticas: a propósito da "vericondicionalidade"

Trataremos apenas das abordagens semânticas que afirmam aproximar o sentido dos enunciados de um certo modo de relacionamento com o mundo. Esse tipo de abordagem tem por origem, inicialmente, uma literatura mais lógico-filosófica que propriamente linguística. Frege é aqui nossa referência.[15]

Vericondicionalidade e alteridade

A ideia consiste em tratar a relação dos enunciados com o mundo em termos de valores de verdade. É verdadeiro um enunciado que se encontra em uma relação de adequação ao mundo. É falso todo enunciado que, de um modo ou de outro, apresenta uma dissonância com o mundo.[16] Por meio dessas definições – incompletas, discutíveis e, veremos, discutidas – já se tem uma ideia da alteridade inicial na qual se baseia tal semântica: a alteridade do mundo com relação ao enunciado, em que o falso é a sanção.

Fica claro, contudo, que o que caracteriza tal abordagem é o fato de a problemática da alteridade se apresentar, ao menos *a priori*, de forma radicalmente simplificada. Trata-se apenas de dois valores compartilhando o campo, se não o do sentido, ao menos o das relações com o mundo, o que faz a complexidade de uma língua ser reduzida ao mínimo. Os críticos desse tipo de semântica não deixaram de insistir nisso. E, de fato, todo o esforço dos linguistas para colocar em prática esse programa, ou é para conseguir reduzir a esses dois valores a complexidade que encontram, ou para encontrar o componente que possa invalidá-la.

É importante observar que essa alteridade, por menor que seja, não é menos estruturada. Ela é, em todos os casos, bem mais estruturada que a alteridade dada pela pragmática, para citar apenas as semânticas mais rudimentares, por exemplo, a lógica das proposições que instaura um cálculo com os termos **verdadeiro** e **falso**.

Essa estruturação, entretanto, não conduz *a priori* a considerar verdadeiro e falso como entidades construídas: definidas em termos de adequação ao mundo, correspondem a dados em várias teorias, pela simples razão de que o mundo em questão é, ele próprio, concebido como um dado. O valor de verdade de um enunciado se constata ou, na melhor das hipóteses, se calcula a partir de um certo número de constatações; ele não é, de forma alguma, construído por esse enunciado. Isso não deixa de ter um vínculo com o papel que se encontra atribuído aos marcadores nesse referencial teórico: se estes últimos revelam, eventualmente, o tipo de cálculo a ser efetuado, nem por isso podem ser apreendidos como traços de operações que estruturariam a relação do enunciado com o mundo. Eles denotam, mas não operam.

Por fim, para finalizar esse panorama geral, observemos que a primazia do verdadeiro – da adequação – em relação ao falso é característica do conjunto das teorias aqui abordadas. Na medida em que a adequação em questão é concebida como um dado constatável, ela não se apresenta como construída a partir do que seria uma discordância primeira, ao menos virtual. Quanto ao falso, o próprio fato de ele ser definido negativamente em termos de não adequação, não somente o torna secundário em relação ao verdadeiro, mas, sobretudo, o transforma em uma espécie de depósito, não estruturado, no qual tudo o que não é verdadeiro se encontra acumulado.

Das diferentes particularidades que acabamos de expor, fica evidente que a primeira e a última são as mais problemáticas, dado seu caráter redutor. Entretanto, o fato de verdadeiro e falso serem considerados como dados constatáveis poderia, *a priori*, parecer algo evidente, sendo que, na nossa concepção, é somente a observação das línguas que conduzirá a considerá-los como o efeito de operações de construção.

A redução da semântica e o recurso à pragmática

No que diz respeito à redução operada, todas as abordagens provenientes dessa semântica denominada formal não devem ser consideradas no mesmo plano. Particularmente, parece-nos que os verdadeiros fundadores – a saber, os lógicos – têm uma visão muito mais complicada do problema. Contudo, do ponto de vista dos linguistas, encontra-se o postulado de que a semântica das proposições só deve levar em conta dois valores, que são dados, consistindo um – o falso – apenas no resíduo do outro.

Essa posição será examinada essencialmente a partir da posição de Benoit de Cornulier em seu último livro *Efeitos de sentido*.[17] Sua obra inspira-se, na verdade, em uma tradição bem estabelecida, que tem em Bar-Hillel uma das principais referências. Essa tradição preconiza a separação entre os dois componentes que teriam fundado a significação, a saber, a semântica e a pragmática.

Muitos trabalhos corroboram essa ideia,[18] não sendo nosso objetivo discuti-la. Devemos notar, entretanto, que um dos principais motivos que originaram essa separação foi a preocupação – que frequentemente se repete – de não complicar inutilmente a semântica. Parte-se do princípio geral de que é possível se contentar com uma semântica vericondicional para tratar da complexidade dos fatos de língua, na medida em que a pragmática, operando após essa semântica, pode dar conta do que se apresenta como complexo.

É claro que essa concepção simplista, que visa a adotar a semântica mais pobre possível, acomoda-se muito bem ao que chamamos de caráter redutor da abordagem vericondicional. E, de fato, os defensores de uma semântica autônoma em relação à pragmática são, com frequência, os que sustentam, sem nenhuma hesitação, a pertinência dessa redução.

O problema é que, para que esse tipo de argumentação se sustente, é necessário que a pragmática seja de fato capaz de dar conta do complexo. E é efetivamente o que se supõe. Frequentemente, é esse o argumento: evocam-se Grice ou os atos de linguagem já discutidos para dar conta, a partir de princípios pragmáticos "simples", do que parecia originar-se em uma semântica complexa. O que se coloca *a priori*, entretanto, é que a pragmática (e não a semântica) é, por natureza, capaz de tratar o complexo. E, para isso, só há uma justificativa (em geral implícita): a ideia de que a pragmática seria, por natureza, um domínio complexo. Parece ser este o fundamento que sustenta essas abordagens, até quando seu objetivo é fornecer as regras desse complexo. O pragmático é complexo por colocar em jogo os interlocutores e a situação de interlocução, e, por conseguinte, crenças, dados socioculturais, rivalidades, desafios, cumplicidades, táticas. O pragmático é complexo por se abrir para tudo o que, em uma situação de comunicação, é exterior, se não for à língua, ao menos às marcas que constituem essa língua; e esse todo é eminentemente complexo.

É a partir daí que uma tal abordagem pode se tornar contestável. Decretar a existência de uma pragmática autônoma é discutível, mas sustentável. Decretar, por sua vez, que ela é necessariamente o lugar do complexo, é dar margem a todo tipo de abuso por não mais se verificarem restrições oriundas das marcas da língua, o que permite a esse lugar, a partir de então, ser objeto de toda e qualquer especulação. Os que, como Grice ou Searle, se concentram nesse lugar e procuram determinar suas regras próprias, ao fazerem isso, esforçam-se para que seus trabalhos de investigação sejam minimamente coercivos. Mas aqueles que, por outro lado, têm o objetivo essencial de preservar a simplicidade da semântica, correm o grande risco de conceber a pragmática como uma espécie de depósito no qual qualquer coisa poderá ser evocada para explicar o que quer que seja.

Esse perigo é precisamente aquele com o qual se confronta Cornulier. Seu objetivo, completamente louvável, é, com efeito, o de lutar contra a complexificação do sentido comumente atribuído às marcas da língua, com vistas a, justamente, demonstrar que essas marcas são bem menos ambíguas do que se imagina. Mas, ao dispor de uma pragmática aberta para todos os lados, ele não precisa fazer nenhum esforço para encontrar o sentido único a cada marca. Ele escolhe o que denomina sentido mínimo, ou seja, o que lhe parece (após breve análise) ser o ponto mínimo em comum a todos os sentidos encontrados. Por um acaso, contudo suspeito, verifica-se que o ponto mínimo comum em questão é, em geral, exatamente o sentido que a lógica das proposições atribui aos "equivalentes" formais das marcas em foco. Em última instância, podemos nos perguntar se, com o auxílio do "contexto pragmático" funcionando como depósito, não conseguiríamos tomar a ambiguidade observada em um sentido bem diferente, escolhido segundo outros critérios.[19] Que as marcas da língua sejam mais unívocas do que aparentam parece um bom postulado de partida.[20] Isso não significa, no entanto, que seu sentido seja fácil de ser reconstituído, nem que este seja o da lógica das proposições. Cornulier esforça-se para descobrir os parâmetros contextuais que confundem o que ele considera como o verdadeiro sentido. É uma pena que ele não tenha se esforçado para descobrir este "verdadeiro sentido".

140 Linguagem e enunciação

Nesse tipo de abordagem, a alteridade semântica é mais do que mínima. No que diz respeito ao nível pragmático, a alteridade, ao contrário, não tem nem fim, nem estrutura, declinando-se ao bel prazer dos contextos, do estado dos interlocutores ou do céu. Não é isso o que se entende por reconhecer uma função ao outro na língua. E, mais, não se diz muita coisa sobre ela.

Perspectivas abertas pelas reflexões sobre a vericondicionalidade: do dado ao construído, do diverso ao estruturado

Já dissemos que os autores que não se lançavam inadvertidamente em uma pragmática sem restrições – em geral, pelo simples fato de não se interessar por ela – questionavam o aspecto bastante redutor de uma semântica de dois valores. E, ao fazer isso, o que eles dizem sobre a língua – e, parodoxalmente, de modo mais implícito, também sobre a dimensão do outro –, se mostra em geral bem mais complexo e interessante do que o que se verifica em trabalhos voltados apenas para a intersubjetividade, e isso pelo fato de buscarem eliminar os componentes oriundos do depósito. Ou talvez pelo fato de a alteridade à qual eles se referem ser bem mais importante do que aquela que trata do intersubjetivo, já que é a que separa o mundo do dizer.

Não retomaremos aqui cada uma das múltiplas facetas das teorias propostas. Três questões, entretanto, merecem ser mencionadas, porque revelam o interesse dessas pesquisas, feitas, contudo, por não linguistas que se preocupam aparentemente pouco com o funcionamento real da língua.

Estatuto do falso

A primeira questão diz respeito ao valor **falso** considerado como depósito para aqueles que partem do postulado de uma semântica vericondicional. Os lógicos não pararam de discutir sobre o estatuto a ser atribuído a esse valor. Em particular, instaurou-se um debate famoso a esse respeito, tendo, como ponto de partida, a Teoria das descrições definidas de Russel,[21] debate que, entre outros, opôs Strawson de um lado a Russel de outro. A questão consistia em saber se, admitindo-se que o rei da França não exista, a proposição (1) *Le roi de France est chauve* [O rei da França é calvo] poderia ou não ser considerada falsa.

Russel sustenta que (1) é falsa. Strawson defende a tese segundo a qual (1) é desprovida de valor de verdade e elabora o que foi chamado por Quine de a Teoria da lacuna: há uma lacuna nas tabelas de valores de verdade, o que significa que algumas proposições não são nem verdadeiras nem falsas.

Nosso objetivo não é retomar os detalhes desse debate. Trata-se simplesmente de mostrar que o estatuto do falso foi objeto de discussão e que, para alguns – os que, apesar da inadequação de (1) ao mundo, julgam que ela não é nem falsa nem verdadeira –, o falso não é um depósito, mas obedece a condições tão estritas quanto o verdadeiro: falso como verdadeiro aplicam-se à atribuição de propriedades a termos e supõem, a partir de então, a existência desses termos. Não apenas o falso é uma alternativa para o verdadeiro, mas, além disso, ambos demonstram não serem mais dados, já que o critério simplesmente não mais consiste na adequação ao mundo. E isso vai ainda mais longe, pois, se esse tipo de análise estiver correta, o verdadeiro não mais antecede o falso. O que vem em primeiro lugar são os termos – cuja existência deve ser dada – sobre os quais recaem os julgamentos de atribuição de propriedades. A verdade – a adequação – é, portanto, construída da mesma forma que o falso – a inadequação. No início, lida-se apenas com uma adequação ou inadequação virtual, já que nenhum julgamento de atribuição de propriedade ainda foi feito.

É evidente que o tratamento dado à alteridade, nesse caso, é muito mais complexo que o das concepções estabelecidas até hoje. Neste artigo, não iremos até as últimas consequências que essa Teoria da lacuna pode trazer.[22] É, no entanto, uma pena que os linguistas que se dizem seguidores de Russell e Strawson tenham feito tão pouco caso de seus debates.[23]

Os mundos possíveis: questionamento da primazia do verdadeiro, estruturação da diversidade dos falsos

A segunda questão a ser tratada aqui é mais conhecida. Ela se refere aos mundos possíveis, que, como se sabe, vieram multiplicar e estruturar as formas concebíveis do falso.

Na verdade, a estruturação que foi possível estabelecer era, inicialmente, muito restrita e, definitivamente, bem pouco esclarecedora. Uma proposição falsa caracteriza-se *a priori* como verificada em um ou mais mundos possíveis **distintos** do mundo atual: na medida em que o conjunto dos mundos possíveis tem apenas a estrutura de ser um conjunto, nada é dito sobre as diferenças que poderiam opor vários falsos, a não ser que eles diferem.[24] Em última instância,

142 Linguagem e enunciação

questiona-se aqui o que se reconhecia da alteridade na oposição verdadeiro/falso: em vez disso, estamos diante de uma pluralidade – uma pluralidade baseada somente no diverso.

Uma outra alteridade assim se impõe, trazendo um grande interesse pelos mundos possíveis. Essa alteridade, aliás, encontra-se na origem de sua introdução na semântica:[25] a ideia era dar conta da oposição entre intensão e extensão e, assim, restituir no seio do modelo uma certa virtualidade. De fato, com os mundos possíveis, o virtual vem em primeiro lugar. E o verdadeiro, que corresponde consequentemente ao verificado em um mundo particular, a saber, o mundo atual, é, embora privilegiado, apenas um caso entre outros. De certa, sua primazia se perde: mais do que um dado constatável, trata-se do resultado de um tipo de processo de atualização.

A Teoria dos mundos possíveis deixa a desejar, sobretudo no que se refere ao falso. Afinal, longe de esclarecer o conceito de falso, ela só faz reforçar o aspecto "depositário" dessa categoria.

Entretanto, isso só vale para as fases mais rudimentares da teoria. Toda uma literatura se esforçou em fazer com que houvesse uma evolução, sofisticando a estrutura desse conjunto de mundos possíveis. O interessante é constatar que são justamente as reflexões sobre o falso que, entre outras, originaram essas sofisticações.

Os trabalhos de Goodman[26] sobre os contrafactuais foram um dos pontos de partida. Com efeito, os contrafactuais colocam um problema não negligenciável para toda concepção que reduz o verdadeiro e o falso a dados, visto que pretendem dizer o verdadeiro a respeito do não verificável; em outras palavras, a respeito do falso e, portanto, pelo que não se constata. Procurando especificar as condições de verdade de tais contrafactuais, Goodman e seus sucessores foram levados a diferenciar os mundos possíveis: a ideia era declarar como verdadeiro um contrafactual que se encontrasse verificável em um "bom" mundo possível. Seguiram-se diversas escalas de avaliação dos mundos possíveis, baseadas geralmente em critérios de proximidade com o mundo atual.

Isso por si só não teria grande interesse, o resultado consistindo, em última análise, apenas em uma substituição do verdadeiro/falso por mais ou menos verdadeiro e mais ou menos falso, e, por conseguinte, na renúncia de toda problemática da alteridade. E, de fato, isso não bastaria para dar conta dos contrafactuais, que pretendem ser, não mais ou menos verdadeiros, mas verdadeiros de fato.[27]

O que é mais interessante é a maneira como foram concebidos os critérios de proximidade. Para resumir (bem rapidamente) muitos trabalhos bem diferentes, podemos dizer que dois mundos são considerados próximos se obedecem, não exatamente aos mesmos fatos, mas às mesmas leis gerais de correlação entre fatos. A noção de verdade muda de estatuto: ela não se reduz mais ao verificado constatável; ela se anuncia como uma lei. A partir de então, a alteridade verdadeiro/falso adquire sua verdadeira dimensão: o falso não é mais, simplesmente, o que difere do verdadeiro, mas o que se contrapõe à lei. Falta, é claro, atribuir um estatuto a essas leis: é sobre essa questão que os esforços parecem mobilizados. Entretanto, isso passa por detalhes demasiadamente técnicos que não abordaremos aqui.

Mundos possíveis e pontos de vista

Passemos agora à última das questões anunciadas.

É preciso reconhecer que, em alguns trabalhos, ao menos, de maneira aparentemente bem marginal, as reflexões sobre os mundos possíveis tendem a se unir às preocupações que poderiam parecer mais pragmáticas: o conceito de mundo possível e, com ele, o de valor de verdade, se veem reinvestidos de uma problemática do sujeito. Isso pode parecer paradoxal, considerando-se o viés antisubjetivo que se encontra na origem da semântica formal. E, de fato, esse tipo de interação decorre, em geral, de uma forma de compromisso entre as duas abordagens, por parte dos autores, para quem o verdadeiro não poderia ser apenas uma questão de crença e de opinião.

Poderíamos sustentar, entretanto, que toda evolução da Teoria dos mundos possíveis, tal como acaba de ser descrita, vai nessa direção. Sobretudo, para dar conta do que chamamos anteriormente de leis, os trabalhos mais sofisticados mostram a necessidade de se introduzir na estrutura dos mundos um parâmetro que poderia ser interpretado como o do ponto de vista: chegamos a uma estrutura de ramificações em que cada mundo se vê tomado por diferentes ramificações, os quais constituem "histórias" alternativas do mundo em questão; de uma certa maneira, cada "história" define um ponto de vista particular sobre esse mundo.[28] Tal interpretação necessitaria, é claro, de mais argumentos. Se, entretanto, ela se sustenta, é por evidenciar uma questão extremamente importante. A semântica formal, descartando inicialmente toda problemática da subjetividade, se vê levada, ao longo das dificuldades que encontra, a restituir uma forma de subjetividade talvez mais essencial, que não se reduz, em todo

144 Linguagem e enunciação

caso, a uma pura e simples questão de opiniões divergentes e cujo princípio poderia assim se enunciar: o próprio fato de dizer o mundo supõe a adoção de um ponto de vista sobre o mundo (supõe que esse mundo seja dotado de uma história particular, opondo-se a outras histórias potenciais); não há dizer sem ponto de vista.[29]

Evidentemente, pelo que sabemos, essa posição não é reivindicada. Na verdade, a dimensão subjetiva só aparece, explicitamente, nos trabalhos que visam a dotar de algum conteúdo material o conceito, *a priori* puramente formal, de mundo possível.

Duas direções de pesquisa podem ser assim distinguidas.

De um lado, encontramos autores que reinvestem a semântica de uma dimensão pragmática. Esse é o tipo de abordagem de Strawson, que defende uma concepção da verdade segundo a qual ela é necessariamente o objeto de um julgamento – julgamento de um locutor face a seus intelocutores. Esta também se encontra em Martin,[30] que subordina os mundos ao que ele chama de universo de crença. É interessante notar que, nos dois casos, a subjetividade assim reintroduzida é imediatamente apreendida em termos de intersubjetividade. O locutor de Strawson é tomado em uma situação de interlocução, face a um "auditório" suscetível de invalidar ou não os julgamentos que ele exprime; e é isso que produz o verdadeiro ou o falso.[31] Quanto aos universos de crença de Martin, distinguimos neles, além do universo de crença do locutor, heterouniversos e um antiuniverso, que encarnam as diferentes alternativas que se apresentam ao verdadeiro. Entretanto, a alteridade que se configura aqui é tratada como um simples dado, considerando-se que aquilo do que ela dá conta não é diferente da divergência de opiniões que podem se apresentar entre indivíduos distintos.[32]

A outra direção decorre de preocupações bem diferentes. De fato, estabelecer a existência de mundos possíveis é fácil, mas as dificuldades vêm quando começamos a descrever um desses mundos, a especificar suas propriedades, a caracterizar os indivíduos. Entramos em infindáveis complicações, cujos desafios são, sobretudo, pouco claros.[33] É geralmente a partir de uma proposição única que um mundo possível pode ser entrevisto. E essa proposição fornece ao menos uma descrição parcial do mundo em questão. Reconstituir, a partir disso, um mundo completo é tarefa arriscada, que termina facilmente em contradições. Daí a ideia, cada vez mais defendida, de se contentar com um modelo parcial: os enunciados da língua só colocariam em jogo mundos parciais, restritos precisamente ao que os enunciados descrevem – com, eventualmente, outros fatos que deles decorrem.

Essa redução, ainda que responda, *a priori*, a preocupações de ordem formal, baseia-se também em considerações mais ou menos explícitas que dizem respeito ao estatuto ontológico dos mundos: parece pouco realista conceber a produção de enunciados como uma tarefa que coloca em jogo sistematicamente o conjunto da arquitetura complexa que a infinidade de mundos possíveis representaria.

Para sustentar essa abordagem, recorremos de bom grado a teorias de origem psicológica: o indivíduo tem, de qualquer maneira, apenas uma visão parcial das situações que ele percebe e descreve. É, por exemplo, sobre essa base que parece ser elaborada a **semântica das situações** de Barwise e Perry:[34] nessa teoria, as proposições remetem a situações – a porções de mundo limitadas e, sobretudo, dependentes do sujeito que se encontra na origem da proposição. Desse modo, verifica-se aqui uma problemática do subjetivo que se baseia na questão da alteridade, visto que ela encontra sua justificativa essencialmente nas divergências possíveis entre sujeitos em relação à apreensão de uma situação. Mas trata-se sempre de uma alteridade concebida como dada, e externa à língua: é, desta vez, não mais a alteridade das opiniões, mas a das percepções; ela é estruturante dos indivíduos e é, apenas por essa razão, que ela é apreendida como estruturando as operações de linguagem.

A posição de Kripke,[35] que também pretende instaurar mundos parciais, é, contudo, mais interessante, pelo fato de a parcialização apresentada ser, desta vez, de origem propriamente linguagística. Na verdade, Kripke sustenta que os mundos não poderiam ser concebidos como entidades dadas que as proposições só deveriam descrever: *"Um mundo possível não é um país longínquo que encontramos no caminho ou que olhamos no telescópio"*.[36] Para ele, trata-se de entidades **estipuladas**, que, a partir de então, só têm as propriedades que estipulamos para elas. Eis aí uma questão importante, já que é preciso conceber essas entidades como construídas pelas proposições que as evocam. E a alteridade que a estrutura torna-se, por si própria, uma alteridade dos dizeres.

Kripke é também um dos estudiosos que mais contribuiu para colocar em prática uma estruturação um pouco mais complexa dos mundos possíveis. A partir do momento em que esses mundos não são mais dados, mas construídos, chega-se, com ele, a um ponto em que efetivamente se reconhece uma alteridade colocada em prática pela enunciação. Resta, entretanto, estabelecer uma diferença fundamental que separa essa abordagem daquelas que vão ser apresentadas na terceira parte: para Kripke, os mundos são construídos, mas a estrutura que os ordena é dada – e a ser descoberta. A exposição feita a seguir deverá mostrar, ao contrário, que são as próprias marcas da língua que regem e colocam em prática a alteridade.

Modos de presença do outro e a Teoria dos orientadores

A abordagem que apresentamos aqui se diferencia das outras, em primeiro lugar, em relação a uma questão: são as marcas da língua que devem instaurar a referência, bem como o sentido, sendo, portanto, elas que devem ser consideradas como ponto de partida e não algum modelo do sentido ou do processo referencial. O princípio é que toda marca consiste no traço de uma operação referencial que, enquanto tal, participa da construção do valor referencial do enunciado em que aparece.

Cabe ressaltar que essa análise encontra-se no cerne de debates cruciais no âmbito da Linguística. Na realidade, é por meio das marcas que a própria sintaxe determinaria a referência. Tal posição contrapõe-se tanto à ótica das semânticas gerativas, para as quais o sentido vem em primeiro lugar e determina a sintaxe, quanto às teses da autonomia da sintaxe, que concebe o trabalho sintático *a priori* como independente de toda operação interpretativa.

Embora diversas escolas possam ser consideradas como adeptas dessa abordagem, vamos nos concentrar na Teoria das Operações Enunciativas e Predicativas de A. Culioli[37] pelo fato de as marcas serem nela concebidas não apenas como denotantes, mas como operantes.

Dos embreantes à Teoria dos orientadores

É possível reconstituir, de Jakobson a Culioli, passando por Benveniste, uma extraordinária progressão no que se refere ao papel atribuído às marcas na construção da referência.

Na Teoria dos embreantes de Jakobson,[38] a certas unidades, listadas por Jakobson, é atribuído o papel de ancoragem dos enunciados na situação de enunciação. Elas participam, assim, da instauração da referência. A ideia consiste, entretanto, no fato de que esses embreantes constituem uma categoria específica e localizada, diferenciável enquanto tal do conjunto de marcas da língua. A embreagem é, em Jakobson, um fenômeno local, que preenche uma, e somente uma, das funções da linguagem. Por outro lado, essa função de indexar os enunciados à situação em que são produzidos, visa essencialmente a abrir esses enunciados para o extralinguístico, a gerenciar a junção às suas condições específicas de enunciação, ou ainda a preparar os **corredores** através dos quais a linguística "pura" poderia se unir ao pragmático. Se, portanto, uma alteridade é posta em jogo, é apenas a que administra as relações entre os protagonistas reais da interlocução.

A posição de Benveniste é sensivelmente diferente: para ele, a ancoragem dos enunciados nas suas situações de enunciação constitui bem mais do que uma função entre outras da linguagem. Em suas próprias palavras, "*a linguagem é [...] a possibilidade da subjetividade [...]*":[39] "*É na linguagem e pela linguagem que o homem se constitui como* sujeito: *porque só a linguagem fundamenta na realidade, na sua realidade que é a do ser, o conceito de '*ego*'".*[40] O que, consequentemente, na língua, contribui para a expressão dessa subjetividade – e compreende, evidentemente, todos os embreantes de Jakobson –, não pode ser reduzido a uma categoria singular isolável. Trata-se de uma parte essencial da atividade de linguagem, que percorre toda a sua dimensão.

Essa "deslocalização" não é, entretanto, o único ponto no qual Benveniste diverge de Jakobson. Na medida em que a expressão da subjetividade, por meio da linguagem, é, segundo Benveniste, o que permite ao sujeito se constituir, ela não poderia se reduzir a uma simples indexação em relação a um indivíduo já dado, tomado em uma situação concreta de enunciação também dada. Desta vez, trata-se exatamente de uma operação de construção. Por meio da linguagem, constrói-se um sujeito que permanece, talvez, exterior à língua, mas que é produzido por ela. Se sempre se verifica uma abertura para o extralinguístico, é pelo fato de ser este um efeito do linguístico.

A problemática da alteridade encontra-se, dessa forma, sensivelmente modificada. De um lado, o sujeito em questão só se constitui se colocado em uma relação de intersubjetividade com o outro: "*É em uma realidade dialética que englobe os dois termos e os defina pela relação mútua que se descobre o fundamento linguístico da subjetividade.*".[41] Por outro lado, essa própria intersubjetividade se vê contraposta a um ponto que poderíamos chamar de alteridade radical, em que toda subjetividade cessa. É essa categoria da História que Benveniste opôs ao Discurso. Verifica-se, assim, uma alteridade estruturada, em três termos, cada qual se definindo em relação ao outro. Veremos a seguir a importância dessa sofisticação retomada por Culioli.

Cada um desses três princípios da Teoria de Benveniste que acabam de ser tratados – deslocalização, construção, alteridade estruturada – estão, desde o princípio, no cerne do modelo culioliano. Entretanto, a abordagem de Culioli pode ser considerada como o oposto das teses de Benveniste, pois, para Culioli, mesmo se a linguagem pode efetivamente ter como efeito permitir ao homem de se constituir como sujeito, sua função primordial permanece, se não a de transmitir informações, ao menos a de dizer o "mundo". Ocorre simplesmente que esse dizer do mundo não pode se fazer sem a constituição de um sujeito e sem uma estruturação do dito relativo a esse sujeito. Na medida em que essa estruturação não é mais um fim, mas um meio (para dizer o mundo), ela não está definitivamente estabelecida e se modula em função do que há para dizer: trata-se de uma estruturação a se construir (e não mais apenas construída), que, consequentemente, só é concebida como deformável: "É preciso se dar orientadores ao mesmo tempo estáveis e deformáveis, em suma, que permitam os ajustamentos entre enunciadores e esse jogo incessante de formação e de deformação que fundamenta o trabalho enunciativo".[42] O que se coloca em jogo por meio desse "trabalho enunciativo" é não mais uma abertura para o extralinguístico, mas a própria constituição do valor referencial dos enunciados. Consequentemente, a alteridade deformável em questão é efetivamente concebida como interna à língua.

Orientadores enunciativos e estruturação do dizer

Falar em alteridade deformável significa dizer que a alteridade não é mais definitivamente fixa; ela também não é qualquer: ela é calculada a partir do arranjo de marcas que constituem o enunciado. Essa dupla exigência que se refere à alteridade, ao mesmo tempo deformável e calculável, permite limitar os tipos de alteridade: **duas** formas de alteridade, tendo cada uma propriedades bem definidas, são suficientes. Superamos, assim, as dificuldades analisadas em "O outro como sujeito" e "A alteridade no seio das abordagens semânticas: a propósito da *vericondicionalidade*" no que diz respeito ao estatuto dado ao outro. Quando o outro é único, temos apenas uma alteridade que se constrói na ausência: o outro nada mais é do que uma repetição do mesmo (o destinatário) ou um depósito (o falso); se o outro for simplesmente plural, ele é apenas heterogeneidade não estruturada, desencadeando a dissolução do mesmo, que se tornou simples figura do outro.

As duas formas de alteridade que propomos serem suficientes correspondem a:

1. Uma alteridade comparável à do TU frente ao EU, do falso em relação ao verdadeiro;

2. Uma alteridade que é aquela do "nem EU nem TU/EU ou TU" diante do EU (e do TU eventualmente), do "nem verdadeiro, nem falso/verdadeiro ou falso", em relação ao verdadeiro (e ao falso, eventualmente).[43]

A diferença essencial entre (1) e (2) é que, no caso de (1), o outro é **definível**: ele corresponde a um valor singular cuja relação com o mesmo se define em termos de **separabilidade**. Sendo definível, esse valor não é fixado: é identificável **ou** diferenciável em função das configurações subjetivas em que se inscreve (sobre a separabilidade, cf. seção "S1 e a noção de separabilidade: o caso do imperativo"). No caso de (2), trata-se de um polo de alteridade que, como mostra seu modo de definição negativo, escapa à dialética do mesmo e do outro enquanto articulação dos valores passíveis de definição. Esse polo de alteridade corresponde a um conjunto de valores: de uma certa forma, encontramo-nos aquém da seleção de um valor singular.

O paralelismo introduzido em (1) e (2) entre a alteridade dos sujeitos e a dos valores de verdade deve ser considerado como indício de uma intricação profunda. Com efeito, o que é dito da alteridade de EU em relação a TU mostra que não se trata de sujeitos que possam ser atrelados a pessoas do mundo. Nós os definiremos como orientadores enunciativos, designados, respectivamente, So e S1. Adiciona-se a esses dois orientadores, em função da alteridade do tipo 2, um terceiro orientador designado Sx.[44]

Como ressalta o termo de orientador, So, S1 e Sx são a fonte de determinações subjetivas que incidem em um dizer, constituindo seu modo de considerá-lo. A opção pelo termo "dizer" em detrimento do termo "conteúdo proposicional" justifica-se pelo fato de que "conteúdo proposicional" designa algo estável, ao qual se pode associar um valor de verdade, que deixa de lado todo "trabalho" de um sujeito. Com o termo "dizer", designamos um trabalho enunciativo sobre um conteúdo nocional, que corresponde a uma pluralidade de ditos possíveis. Para dar conta disso, definiremos esse dizer como um domínio complexo a ser estruturado.[45] Nesse domínio, é o jogo dos sujeitos, isto é, as determinações vinculadas aos orientadores subjetivos, que constrói/constroem um dito singular, correspondendo a uma configuração enunciativa particular. Assim, a posição dos sujeitos no domínio e delimitação do dito estão totalmente imbrincadas. Além disso, o dizer, definido como lugar dos ditos possíveis, remete à noção de heterogeneidade de fundamento postulada no início deste artigo (cf. Modos de presença do outro e a Teoria dos orientadores); essa heterogeneidade não é construída, pelo fato de que ela não se baseia nos polos de alteridade subjetivos.

As posições dos sujeitos no domínio são variáveis e são elas que permitem (re)definir os valores de verdade:

- O verdadeiro corresponde a um domínio homogeneizado, no sentido em que apenas uma posição é definida, com uma centragem sobre So: nem S1, nem Sx intervêm como polos de alteridade.
- Quando S1 se separa de So determinando uma outra posição, ele pode se tornar o suporte do falso: o domínio se apresenta como heterogêneo, sendo estruturado a partir de uma alteridade subjetiva (So/S1). Assim, S1 corresponde a uma descentragem no domínio, interpretável como a negação da posição de So.
- Sx, quando intervém, define uma posição que, *a priori*, não exclui o fato de se levar em conta uma centragem sobre So ou uma descentragem sobre S1. Em outras palavras, Sx define uma posição desvinculada, designada como posição **fora de p** (em que **p** designa, no domínio, o valor centrado). Isso explica que a posição Sx, de modo não contraditório, seja a negação de qualquer outra posição e, ao mesmo tempo, contenha todas elas. Assim, pelo polo de alteridade que **constrói**, Sx serve de representante da heterogeneidade de fundamento, isto é, **não construída**, que caracteriza o dizer como domínio complexo.

A apresentação de algumas configurações subjetivas constituídas por diferentes marcas permitirá precisar as questões introduzidas anteriormente.

Ved': do desacordo à ignorância, da ignorância ao saber

A configuração subjetiva estabelecida, em russo, pela partícula *ved'* é particularmente reveladora, por associar os três orientadores subjetivos: somos, assim, levados a trabalhar sobre as relações So/S1, So/Sx, Sx/S1. É interessante notar, contudo, que as caracterizações propostas respectivamente por T. M. Nikolaeva e R. Rathmayr só levam em conta uma parte das relações. Nikolaeva (1979) se interessa pelo estatuto assertivo da proposição introduzida por *ved'*: para ela, *ved'* "lembra e afirma" uma proposição. Esse duplo estatuto assertivo é *a priori* contraditório: como conciliar o fato de que, enquanto lembrado, **p** escapa do "aqui-agora" – e, portanto, de So –, e, ao mesmo tempo, dele provém no se refere à asserção? Isso só é possível se aproximarmos "**p** lembrado" de Sx (ressaltemos que a posição Sx é compatível com uma centragem sobre So). Essa solução deixa em aberto o porquê desse duplo estatuto. A resposta a essa segunda questão se encontra na caracterização que Rathmayr[46] propõe para *ved'*: de acordo com a autora, *ved'* significa que o locutor mobiliza um saber que, em um determinado momento, o interlocutor não leva em conta. Esse par "ignorância-saber" remete a S1 pela ignorância, a So pelo saber (Rathmayr, ao contrário, não se interessa pelo estatuto assertivo de *ved'*). Na verdade, cada uma dessas duas caracterizações leva em conta apenas uma parte das propriedades de *ved'* que é necessário articular.[47] Essa articulação conduz à seguinte caracterização de *ved'*: no âmbito de um encadeamento discursivo, So considera que S1 é suscetível de constituir um polo de alteridade (desacordo, dúvida) e transforma essa alteridade subjetiva (S1 contestando So) em ignorância, por parte de S1, de um saber cuja garantia é Sx e não So: esse saber, que não provém de uma verdade subjetiva (centrada no sujeito),[48] não poderia ser objeto de uma contestação.[49]

Dessa forma, S1 se encontra em uma dupla relação de exterioridade. Diante de So, ele aparece como o suporte do falso (desacordo, polêmica, questionamento,…): no domínio associável ao dizer de So, S1 **se separa de So ao ocupar uma outra posição**. Quando essa exterioridade é a base do falso, ela é, *a priori*, irredutível: questiona toda centragem sobre So. Inversamente, diante de Sx, garantia do saber, S1 não pode definir uma outra posição: levar em conta o saber implica necessariamente o desaparecimento da ignorância.

É So que "requalifica" a exterioridade inicial em ignorância: ao atualizar um saber que não está centrado subjetivamente, So impede, no que se refere a S1, qualquer forma de separação: na continuidade de So, só resta a S1 se dissolver no saber.

Devido à sua configuração, *ved'* é bastante revelador do trabalho (no sentido de uma deformação) que se faz sobre a alteridade. S1 é tomado em uma alteridade deformável ilustrada pelo par "separação (exterioridade diante de So) / desaparecimento (dissolução da ignorância no saber, cuja garantia é Sx)". Essa "mobilidade" de S1 remete diretamente à propriedade de separabilidade que introduzimos anteriormente. Quanto a Sx, ao construir uma posição não centrada, atrás da qual se apaga So, ele impede toda a possibilidade de descentragem vinculada à S1. Nesse sentido, é ele que serve de base para a deformabilidade do sistema (ainda que ele seja, por si só, não deformável). Como dissemos, ele engloba todas as posições singulares sem definir nenhuma delas.

S1 e a noção de separabilidade: o caso do imperativo

A noção de separabilidade é crucial para se compreender em que medida a alteridade é deformável. A propriedade de ser separável atribuída a S1 opõe-se à separação necessária do locutor e do interlocutor enquanto pessoas. O exame do estatuto reservado ao outro no tratamento do imperativo permitirá apreender melhor o que está em jogo nessa distinção.

A definição da ordem implica levar em conta o TU ao lado do EU.[50] Quando ele é definido como o interlocutor, TU, na verdade, passa a ser o que simplesmente executa: ao dar uma ordem, EU pretende que TU execute esta ou aquela ação. TU, enquanto sujeito enunciativo, encontra-se, portanto, totalmente ausente do próprio enunciado. Sua intervenção se dá apenas no desenvolvimento (situacional ou contextual) do enunciado. O fato de se levar em consideração as diferentes nuances que um enunciado no imperativo exprime (ordem, pedido, reza, incitação, conselho, permissão etc., para citar os termos mais frequentes utilizados) mostra que TU tem um modo de presença que, de forma alguma, pode ser interpretado como um simples executor. Ele deve ser considerado como constituindo um **ponto de vista** sobre o processo a ser validado no próprio âmbito do enunciado no imperativo. Na representação da relação, S1, enquanto orientador enunciativo, determina uma posição diferente da de So: para So, o processo **p** está para ser validado (ele só leva em consideração o bom valor, enquanto que, para S1, o processo é simplesmente da ordem do validável: S1 pode seguir So e validar o processo ou pode se separar de So e não validar o processo. Em outras palavras, falar de **p** validável consiste em considerar (ainda que apenas como possível) um valor diferente do bom valor. Designaremos por **p'** esse outro valor que pode corresponder tanto a "não **p**" quanto a "outro que **p**". Esse valor é então definível, mas não fixo. O fato de S1 ser orientador enunciativo que torna possível considerar **p'** ao lado de **p** (o bom valor) não significa que ele seja o suporte do único valor **p'**. Ele corresponde ao valor **p** ou **p'** enquanto virtualidade de **p** ou de **p'**. Assim, o vínculo de S1 a So é da ordem da separabilidade.

Em A. Culioli e D. Paillard,[51] propõe-se a seguinte representação:

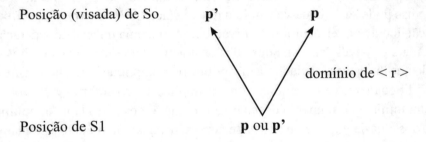

O esquema representa o domínio associado a uma relação predicativa chamada < r >; sobre esse domínio, duas posições são vinculadas a orientadores subjetivos. A coexistência dessas duas posições (nem um pouco simétricas) é fonte de desequilíbrios em benefício de um ou outro polo. Os diferentes valores que um enunciado adquire no imperativo podem ser calculados em relação às suas posições.

Quando há centragem sobre o bom valor (posição So), o resultado é particularmente a ordem simples, que não deixa nenhum espaço para S1 em termos de ponto de vista autônomo. Quando não há centragem sobre o bom valor, passamos para a posição S1: passamos de **p** a ser validado para **p** validável. Essa reintrodução de **p'** (ao lado de **p**) articula orientadores subjetivos e temporais enquanto suportes desse valor **outro que p**; dependendo da natureza dos orientadores, podemos definir a incitação, a permissão, a lembrança da ordem, o desejo etc.[52] É interessante notar que o suporte subjetivo de **p'** permanece

154 Linguagem e enunciação

indeterminado, podendo ser So ou S1, o que é mais uma confirmação do fato de que a posição S1 não se confunde com o valor **outro que p**: a posição S1 define o valor **p** ou **p'**, na intersecção dos dois caminhos, e cada um leva a um valor definido.[53]

Assim, no caso do imperativo, a posição S1 baseia-se totalmente na propriedade definitória de S1, a separabilidade. Essa propriedade já estava presente na configuração apresentada por *ved'*, mas sob uma forma diferente. Ela se baseava no par separação/desaparecimento, cada termo sendo associado a um orientador particular. Em relação a So, S1 é o suporte de **p'** (separação) e é o fato de se levar em consideração Sx que permite o desaparecimento do polo de alteridade constituído por S1. Por outro lado, no imperativo, a separabilidade só diz respeito à relação entre S1 e So. Vemos que se a separabilidade é uma propriedade regular do orientador S1, seu modo de atualização deve-se à conjunção de fatores bem variáveis. A alteridade a ela associada também varia, mas pode ser, a cada vez, objeto de um cálculo. Por outro lado, ao fixar a relação locutor-interlocutor definitivamente como uma relação de separação, não é mais possível dar conta dos "deslocamentos" do outro e dos efeitos de sentido que lhe estão associados, a menos que se multiplique indefinidamente os atos de linguagem. Vemos aqui uma outra implicação do deformável: a recusa da homonímia no tratamento das marcas da língua. Por outro lado, a multiplicação dos atos de linguagem pode apenas desencadear um recurso sistemático à noção de homonímia: assistiremos à fragmentação desta ou daquela marca em função dos atos de linguagem que se associarem a ela.

O deformável

A discussão de *ved'* e do imperativo mostrou como se estabelece uma problemática das "relações de força" entre orientadores subjetivos no âmbito de um domínio associado a um dizer. As relações de força determinam valores sobre o domínio : **p, p', p** ou **p', fora de p**. A alteridade dos valores definíveis sobre o domínio prolonga então a alteridade subjetiva. É claro que tal abordagem conduz a repensar radicalmente o problema da vericondicionalidade. De um lado, com a estruturação do domínio associado ao dizer, os valores de verdade referem ao estatuto que se dá a este ou àquele valor no domínio. Por outro lado, os deslocamentos no domínio, em relação com as configurações subjetivas, implicam que se fale não de **p verdadeiro, p falso**, mas de **verdadeiramente p, não verdadeiramente p, de modo algum p, mais ou menos p**...

No que se refere à primeira questão, retomemos os três casos de base já tratados na seção "Orientadores enunciativos e estruturação do dizer".

1. Temos uma centragem em **p**: o domínio é homogeneizado, isto é, somente o valor **p** é construído. Observamos uma estreita correlação entre posição de So e construção de **p**. Essa correlação permite redefinir o verdadeiro em termos de homogeneização de um domínio.

2. Não há centragem em **p**: o fato de se considerar um valor diferente de **p** vinculado a uma posição subjetiva diferente daquela de So equivale a uma descentragem em relação a So. O domínio apresenta-se como heterogêneo; essa heterogeneidade corresponde a valores exclusivos e, nesse caso, S1 aparece diante de So como a garantia do falso: há separação (desacordo, questionamento, polêmica).

3. Não há centragem em **p**, sem que isso seja assimilável a uma descentragem sobre um valor diferente de **p**: o polo da alteridade não constitui o falso em relação a **p** – So. A não centragem em **p** corresponde à ausência de toda centragem sobre um valor definido. O domínio é heterogêneo, mas os valores em jogo permanecem compatíveis. Do ponto de vista da distinção verdadeiro/falso, estamos fora do verdadeiro/falso, isto é, no "verdadeiro ou falso" (não levamos em conta o valor de verdade) ou em "nem verdadeiro nem falso" (não podemos determinar o valor; cf. a noção de indefinição radical introduzida anteriormente).

A partir desses três casos de base instaura-se uma combinatória complexa que, dando conta dos **deslocamentos**, funda a noção de deformabilidade. Ilustraremos a noção de deslocamento (já presente no funcionamento de *ved'*) apresentando brevemente o funcionamento de dois marcadores: de um lado, *d'ailleurs*, de outro, *už*.

O funcionamento de *d'ailleurs* coloca em jogo uma recentragem a partir de uma descentragem. No âmbito de um encadeamento discursivo, So considera que uma proposição **p** corresponde a um "aqui", em relação ao qual S1 é suscetível de definir um "aí",[54] constituindo uma outra posição (desacordo, incompreensão, mal-entendido). Com *d'ailleurs,* ele delimita novamente o

156 Linguagem e enunciação

domínio de tal modo que S1 não possa mais se colocar em posição de exterioridade, seja porque ele impede toda construção de um "aí" (cf. exemplo 1 a seguir), seja porque o "aí" torna-se um valor entre outros, assumido por So e, nesse sentido, não se opõe a um "aqui" (ele não constitui um polo separado da alteridade; cf. exemplo 2 a seguir). Em outras palavras, para So, nos dois casos, trata-se de impedir a interpretação de seu dizer como constituindo um "aqui", na medida em que para todo "aqui" é possível associar um "aí".

(1) *Je ne louerai pas cette salle. Elle est trop chère. D'ailleurs, elle ne me plaît pas.*
Eu não alugarei esta sala. Ela é muito cara. Aliás, ela não me agrada.

Para justificar o fato de se recusar a alugá-la, So considera *a priori* o primeiro argumento como discutível ("caro" – So/ "não caro" – S1) e passa a um segundo argumento que, justamente, devido a seu caráter puramente subjetivo, torna bem difícil a constituição de um polo de alteridade.

(2) *Il n'est pas question de faire une architecture de banlieue aux Halles. Ni en banlieue d'ailleurs.*
Está fora de cogitação fazer uma arquitetura de subúrbio nos Halles. Nem no subúrbio, aliás.

Introduzindo *nem no subúrbio, aliás*, So quer impedir a interpretação do primeiro enunciado como significando "sem arquitetura de subúrbio nos Halles" (= aqui – So)/ "arquitetura de subúrbio no subúrbio" (= aí – S1).

Em russo, o caso do marcador *už*[55] é interessante, porque a não centragem intervém como lugar de uma articulação entre centragem e descentragem. Com efeito, *už* sobrepõe dois pontos de vista que se referem à seleção de um valor **p**: ele marca a construção de **p** como indiscutível, assinalando ao mesmo tempo que, em um determinado momento, **p** foi discutível em dois sentidos, o de "merecendo a discussão, isto é, cogitado" e o de "contestável" (podemos preferi-lo/ opô-lo a um outro valor). Essa duas acepções de "discutível" remetem a duas formas de alteridade: uma alteridade do tipo **fora de p** (Sx) e uma alteridade do tipo **p'**. O fato de se considerar a posição Sx – **fora de p** como não centrada é o que garante a manutenção de **p'** diante de **p**. O nível de "resistência" diante da seleção de **p** é, a partir daí, função da natureza de seu suporte temporal e/ou subjetivo.

Essa combinatória que articula alteridade subjetiva e alteridade dos valores confere todo sentido à noção de deformabilidade. No estabelecimento dessa deformabilidade, Sx desempenha um papel essencial enquanto suporte subjetivo do deformável. Vimos isso com *ved'*, que vem para auxiliar So no desaparecimento da alteridade definível a partir de S1. *Už*, por sua vez, é a garantia de que um outro valor além de **p** foi cogitado. Ao definir um lugar dos possíveis, ele é, portanto (em relação com a posição **fora de p**), o que permite os deslocamentos.

Artigo originalmente publicado em *Particules énonciatives en russe contemporain 2*, Denis Paillard (éd.), Paris, Universidade de Paris VII (Collection ERA 642), pp. 11-37, 1987.

Notas

[1] Cf. a distinção semântico-pragmática (o verdadeiro/o falso).

[2] Assim, parte-se do ato de ordenar para vislumbrar as diferentes "realizações linguísticas": o imperativo é apenas uma forma entre outras. Como veremos em "Modos de presença do outro e a Teoria dos orientadores", pensamos, ao contrário, que é preciso partir do imperativo enquanto forma.

[3] J. Searle, *Les actes du langage*, Paris, Hermann, 1972, p. 102.

[4] F. Recanati. "Insinuation et sous-entendu", *Communications*, n. 30, Paris, 1979, p. 95.

[5] Idem, p. 96.

[6] Parece difícil imaginar um enunciado que siga totalmente os princípios de Grice. Como ressaltaram vários autores, os princípios de Grice só têm valor na medida em que podem ser violados. Autores com R. Rathmayr (Cf. *Die russischen Partkeln als Pragmalexeme*, München, Verlag Otto Sagner, 1985) ou A. n. Baranov (Cf. "Interaction de la sémantique et de la pragmatique dans l'utilisation de la particule *da*", *Particules énonciatives en russe contemporain* 2, Paris, Universidade de Paris VII, Collection ERA 642, 1987) basearam sua análise em partículas enunciativas, precisamente na noção de não respeito aos diferentes princípios.

[7] Isso poderia nos fazer supor que se faça da não conformidade o ponto de partida. Mas isso é incompatível com a concepção de um locutor consciente e todo poderoso.

[8] Ao criticarem Grice, Wilson e Sperber ("L'interprétation des énoncés", *Communications*, n. 30, 1979, pp. 80-94) não questionam o elemento central que constitui o princípio da pertinência.

[9] O. Ducrot, *Le dire et le dit*, Paris, Minuit, 1984.

[10] Ver especialmente O. Ducrot, op. cit., p. 79 e páginas seguintes.

[11] Idem, p. 79.

[12] Ao contrário, O. Ducrot não define as relações dessas duas imagens. Sobre uma reformulação do funcionamento de "d'ailleurs", ver *Les mots du discours*, Paris, Minuit, 1980, seção 3.5.

[13] O. Ducrot, 1984, p. 9.

[14] De fato, com a redefinição do locutor como responsável pela enunciação, conservam-se alguns traços do mesmo, mas, enquanto enunciador, ele é apenas um enunciador, entre outros.

158 Linguagem e enunciação

[15] Isso é, aliás, bastante paradoxal na medida em que Frege, como se sabe, se esforçou inicialmente para distinguir o sentido dos termos de sua denotação – e então, de uma certa forma, da relação com o mundo que eles estabelecem. Ver em particular "Sentido e denotação", *Ecrits logiques et philosophiques*, Paris, Seuil, 1971. Sobre esse problema, ver S. de Vogüe, *Référence, prédication, homonymie. Le concept de validation et ses conséquences sur une théorie des conjonctions*. Tese de doutorado, Paris, Universidade de Paris VII, 1985.

[16] Bem entendido, estão excluídos dessas definições todos os enunciados não assertivos.

[17] B. de Cornulier, Effets de sens, Paris, Minuit, 1985, em particular capítulo 1.

[18] Ver Y. Bar Hillel, "Indexical expressions", *Mind*, n. 63, 1954, pp. 359-79. Sabe-se que Ducrot (por exemplo, J. C. Anscombre e O. Ducrot, *L'argumentation dans la langue*, Bruxelles, Mardaga, 1983) e Culioli, entre outros, se opõem a essa ideia.

[19] Bem entendido, a crítica detalhada da argumentação de Cornulier ainda está por ser feita: pretendemos discutir aqui apenas a abordagem geral adotada.

[20] Sobre esse problema da univocidade, ver S. de Vogüe, "La conjonction si et la question de l'homonymie". *B.U.L.A.G.*, n. 13, Université de Besançon, 1987.

[21] Ver "De l'acte de référence" e "Référence identifiante et valeurs de vérité", P. F. Strawson, *Etudes de logique et de linguistique*, Paris, Seuil, 1977, bem como Y. Bar-Hillel, op. cit., para um panorama das questões debatidas.

[22] Ver de S. de Vogüé, 1985, capítulo 1, sobre essa questão.

[23] Na verdade, todos os trabalhos em torno da questão dos pressupostos tocam nesse problema.

[24] Notemos, entretanto, que alguns distinguem um mundo impossível do conjunto dos mundos possíveis – o que corresponde, consequentemente, a um falso mais radical.

[25] Ver R. Carnap, *Meaning and necessity*, Chicago, University of Chicago Press, 1947.

[26] Ver N. Goodman, "The problem of counterfactual conditionals", *The Journal of Philosophy*, New York, Columbia University, 1947, pp. 113-28.

[27] Um determinado número de trabalhos, dentre os mais importantes, é retomado por E. Sosa (ed.), *Causations and conditionals*, Oxford University Press, 1975.

[28] Encontramos em R. Thomason; A. Gupta, "A theory of conditionals in the context of branching time", *The philosophical review*, n. 89, 1980, pp. 65-90, uma forma bem interessante de se colocar em prática esse tipo de modelo.

[29] Ver R. Martin, *Pour une logique du sens*, Paris, PUF, 1983, p. 36 : "O próprio da verdade linguística […] é uma verdade pela qual alguém se responsabilizou".

[30] Ver R. Martin, idem, pp. 36-43.

[31] Ver "Référence identifiante et valeurs de vérité", Strawson, op. cit.

[32] A situação é de fato mais complicada em R. Martin, op. cit., já que, para ele, são as marcas que, de alguma forma, mobilizam os universos de crença disponíveis.

[33] Sobre esse ponto, ver em particular Kripe (1972).

[34] Ver em particular J. Barwise e J. Perry, "Situations and attitudes", *The Journal of Philosophy*. New York, Columbia University, v. 78, n. 11, 1981, pp. 668-91.

[35] Ver S. Kripke, *La logique des noms propres*, Paris, Minuit, 1972.

[36] Idem, p. 32.

[37] Ver A. Culioli, PLE I, pp. 47-65, pp. 115-26, pp. 135-55; S. de Vogüe, 1985, op. cit.

[38] Ver R. Jakobson, *Essais de linguistique générale*, Paris, Minuit, 1963.

[39] É. Benveniste, PLG I, 1995, p. 289.

[40] Idem, p. 286. Ver também "A instalação da 'subjetividade' na linguagem cria na linguagem e, acreditamos, igualmente fora da linguagem, a categoria da pessoa" (Idem, p. 290).

[41] Idem, p. 287.

[42] Ver A. Culioli, "Rapport sur un rapport", *La psychomécanique et les théories de l'énonciation*, Lille, PUL, 1980, pp. 42-3.

[43] Por razões que serão evidenciadas em breve, poderíamos assimilar essa alteridade àquela do ELE diante de EU (ou TU).

[44] Sobre o estatuto de Sx, ver S. de Vogüé, 1985, op. cit.

[45] É possível construir uma representação formal do domínio com o auxílio de ferramentas fornecidas pela topologia. A noção de deformação (de um espaço) pode ser considerada como central na topologia. A respeito dos problemas de representação topológica, ver A. Culioli, *PLE I*, pp. 47-65, bem como S. de Vogüé, 1985, II, p. 5.

[46] R. Rathmayr, op. cit.

[47] Retomaremos, aqui, a caracterização proposta em D. Paillard, "Le partage du savoir ou l'ignorance n'est pas un argument. A propos de *ved'*, *Les particules énonciatives en russe contemporain I*, Université de Paris VII e Institut d'Études Slaves, 1986, pp. 89-124.

[48] Isso não vale para qualquer saber: assim, os enunciados que comportam *znat'* provêm de um saber subjetivo.

[49] Uma proposição introduzida por *ved'* não pode ser objeto de uma negação direta: para negá-la, é preciso que ela tenha sido objeto de uma "recentragem" subjetiva, permitindo a S1 reconstituir-se diante de So. Ver D. Paillard, op. cit., p. 93.

[50] EU e TU são etiquetas neutras: elas podem designar tanto o par locutor/interlocutor quanto So e S1.

[51] A. Culioli; D. Paillard, "A propos de l'alternance perfectif/imperfectif à l'impératif", *Révues des Études Slaves*, 1987.

[52] Remetemo-nos ao artigo já mencionado no que se refere à descrição dos valores.

[53] Notaremos a diferença entre **p** ou **p'** assumida por S1 (virtualidade de **p** ou de **p'**) e o valor **fora de p** do qual a única garantia subjetiva é Sx (lembremos que **fora de p** contém tanto **p** ou **p'**, indefinição à espera de definição, como nem **p** nem **p'**, forma de indefinição radical).

[54] A formulação em termos de "aqui/aí" valoriza a lisibilidade de *d'ailleurs*, que significa essencialmente "nem aqui, nem aí".

[55] Sobre *už*, D. Paillard, "Už ou l'indiscutable", *B.U.L.A.G.*, n. 13, Université de Besançon, 1987.

Marcadores discursivos e cena enunciativa

Denis Paillard

Neste capítulo, procuramos mostrar que os marcadores discursivos (doravante MD), assim como os verbos, os nomes, os adjetivos etc., constituem uma classe de unidades da língua, e que é possível chegar a um formato de descrição unitário, fundamentado na contribuição dos diferentes MD à construção do enunciado (mais precisamente, como veremos, da cena enunciativa).

Na sua introdução à obra *Approaches to discourse particles*,[1] K. Fisher escreve que os estudos consagrados aos MD assemelham-se muito a "uma selva", tanto no que concerne aos fenômenos levados em conta como aos quadros teóricos e metodológicos adotados. O mesmo autor assinala que os estudos são dificilmente comparáveis, situação que não se verifica com outras classes de unidades, quaisquer que sejam as divergências metodológicas e teóricas observadas.

De fato, a confusão relacionada a essa dispersão e a essa fragmentação se dá em diferentes planos. Para nós, a razão principal dessa situação deve-se ao fato de os MD não constituírem um objeto empírico facilmente identificável com base em critérios que poderiam, de maneira (mais ou menos) consensual, ser definidos de modo operatório. E isso traz uma série de consequências, dentre as quais apontamos:

1. Os levantamentos propostos para uma mesma língua variam consideravelmente e os levantamentos de uma língua à outra assinalam, ainda, o que esses recortes podem ter de arbitrário.

2. Assistimos a uma proliferação terminológica. Além dos termos mais frequentes como *MD, conectores (discursivos), partículas* e, em francês, *palavras do discurso*, contamos, pelo menos, outras quinze designações, predominantemente de natureza pragmático-funcional,

que designam listas com contornos comumente muito imprecisos. Frequentemente, para uma mesma língua, um rótulo pode designar, num autor, unidades ou grupos de unidades que outro autor pode considerar como não se originando de modo algum desse mesmo rótulo.

3. Como indicado anteriormente, a caracterização dos MD focaliza a descrição de suas funções na construção do discurso. Poucos autores se esforçam, contudo, em lhes conferir um estatuto na língua.

4. Por serem as descrições, em primeiro lugar, de natureza pragmático-funcional, as noções e conceitos postos em jogo têm, na maioria das vezes, apenas uma pertinência local, limitada a um marcador (ou a uma série de marcadores próximos). Além disso, por ser a imensa maioria dos marcadores "polifuncionais", um mesmo marcador encontra-se "dividido" entre diferentes funções.[2] É interessante notar, a esse respeito, que um grande número de trabalhos é consagrado ao estudo de um MD ou mesmo a um emprego (cf. o artigo de S. Bruxelles e alii).[3]

5. Salvo erro de nossa parte, não existe uma obra de orientação tipológica consagrada aos MD. A extrema heterogeneidade dos dados tende a tornar particularmente difícil a definição daquilo que poderia servir de espaço "comum" relacionado aos universais dos quais fala Haspelmath.[4] Com os MD, a singularidade de cada língua tende a prevalecer.

Em suma, tudo se passa como se os MD impusessem aos pesquisadores sua heterogeneidade e sua fragmentação, tornando particularmente arriscada toda tentativa de generalização. De fato, "a selva" de que fala K. Fisher explica-se, em parte (mas somente em parte, como tentaremos mostrar na sequência deste capítulo), por razões "empíricas", isto é, independentes das escolhas metodológicas e teóricas de um ou outro pesquisador.

A heterogeneidade das unidades em jogo é um fato incontestável. Numa língua como o francês, a imensa maioria dos MD é de palavras que têm outro estatuto, pertencendo a outras categorias: "vraiment" [realmente], "heureusement" [felizmente], "bien" [bem], "bon" [bom], "disons" [digamos], "tiens" [veja] etc. Existe também um grande número de locuções discursivas formadas de duas ou várias palavras de um modo frequentemente inesperado: "d'ailleurs" [a propósito; aliás], "par ailleurs" [além disso], "quand même" [de qualquer maneira, mesmo assim, ainda], "tout de même" [apesar disso] etc. Esse "desdobramento discursivo" de palavras que, em outro lugar, são formas verbais, nomes, adjetivos ou advérbios é largamente contingente: nada permite antever que tal forma vai dar um MD e que, com outra, no entanto próxima, isso não ocorrerá: comparar "justement" [justamente], "vraiment" [realmente], que são MD, com "injustement" [injustamente], "faussement" [falsamente], que são apenas advérbios. No caso dos advérbios franceses em "-ment" que podem adquirir o estatuto de MD, é difícil estabelecer a fronteira entre os empregos adverbiais e os empregos como MD.[5]

A polissemia (ou ainda a polifuncionalidade) dos MD é um outro fator complexo. Aos problemas classicamente levantados pelo tratamento da polissemia (existência ou não de uma identidade semântica sustentando o conjunto dos empregos e valores, modo de articulação dos valores distinguidos etc.) vêm se acrescentar dificuldades específicas relacionadas ao caráter irredutivelmente "singular" dos MD. Damos aqui um exemplo da variação semântica de uma palavra como "forcément" [necessariamente/inevitavelmente]: "Il est forcément là/quelque part, cherche le!" [Ele está necessariamente aqui/em algum lugar, procure-o!] e "Forcément, il est là / *quelque part, *cherche le!" [Inevitavelmente, ele está aqui]. Esse exemplo mostra que um dos fatores de variação consiste na posição do MD na sequência, relacionado a seu caráter autônomo ou não (no plano prosódico).

Esses problemas alimentam a tentação de um tratamento específico, visto que cada MD, levando-se em conta sua origem e seus valores, torna-se por si só um desafio (outro exemplo de comportamento singular: "heureusement que" [felizmente que] é possível, mas não "malheureusement que" [infelizmente que]).

A esses fatores "objetivos" que efetivamente conferem aos MD um estatuto específico acrescentam-se considerações que são da alçada das escolhas teóricas e metodológicas dos autores.

Em primeiro lugar, um grande número de autores considera que a descrição dos MD é, primeiramente, da competência da pragmática. Que se trate da teoria da pertinência ou de outras abordagens, os MD são levados em conta como o que permite ao locutor atingir uma finalidade comunicativa. Isso remete a uma concepção "instrumental" dos MD, instrumentos por definição confiáveis, postos a serviço de uma visão de comunicação postulada como transparente e eficaz, em que o locutor estende com toda liberdade a sua estratégia em direção do interlocutor. O estudo de certos MD como "like"[6] ou ainda uma reflexão sobre a noção de "vagueness" (Jucker et alli, 2003) levou certos autores a fazer um reexame crítico da noção de "felicity", considerada uma noção-chave do ponto de vista da comunicação.[7]

164 Linguagem e enunciação

Em segundo lugar – o que, de certa maneira, é consequência da escolha "pragmática" –, existem pouquíssimos estudos além dos pontuais, relativos à distribuição dos MD, quer se trate do escopo (variável) do MD, da posição autônoma ou não do MD (no plano prosódico) em relação à sequência que corresponde a seu escopo, ou ainda da posição do MD na sequência. Como tentaremos mostrar a seguir, com base em critérios distribucionais, é possível destacar[8] várias classes de MD. Essa não consideração das propriedades distribucionais e do escopo variável do MD deve ser relacionada à forma como os autores procuram dar conta da "polissemia" (ou "polifuncionalidade") dos MD. Encontramos, no capítulo introdutório da obra *Approaches to discourse particles,* uma discussão detalhada das principais abordagens. Dessa apresentação decorre quer uma proliferação dos MD, cada emprego sendo considerado por si só, quer um levantamento dos empregos e valores sem que a parte do cotexto na emergência de um ou outro emprego seja especificada. A seguir, propomos uma outra abordagem que articula uma caracterização da identidade semântica dos MD (presente em todos os seus empregos) a princípios regulares de variação (fundados com base em critérios distribucionais: escopo, autonomia, posição).

Com base num estudo detalhado de uns cinquenta MD do russo e do francês,[9] defendemos a tese de que os MD podem ser descritos como constituintes de uma classe de unidades identificáveis na língua: assim como as unidades das outras classes (N, V, Adj, Adv), os MD definem-se por uma semântica e propriedades distribucionais. Tal hipótese supõe que possamos conferir um estatuto à semântica dos MD do ponto de vista da língua.

A noção de cena enunciativa

Nossa abordagem situa-se no âmbito da teoria da enunciação desenvolvida por A. Culioli. Para esse autor, a enunciação não é o ato de um sujeito que, com toda liberdade, desenvolve estratégias que visam a pôr em palavras o seu pensamento e a agir sobre o seu interlocutor. É um processo que restituímos a partir do enunciado enquanto agenciamentos de formas: é a partir das formas (incluímos nestas os fenômenos prosódicos) e de seus agenciamentos que podemos reconstruir, para um enunciado, a cena enunciativa, definida como o produto das determinações de diferentes ordens que intervêm na construção de um enunciado. Os MD, assim como os outros constituintes do enunciado, participam dessa construção da cena enunciativa. Para compreender o lugar específico que os MD ocupam e, por conseguinte, a natureza da sua semântica, retornaremos resumidamente à noção de enunciado, retomando certos pontos desenvolvidos num artigo anterior.[10]

As três acepções do verbo "dire" [dizer]: "proférer des mots" [proferir palavras], "exprimer un état de choses" [exprimir um estado de coisas] e "affirmer un contenu" [afirmar um conteúdo], remetem, na verdade, aos três parâmetros que estão no centro da cena enunciativa: às formas linguísticas, que constituem a materialidade do enunciado, ao estado de coisas ("o mundo"), que é o "a ser dito", e ao "conteúdo", que designa o que o locutor quer dizer dizendo o que diz. É essencial não reduzir o conteúdo ao que é efetivamente dito: com efeito, nada garante que o que é dito esgota o querer dizer que se revela apenas ao fio do discurso, entre hesitações, confusões, retomadas, reformulações e explicitações. Designaremos pela palavra "dizer" ("dire"), tomada como substantivo, esta associação de um querer dizer e um enunciado.

Mais do que isso, esse dizer não passa de **um dizer entre outros**, que remete à percepção/representação de um estado de coisas (o "a ser dito") que, como tal, não é da ordem do formulável: exprimi-lo por palavras equivale a dar-lhe uma forma: esse pôr do mundo em palavras dá lugar a um enunciado que, por definição, só pode ser **parcial** (ele repousa na percepção/representação de um sujeito) e **fragmentado**, pois nada permite decidir que o enunciado chega a dizer o "a ser dito" até o fim.

Se o dizer é apenas um dizer entre outros, é também porque outras palavras são possíveis e que nada garante que as palavras utilizadas sejam adequadas: o locutor não é o senhor da língua, e as palavras lhe escapam porque nunca dizem o que querem dizer; além disso, nada garante, *a priori,* que o interlocutor, no seu trabalho de interpretação do dizer, interprete esse querer dizer das palavras como o locutor.

Nesta perspectiva, um dizer é uma maneira parcial e fragmentada de exprimir por um enunciado um estado de coisas do mundo. A cena enunciativa a que dá acesso o agenciamento de formas convoca esses três "querer dizer",[11] o do sujeito, o do mundo e o das palavras, cada um apresentando a sua lógica própria, com modos de presença variáveis.

A definição da asserção proposta por A. Culioli[12] oferece um quadro para uma representação mais técnica da cena enunciativa: "Je tiens à dire (= rendre public) que je pense/crois/sais que **p** est le cas" [É importante que eu diga

(= tornar público) que eu penso/acredito/sei que p é o caso]. Essa definição articula dois momentos:

- uma definição centrada no sujeito: "Je tiens à dire (= rendre public) que je pense/crois/sais": o sujeito compromete-se (Je tiens)[13] [Faço questão]/torna público (construção do espaço intersubjetivo)/define sua relação com seu dizer (de uma subjetividade pura: "Je pense" [Eu penso] a uma verdade estabelecida: "Je sais" [eu sei]).
- uma definição sobre o estatuto do dizer: "*p é o caso*" é o produto de um cálculo que desemboca na seleção de uma sequência **p** em relação com o estado de coisas a dizer ("o que é o caso"). Inicialmente, não há relação necessária entre **p** e o "a ser dito": **p** é selecionado entre outras sequências possíveis susceptíveis de exprimir o estado de coisas, que notamos (**p, p'**). O pôr em jogo de outras sequências representadas por **p'** remete ao fato de que o enunciado é um enunciado entre outros, permitindo considerar, no âmbito de um encadeamento discursivo, o trabalho de reformulação/explicitação com recurso a um enunciado outro que **p**, que essa reformulação seja deliberada ou reflita a dificuldade (frequentemente não dominada) que há para que se consiga dizer o a ser dito. A seleção de **p** é associada a uma posição subjetiva que notaremos So, posição que pode ou não ser estabilizada.[14]

> **p, p' (é o caso)**
> **p é o caso (o dizer)**
> **(algo) é o caso**

Essa representação estabelece que o estado de coisas que é o caso – a notação "algo" assinalando a opacidade primeira do mundo – é acessível apenas por meio da sequência **p** que o exprime: **p** diz o que é o caso.

Os MD como classe de unidades da língua

Em nossa abordagem, os MD formam uma classe de unidades comparáveis às outras classes de unidades (nomes, verbos, adjetivos, advérbios etc.): as unidades que formam a classe dos MD podem ser definidas por uma semântica específica e um conjunto de propriedades que correspondem à sua distribuição. Como indicado acima, em uma língua como o francês, um grande número de MD surge igualmente de uma outra classe de unidades; nesse caso, essas unidades têm duas semânticas e dois "conjuntos de propriedades distribucionais". O espaço semântico dos MD é a cena enunciativa como tal: os MD são o vestígio de determinações que incidem sobre um ou outro componente da cena enunciativa, tal como foi definida para a asserção.[15] A esse título, participam do fato de que um enunciado é uma maneira parcial e fragmentada de exprimir um estado de coisas.

Com base nessa definição geral dos MD como unidades da língua, é possível distinguir diferentes grupos (e, veremos, subgrupos) de MD. A evidência desses grupos fundamenta-se na especificidade das determinações de sua semântica particular e de sua distribuição. No momento, podemos identificar quatro grandes grupos de MD, identificação que repousa em uma semântica específica (a natureza das determinações em jogo) e em propriedades distribucionais próprias de cada grupo:

- as **palavras do discurso**: são MD que participam da construção do valor referencial do enunciado: especificam a que título um enunciado é "um modo parcial e fragmentado" de exprimir um estado de coisas;
- os **modalizadores**: são MD que marcam um efeito de "opacidade" (brouillage)[16] no que diz respeito à seleção de **p** para exprimir "o que é o caso";
- as **partículas enunciativas**: são MD que trabalham a alteridade **p/p'**: especificam **p** do ponto de vista de sua relação com **p'** (a adição do qualificativo "enunciativos" marca que se considera o fato de que, em diferentes línguas, o termo "partículas" designa unidades com propriedades muito diferentes);
- as **palavras do dizer**: atualizam uma distância entre um "querer dizer" (de um sujeito, das palavras, do mundo).

A terminologia utilizada para designar os quatro grupos é heterogênea e reflete, de uma certa maneira, o percurso que conduziu sucessivamente a evidenciá-las: "palavras do discurso" é um empréstimo de O. Ducrot (ainda que o conteúdo seja diferente); "modalizadores" é um termo funcional; "partículas" em línguas como o russo ("časticy") e o alemão ("Partikeln") designa uma classe de unidades identificadas como tais (terminologia categorial); e "palavras do dizer" tem um estatuto ambivalente: se, inicialmente, na tese de E. Khatchatourian,[17] esse rótulo designa marcadores que são formados com a palavra *dizer* (ou "skazat'" para o russo), ele estende-se, doravante, a todos os

168 Linguagem e enunciação

MD cuja semântica faz intervir um "querer dizer" (de um sujeito, das palavras, do mundo). Essa heterogeneidade terminológica reflete, de maneira ainda não efetivamente controlada, a diversidade dos MD evocada no início deste artigo.

Precisemos, finalmente, que esses diferentes grupos e subgrupos de MD são definidos independentemente de se considerar a semântica de um ou outro MD, o vínculo de um MD a um ou outro grupo fundamentando-se, em primeiro lugar, em propriedades formais características do grupo (uma mesma unidade pode pertencer a diferentes grupos). A caracterização de unidades como "heureusement", "vraiment", "forcément" como advérbios de frase (cf. os trabalhos de Bonami, Godard)[18] ou como MD não é uma simples querela terminológica, mas diz respeito ao tipo de semântica que lhes é associada.

As palavras do discurso

Como observado acima, as palavras do discurso especificam a **que título** a sequência **p,** que corresponde a seu escopo,[19] é uma forma parcial e fragmentada de exprimir um estado de coisas **R**. Com base num primeiro trabalho (Kisseleva, Paillard)[20] envolvendo por volta de quarenta MD do russo, distinguimos dois subgrupos de palavras do discurso:

a) os MD "ponto de vista" que decorrem de uma semântica da **pertinência** (o termo não é tomado aqui na acepção que tem na teoria de mesmo nome);

b) os MD "adequação", que decorrem justamente de uma semântica da **adequação**.[21]

Essas semânticas discursivas da pertinência e da adequação não são necessariamente associadas às presenças de um MD: muito frequentemente, uma mesma sequência pode, em função do cotexto e da situação, interpretar-se quer como enunciado "ponto de vista", quer como enunciado "adequado" (categorizante). Comparem o estatuto de "Je travaille" [Eu trabalho] em (1a) e (1b):

(1a) "Et si on allait se promener cet après midi? – Je travaille."

[E se fôssemos passear à tarde? – Eu trabalho.]

(1b) "Qu'est ce que tu fais aujourd'hui? – Je travaille."

[O que é que você vai fazer hoje? – Eu trabalho.]

Em (1a), "je travaille" é interpretado como um ponto de vista diferente daquele que é expresso pelo primeiro locutor a propósito do emprego do tempo "l'après midi" [à tarde]. Em (1b), "je travaille" categoriza a atividade prevista para o dia. No caso de (1a), "je travaille" como ponto de vista decorre de uma problemática da reformulação, que está inscrita virtualmente no fato de formular de saída (**p, p'**), enquanto que em (1b), toda problemática de reformulação está ausente. Como veremos, as palavras do discurso especificam a que título **p** é um ponto de vista (em relação com outros pontos de vista) e sobre o que se fundamenta a adequação de **p**.

O MD "ponto de vista"

Os MD que fazem parte deste subgrupo conferem a seu escopo **p** o estatuto de "ponto de vista". Na noção de ponto de vista, o elemento central é a sua dimensão plural: um ponto de vista é sempre um ponto de vista **entre outros** (cf. a expressão "examiner une situation de différents points de vue" [examinar uma situação de diferentes pontos de vista]). Sobre um estado de coisas pode haver multiplicação dos pontos de vista, sem que nenhum possa pretender exprimir o estado de coisas **R** até o fim. A esse título, a semântica do ponto de vista (em sua relação com a noção de reformulação) atualiza a propriedade que tem o "a ser dito" de não poder nunca ser dito até o fim, exaustivamente: o dizer está sempre em posição de relativo fracasso no que se refere a conseguir dizer o mundo. A noção de pertinência introduzida anteriormente é interpretada, portanto, como o fato de que **p**, enquanto ponto de vista, encontra-se numa relação "frágil" com o estado de coisas: é representado simplesmente como "tendo a ver" com o estado de coisas. Um MD ponto de vista pode, por conseguinte, ser caracterizado como segue:

- *ele especifica a sequência **p** correspondente a seu escopo como um ponto de vista;*
- ***p** é um ponto de vista distinto de um primeiro ponto de vista **q** presente no cotexto esquerdo imediato ou dado situacionalmente;*[22]
- *com base em seu conteúdo lexical, ele especifica em que **p** é um ponto de vista distinto de **q**;*
- *a introdução de **p** por meio do ponto de vista completa/corrige/desqualifica o primeiro ponto de vista **q**: **p** é apresentado como o ponto de vista de referência;*
- *qualquer que seja a alteridade em questão, os pontos de vista são cumulativos.*

Abaixo, damos dois exemplos de MD ponto de vista:

(2) "Tu as voté aux Présidentielles ? Non. **D'ailleurs** je ne vote jamais."
 [Você votou para presidente? Não. Aliás, eu nunca voto.]

170 Linguagem e enunciação

(3) "Il joue les modestes, **en réalité** il est prétentieux."
[Ele dá uma de modesto; na verdade, ele é pretensioso.]

Em (2), "d'ailleurs **p**" previne uma interpretação equivocada da resposta *não*: a minha abstenção não se deve ao fato de que se tratava da eleição para presidente. Em (3), "en réalité **p**" desqualifica a primeira proposta como aparência enganosa.

O MD "adequação"

No comentário de (1b), utilizamos o termo "categorizar" e insistimos no fato de que, nesse caso, a sequência não decorre de um trabalho de reformulação. Enquanto adequado, **p** concorre com qualquer outro dizer: em (1b), "je travaille" entra em concorrência com "je dors" [vou dormir]/"je vais à la fac" [vou à faculdade] etc. No entanto, na nossa caracterização dos MD "adequação", não conservaremos o termo "categorizar" de forma tão absoluta. Para esclarecer o que abrange, aqui, a semântica da adequação, retomaremos a definição fornecida pelo dicionário *Le Petit Robert*: "estar adequado" é **dar** (plenamente) **conta** daquilo a que estamos adequados. Assim **p** é adequado por se apresentar como dando conta do que é o caso.

Levadas em conta essas precisões, propomos a seguinte definição dos MD "adequação". Um MD "adequação":

- *especifica a sequência que corresponde a seu escopo como adequada para exprimir o que é o caso **R**;*
- ***p** adequado significa que **p** dá conta de **R**;*
- *com base no seu conteúdo lexical próprio, o MD especifica a que título e/ou em que medida[23] **p** dá conta de **R** (o termo "adequado" designa o que serve de suporte à adequação e que é dado pelo conteúdo lexical do MD).*

Consideremos dois exemplos:

(4) "Tout était **forcément** vrai puisque je n'inventais rien."
[Tudo era necessariamente verdade, já que eu não inventava nada.]

(5) "J'aurais bien voulu vous amener mon mari. **Malheureusement** il n'a pas pu venir."
[Eu bem que queria ter trazido meu marido. Infelizmente, ele não pôde vir.]

No caso de (4), **p** dá conta do estado de coisas na medida em que uma força[24] ou uma razão impõe a sua legitimidade (a proposição introduzida por "puisque" denomina essa razão). O locutor é frequentemente apresentado como alguém coagido/forçado a dizer **p**. No caso (5) (retomado de Paillard, 2007), "malheureusement" [infelizmente] especifica **p** ("il n'a pas pu venir" [ele não pôde vir]) como dando conta de **R** enquanto uma infelicidade.

Nesse momento, não é possível apresentar um levantamento para o francês dos MD "ponto de vista" e dos MD "adequação". Podemos, no entanto, considerar que as formas em "-ment" que têm o estatuto de MD decorrem do grupo dos MD "adequação". Como dissemos, a pertença de uma unidade a um ou outro grupo ou subgrupo de MD repousa na distribuição do termo e na semântica discursiva que ele convoca (no caso dos MD "ponto de vista", a interpretação da sequência do cotexto esquerdo como primeiro ponto de vista é um indício bastante fiável). O nosso estudo do MD russo "pravda"[25] mostra que uma mesma unidade pode ser objeto de uma semântica do ponto de vista e da adequação:

(6) "On ne priexal. **Pravda,** on byl bolen.
     Il n'est pas venu. Il est vrai qu'il était malade."
     [Ele não veio. É fato que ele estava doente.]

(7) "On pravda priexal?
     C'est vrai qu'il est venu?" (pergunta de confirmação)
     [É verdade que ele veio?]

Em (6), a sequência **p** ("il était malade") completa o ponto de vista expresso pela sequência precedente, apresentando-o como algo que ignora um elemento essencial da situação. Em (7), "pravda" decorre de uma semântica da verificação: a pergunta visa a determinar se **p** dá conta de **R** como sendo de ordem do confirmado.

Fora o caso ilustrado por "pravda", observamos para uma língua como o francês a existência de um número não negligenciável de bases lexicais que dão lugar a dois MD, um do tipo "ponto de vista", o outro do tipo "adequação": podemos dar como exemplos os pares "effectivement" (adequação)/ "en effet" (ponto de vista), "réellement" (adequação)/"en réalité" (ponto de vista).[26] Ainda aqui, a diferença entre os membros do par situa-se menos na semântica da base que no modo de determinação, pelo MD, de **p** no âmbito da cena enunciativa.

Identidade e variação das palavras do discurso

Na definição anteriormente proposta para os MD "ponto de vista" e os MD "adequação", fizemos interferir o conteúdo lexical da unidade (ou da locução) que corresponde ao MD. Essa consideração do conteúdo lexical do MD significa que se reivindica uma continuidade semântica entre os diferentes estatutos categoriais que essa unidade pode adquirir. Para os MD "ponto de vista", a semântica da palavra especifica a alteridade de **p** em relação ao primeiro ponto de vista **q**; para os MD "adequação", ela define a natureza do que fundamenta a adequação de **p**.[27] Ao mesmo tempo, a caracterização do MD não se limita à consideração do conteúdo lexical da unidade em questão: sua identidade semântica leva também em conta o tipo de semântica discursiva posta em jogo (ponto de vista, adequação…). Além disso, a identidade semântica deve ser considerada numa relação estreita com as propriedades que definem a distribuição de um ou outro grupo de MD, de modo que possamos observar uma variação/deformação da semântica do MD (cf. acima os dois exemplos com "forcément", que mostram que o lugar do MD na sequência, bem como a sua autonomia ou não no plano prosódico, trazem consequências para o plano interpretativo).

O problema da identidade semântica relacionado à sua variação/deformação em função das propriedades distribucionais reencontra o problema da polissemia/polifuncionalidade dos MD. Para nós, a diversidade dos empregos e valores de um MD decorre, de um lado, de princípios regulares de variações relacionados às propriedades distribucionais. No caso dos MD palavras do discurso, destacamos três planos regulares de variação. O qualificativo "regulares" significa que esses planos de variação são definidos, independentemente da consideração da semântica dos referidos MD, com base em critérios explícitos, apresentados resumidamente a seguir (para uma apresentação sistemática, cf. Franckel, Paillard).[28]

Plano de variação vinculado à autonomia/não autonomia prosódica do MD[29]

No plano prosódico, o MD pode (não autonomia) ou não (autonomia) ser integrado à sequência que corresponde a seu escopo (na escrita, a autonomia tende a ser marcada pela colocação entre vírgulas do MD). Com base nesse critério, podemos identificar três configurações discursivas: A (não autonomia), B (autonomia), C (o critério é não relevante: empregos retóricos). A natureza da determinação sustentada pelo MD não é a mesma conforme haja ou não autonomia:

- no caso da não autonomia, o MD confere um estatuto discursivo à sequência selecionada para exprimir o estado de coisas **R**: seleção de **p** e determinação discursiva correspondem a dois momentos distintos: é o MD que faz com que **p** aceda ao estatuto de dizer.

Configuração A

(8) "Le directeur sera là demain à partir de 11 heures. Le lendemain, le directeur arriva **effectivement** à 11 heures précises."

[O diretor estará aqui amanhã a partir de 11 horas. No dia seguinte, o diretor chegou efetivamente às 11 horas em ponto.]

- no caso da autonomia, seleção de **p** e estatuto discursivo são inseparáveis. É, de certo modo, o MD que preside, à sua maneira, a seleção de **p**. Frequentemente, **R** já está presente no contexto esquerdo e **p** é uma outra maneira de dizer **p**; o que conta é, sobretudo, "como dizer **R**".

Configuração B

(9) "Après de rageuses discussions, M. Mazerelles semblait s'être résigné à ce que son fils n'achevât pas son droit: **en réalité**, il cherchait à gagner du temps."

[Após calorosas discussões, Sr. Mazerelles parecia estar resignado com o fato de seu filho não terminar seu curso de direito: ele procurava, na verdade, ganhar tempo.]

As configurações A e B correspondem a dois modos de interação entre o MD e a sequência que consiste em seu escopo. A terceira configuração (C) visa a considerar os casos em que o MD está em uma relação de exterioridade com a sequência:[30] ele apresenta-se como uma escansão discursiva, próxima, às vezes, do tique verbal, como observamos abaixo:

(10) "(chez le quincailler) – Ce sera ? – Un cadenas et des pitons pour y faire tenir. **Forcément**, on m'a encore volé un lapin cette nuit. Alors, **forcément**, si on me vole un lapin toutes les nuits, **forcément que** j'en aurai bientôt plus..."

[(na quinquilharia) – O que vai ser ? – Um cadeado e elos para prendê-lo. Inevitavelmente, mais uma vez me roubaram

174 Linguagem e enunciação

um coelho esta noite. Então, inevitavelmente, se me roubam um coelho todas as noites, é inevitável que, em breve, terei mais surpresas...]

Plano de variação relacionado à posição do MD em relação à sequência.
É possível distinguir quatro posições: inicial, mediana remática, final, mediana não remática (esta última posição mantém relações estreitas com os empregos ditos retóricos). De acordo com a posição do MD, a sequência encontra-se em relação de alteridade mais ou menos forte com o contexto esquerdo:

- a posição inicial é uma posição de alteridade fraca: a sequência **p** apresenta-se como o prolongamento daquilo que precede:
  (11) "Je ne parvenais pas à croire que ce singe pût nous attaquer. -non; mais peut-être nous tenir tête... et **effectivement** il fait deux pas vers nous."
  [Eu não conseguia acreditar que esse macaco pudesse nos atacar. -não; mas talvez enfrentar-nos... e efetivamente ele dá dois passos em nossa direção.]
- a posição mediana remática é uma posição de alteridade forte: a sequência **p** marca uma ruptura com o contexto esquerdo que, *a priori,* evoca uma sequência outra que **p**:
  (12) "– Tu crois ses histoires ? – Il a **forcément** raison."
  [Você acredita nas suas histórias? – Ele tem inevitavelmente razão.]
- a posição final é uma posição fora de alteridade: linearmente o MD está posposto a seu escopo **p** e o especifica "retroativamente", o que significa que ele não interfere no contexto esquerdo:
  (13) "– Et Jacques ? – Il n'est pas venu à la réunion, **heureusement**."
  [– E Jacques ? Ele não veio na reunião, felizmente.]

Relação entre o conteúdo proposicional de p e de q (sequência do cotexto esquerdo).
Também aqui distinguiremos três casos: **p** e **q** são co-orientados; **p** decorre de uma orientação oposta da de **q**; não há relação *a priori* no plano nocional entre **p** e **q** (a relação se estabelece no discurso). Nos dois primeiros casos, é possível definir uma relação entre **p** e **q** independentemente do MD, enquanto que, no terceiro caso, o pôr em relação repousa essencialmente na presença do MD.

- coorientação:
  (14) "Je viendrai. **D'ailleurs**, cela me fait plaisir."
  [Eu virei. Aliás, com prazer.]
- orientação oposta: cf. exemplo (12)
  (15) "– Paul est de nouveau absent, il exagère! – Il est **réellement** malade, tu sais."
  [– Paul faltou outra vez, ele está exagerando! – Ele está realmente doente, sabe.]
- posto em relação no discurso:
  (16) "L'ombre d'une interminable discussion théorique s'abattit sur la terrasse. J'en connaissais trop l'inutilité. **D'ailleurs**, la page des sports du Havre Libre traînait sur la table."
  [A sombra de uma interminável discussão teórica se abateu sobre a varanda. Eu bem sabia de sua inutilidade. Aliás, a página de esportes do Havre Libre estava jogada sobre a mesa.]

Cada um desses três planos de variação se relaciona a efeitos semânticos específicos. Eles permitem definir a parte regular da polissemia do MD.[31] A combinação desses três planos dá, em tese, vinte e sete casos possíveis (o que de modo algum significa que, para um MD, esses vinte e sete casos sejam efetivamente realizados). Essa abordagem da polissemia dos MD que associa identidade semântica estável e princípios de variação parece-nos muito mais flexível e controlável que as abordagens que associam diretamente ao MD um certo número de valores sem esclarecer o que é estável e o que decorre de uma variação.[32]

Os modalizadores[33]

Esta segunda subclasse reagrupa os marcadores cuja semântica reside numa modalização do dizer que corresponde a "**p** é o caso". Acima, definimos "**p** é o caso" como o produto de um cálculo que associa uma sequência linguística (de natureza variável: palavra isolada, sintagma, proposição) a um estado de coisas ("o que é o caso", notado **R**). Por modalização, é necessário compreender o fato de não haver validação de "**p** é o caso": observamos uma forma de opacidade ("brouillage") da relação, resultante de uma autonomia (mais ou menos grande) conferida aos dois termos da relação: **p** e **R**. Esse efeito

176 Linguagem e enunciação

de opacidade pode ser vinculado mais diretamente a um estatuto específico de **p**, a um estatuto específico de **R** ou ainda a um estatuto específico da relação entre **p** e **R**, sendo possível distinguir três grupos de MD:[34]

- **p** é de ordem do fictício e a sua relação com **R** não é definível (fora de validação).

   (17) "– Nož, kriknul Filipp Filippovič. Nož vskočil emu v ruku **kak by** samo soboj."

   "– Couteau, cria F. F. Le couteau bondit dans sa main **kak by** ('on aurait dit') de lui même."

   [Faca, gritou F. F. A faca voou da sua mão, como se viesse dele próprio.]

   A semântica de "kak by" pode ser definida a partir dos seus dois componentes: "Kak" significa que provocamos um curto-circuito no cálculo sobre p, p': **p** é apresentado como um termo "externo" que exprime **R** apenas **por analogia** (cf. o emprego "kak" em certas construções comparativas: "on rabotaet **kak** sumasšedšij" "il travaille **comme** un fou" [Ele trabalha como um louco]: a forma como "ele" trabalha é definida indiretamente em referência a um padrão apresentado como representativo de uma maneira de trabalhar). Quanto à partícula "by" (que serve especialmente para formar o condicional), esta especifica **p** como proveniente do fictício, o que significa que a sua relação com **R** não é calculável.

- **R** ("o que é o caso") oculta-se ou é dificilmente/parcialmente acessível: **p** é apenas uma aproximação de **R**.[35]

   (18) *"Ja stal neoxotno slušat': èto bylo čto-to **vrode** lekci.ï"*

   "Je me suis mis à écouter: c'était quelque chose **vrode** ('genre') conférence."

   [*Eu me pus a escutar: era algo **vrode** (do tipo) conferência.*]

- **p** é selecionado como exprimindo **R,** mas a validação da relação de **p** com **R** é suspensa.

   (19) "Čto ty valjaešsja, **budto** tebe i na rabotu ne nado."

   "Qu'as-tu à traîner comme çà, **budto** ('à croire que') tu ne dois pas aller au travail."

   [Por que você tem que enrolar assim? (Até parece que) você não precisa ir para o trabalho.]

A suspensão da validação de **p** significa, aqui, que So questiona a pertinência de **p** como prolongamento do que é constatado na sequência esquerda (o comportamento do interlocutor).

Além disso, existe uma série de locuções formadas a partir de "vrode" e "budto" com auxílio de "kak" (como para *kak by* **p** está fora de cálculo) e/ou de "by": cf. "vrode kak", "vrode by",[36] "kak budto",[37] "budto by" e "kak budto by".

As partículas enunciativas

O termo *partículas*, às vezes, é utilizado como um termo genérico para designar os MD (cf. o título da obra já citada, *Approaches to discourse particles*, ou ainda o título do número do *Belgian Journal of Linguistics*, 16, consagrado aos MD). Nós o empregamos aqui para designar uma subclasse de MD que possui uma semântica particular: as partículas não participam da especificação de **p** como uma maneira particular de exprimir **R**. Elas especificam **p** do ponto de vista de sua relação com **p'**: em outros termos, elas trabalham a alteridade **p/p'**. Essa subclasse é relativamente bem identificada em russo e coincide mais ou menos com o que, na tradição gramatical russa, já é designado como "časticy" ("partículas"). Do mesmo modo, em alemão, correspondem ao que é designado pelo termo "Abtonungspartikeln".[38] Em compensação, para o francês, em que a noção de partícula encontra-se fora da tradição e da terminologia gramatical, o levantamento dos MD que têm o estatuto de partículas resta a ser feito.[39] Daremos aqui três exemplos emprestados do russo que põem em jogo as partículas "už", "ved'" e "bylo" (sobre a distribuição dessas partículas, remetemos a Bonnot, Kodzassov):[40]

(20) "– Prideš' ? – Da už pridu."

"– Tu viens ? – Oui je viens (à contre-cœur)."

[– Você vem? – Sim, vou (a contragosto).]

(21) "Čto ty tam sidiš' celye dni. Ty im mešaes'. **Ved'** Saša tjaželo bolen."

"Qu'as-tu à rester là-bas des journées entières. Tu les gênes. **Ved'** Sacha est gravement malade."

[Por que você tem que ficar lá dias inteirinhos? Você os incomoda. **Ved'** Sacha está gravemente doente.]

(22) "Ja sejčas že podnjalsja ('se lever') **bylo**, čtoby na kuxnju idti, no njanjuška govorit : "Ne uxodi, Ivan Golovanyč"."

178 Linguagem e enunciação

"J'ai tout de suite voulu me lever **bylo** pour aller à la cuisine, mais la nounou m'a dit : "Ne t'en va pas, Ivan Golovanytch".[41]

[Eu quis imediatamente me levantar **bylo** para ir à cozinha, mas a babá me disse: "Não vá, Ivan Golovanytch".]

"Už" especifica **p** como indiscutível (sendo **p'** assimilado "ao discutível"): **p** é especificado como livre de qualquer forma de alteridade do qual **p'** seria/poderia ser o suporte. Em outras palavras, **p** é apresentado como incorporando **p'**, apresentado como não tendo (ou não tendo mais) pertinência (essa incorporação de **p'** em **p** é bem demonstrada pela fórmula de Jean Luc Godard: "dans impossible il y a possible" [no impossível, há possível]). Em (20), "venir" [vir] é indiscutível no sentido de que So renunciou a discutir **p**, o que significa que, para ele, **p** é *a priori* discutível: So não desejava vir, vem apenas porque não pode escolher.[42]

"Ved'"[43] confere a **p** o estatuto de um saber objetivo, em relação ao qual a única exterioridade é a ignorância (**p'**). O recurso ao "**p**-saber" é um meio de ultrapassar um conflito ou um equívoco presente no contexto esquerdo: a posição primeiramente adotada por S1 é apresentada como indicadora da ignorância de **p.** Uma vez introduzido esse "**p**-saber", a posição inicial ocupada por S1 é representada como não sendo mais sustentável.

"Bylo"[44] significa que, no que se refere ao processo, temos a coexistência (ordenada) de **p e p'**: de um lado "levantar-se", de outro, "não se levantar"; os dois valores são atualizados, mas de maneira ordenada um em relação ao outro, e é o segundo valor que é validado.

As palavras do dizer

Esta designação é emprestada da tese de E. Khatchaturian,[45] que descreve quatro MD do francês e do russo formados com o verbo "dire" ("skazat'" em russo): "pour ainsi dire" [por assim dizer], "disons" [digamos], "tak skazat'" (litt. 'ainsi + dire') e "skažem" ("disons").

Propomos utilizar esse rótulo para designar um conjunto mais vasto de MD. O elemento comum consiste na manifestação de um "hiato" entre a sequência **p** e o que designamos anteriormente como um "querer dizer", que possui um modo de presença autônomo (não é o querer dizer associado a **p**,[46] o que dá um dizer "clivado"). De acordo com a natureza e o estatuto desse "querer dizer", é possível distinguir diferentes casos:

Marcadores discursivos e cena enunciativa **179**

- "pour ainsi dire" [por assim dizer], "tak skazat": certas palavras que formam o enunciado (o escopo desses marcadores é local) são apresentadas como autônomas em relação ao "querer dizer" subjetivo que fundamenta o dizer: o "querer dizer" dessas palavras é apresentado como não sendo plenamente adequado (os efeitos de sentidos vão da utilização metafórica da palavra a diferentes efeitos retóricos: atenuação ou, ao contrário, o exagero).

(23) "Deux nouveaux nés dans la presse. Et **pour ainsi dire** jumeaux." [Dois recém-nascidos na imprensa. E gêmeos, por assim dizer.]

(24) "J'ai, **pour ainsi dire**, une âme littéraire."
[Tenho, por assim dizer, uma alma literária.]

(25) "Vy čto – dejstvitel'no p'jany ? – My rezvilis', Igor' Dimitrievič. Šutili drug s drugom, **tak skazat'**."
"Vous êtes effectivement ivres ? – On faisait les fous, Igor Dmitrievic. On plaisantait entre nous, **tak skazat'**."[47]
[Vocês estão bêbados de fato? – Nós dávamos uma de loucos, Igor Dmitrievic. Nós brincávamos entre nós, **tak skazat'**.]

- "disons" [digamos], "skažem": uma parte das palavras que formam o enunciado (como no caso precedente, o escopo desses marcadores é local) é apresentada como um "dizer de compromisso"/"dizer sob toda e qualquer reserva"/"dizer em suspenso"/"dizer a compartilhar"; no prolongamento do fato de que esses marcadores correspondem ao imperativo 1ª pessoa do plural dos verbos "dire" e "skazat'", o fragmento de **p**, que corresponde ao escopo do marcador, é posto em relação com duas posições subjetivas da cena enunciativa. No âmbito do enunciado do qual faz parte, **p** apenas é visado por So; por essa razão, ele é validável, mas não validado. A sua validação fica em suspenso.

(26) "Alors on se retrouve demain à la fac, **disons** à 10 heures."
[Então, a gente se encontra amanhã na faculdade, digamos, às 10 horas.]

(27) "A vy mne ne skažete, otkuda vy uznali pro èti listki i pro moi mysli ? – Ne skažu, suxo otvetil Azazello. – No vy čto-nibud' znaete o nem?, umoljajušče šepnula Margarita. – Nu, **skažem**, znaju."

180 Linguagem e enunciação

"– Pourriez vous me dire d'où vous tenez ce que vous savez à propos de ces feuilles et de mes pensées ? – Je ne vous le dirai pas, dit Azazello sèchement. – Mais est-ce que savez quelque chose sur lui?, chuchota Marguerite d'un air suppliant. – Eh bien, **skažem**, je sais quelque chose."

[... Mas você sabe alguma coisa sobre ele?, sussurrou Marguerite com um ar suplicante. – Bem, **skažem**, sei alguma coisa.]

- "mol", "deskat'": **p** é apresentado como o pôr em palavras de um "querer dizer" de um sujeito Sx outro que o locutor (esse "querer dizer" pode estar presente contextualmente sob a forma de um gesto, como em (26)). Esses dois marcadores são etimologicamente derivados de "*verba dicendi*".

(28) "Devuška otvetila suxo I nejtral'no: **mol**, ej voobšče vse ne nravitsja."*

"La fille répondit d' un ton sec et neutre: voulant dire par là que **(mol)**, de façon générale rien ne lui convenait."

[A moça respondeu em um tom seco e neutro: querendo dizer com isso **(mol)**, de modo geral, [que] nada lhe convinha.]

(29) "Dokumenty na usynovlenie ona podavala četyre raza i vse četyre raza ej otkazyvali: **deskat'**, vy so svoej rabotoj ne smožete obespečit' mal'čiku nadležaščie uslovija žizni."

"Elle avait déposé à quatre reprises une demande d'adoption et à quatre reprises on avait rejeté sa demande: traduction (**deskat'**): avec votre emploi vous ne pouvez pas garantir à l'enfant des conditions de vie convenables."

[Ela tinha entregado quatro vezes um pedido de adoção e quatro vezes rejeitaram seu pedido: tradução (**deskat'**): com seu emprego você não pode garantir à criança condições de vida adequadas.]

A diferença entre "mol" e "deskat'" se dá pelo fato de que *mol* significa que as palavras utilizadas pelo locutor estão no espaço do "querer dizer" de Sx, enquanto que *deskat'* significa que **p** é uma interpretação-tradução por parte de So, sem que nada garanta o fato

---

* N. dos orgs.: Os exemplos (28) e (29) foram fornecidos pelo próprio autor em substituição aos exemplos que constam do original.

de que essa interpretação seja fiel ao "querer dizer" (as palavras são aquelas de So). Essa diferença traduz-se no plano prosódico por uma entonação sem alterações no caso de "mol" (prosódia característica das sequências intercaladas) e por uma entonação marcada no caso de "deskat'" (o pôr em palavras é um desafio: So compromete-se pela formulação do "querer dizer").

- – "Jakoby": **p** é um dizer de fora "incrustado".

(30) "Ty zvonil na zavod, gde on **jakoby** rabotaet? – Počemu **jakoby**? Rabotaet."

"As-tu téléphoné à l'usine où **jakoby** ('soit disant') il travaille? Pourquoi **jakoby** ? Il y travaille (effectivement)."

[Você telefonou à usina onde (supostamente) ele trabalha? Por que **jakoby**? Ele trabalha lá (de fato).]

"Jakoby" (traduzido geralmente por 'soit disant' [supostamente]) assinala a presença de um dizer de fora, como incrustado no dizer que corresponde ao enunciado: na cena enunciativa, ele remete a uma posição subjetiva outra que a de So, que se distancia desse dizer. Esse dizer apresenta-se como um outro dizer relativo ao estado de coisas em jogo, no sentido em que ele constrói um outro valor referencial. No plano prosódico, a sequência que corresponde ao escopo de "jakoby" é caracterizada normalmente por uma prosódia marcada, característica das citações (remete-se ao dizer de um outro) e vinculada à alteridade de posições postas em jogo. Notemos também que, diferentemente de "mol" e "deskat'", "jakoby" nunca é autônomo em relação a seu escopo.

- mediativo.

Vimos que com "mol" e "deskat'", **p** é a tradução-interpretação de um outro querer + dizer. Em Paillard (2007), avançamos a hipótese de que é possível dar conta, em termos comparáveis, de um outro conjunto de dados agrupados sob o rótulo de mediativo.[48] Do nosso ponto de vista, com o mediativo, **p** traduz/interpreta um "querer dizer" do mundo. Retomamos aqui o exemplo emprestado da comunicação de Z. Guentcheva no Colóquio "La prise en charge" (Antuérpia, janeiro de 2007). O "querer dizer" do mundo apresenta-se (situacional ou contextualmente) sob a forma de indícios.

(31) "aman-a **nipe** rak o-kyt" Kamayura, Haut Xingu, Brésil
"pluie Ntr Att 3 pleuvoir"

182 Linguagem e enunciação

"Il a dû pleuvoir (indices : la route est mouillée, il y a des branches et des feuilles par terre)"
[Deve ter chovido (indícios: a estrada está molhada, há galhos e folhas no chão)]
p apresenta-se como um enunciado que materializa um querer dizer **externo** (o do mundo) que, ao contrário dos casos já vistos, não é formulável: **p,** nesse caso, equivale a dar uma forma linguística a esse querer dizer, o que, por definição, equivale a interpretá-lo (esse trabalho de interpretação faz-se de acordo com modalidades variáveis).

Conclusão

O formato unitário de descrição dos MD que propomos permite, a nosso ver, transpor um certo número de dificuldades evocadas anteriormente. A tipologia dos MD que propomos leva em conta a heterogeneidade dos MD, repetidamente destacada. Em relação à noção de cena enunciativa, essa heterogeneidade é analisada como o que remete a diferentes tipos de determinações que intervêm na construção de um dizer.

Artigo originalmente publicado em *Connecteurs discursifs*, Presses Universitaires de Rouen, pp. 13-39.

Notas

[1] K. Fisher (ed.), "Approaches to discourse particles", *Studies in Pragmatics 1*, Elsevier, 2006.

[2] Encontramos no capítulo introdutório da obra já mencionada numerosas ilustrações dos pontos que levantamos. E as 23 contribuições reunidas, apesar da vontade de adotar um formato que permita a comparação das abordagens, são o testemunho dessa proliferação/divisão.

[3] S. Bruxelles et alii, "*Justement*, l'inversion argumentative", *Lexique 1*, Lille, PUL, 1982, pp. 151-54.

[4] M. Haspelmath, "Indefinite pronouns", *Oxford Studies in Typology and Linguistic Theory*, Oxford, Oxford University Press, 2000, pp. 7-8.

[5] Na realidade, o status de MD de um grande número de unidades em "–ment" não é reconhecido por um grande número de autores, que consideram que se trata unicamente de advérbios frasais (Cf. C. Molinier; F. Levrier, *Grammaire des adverbes: description des formes en* -ment, Genève, Droz, 2000; O. Bonami; D. Godard, "Lexical semantics and pragmatics of evaluative adverbs", *Adjectives and Adverbs in Semantics and Discourse*, Oxford, Oxford University Press, 2006; D. Amiot; n. Flaux, "*Naturellement* en position détachée", *Les constructions détachées: entre langue et discours*, Arras, Artois Presses Université, Etudes linguistiques, 2007, pp. 171-188), inclusive no caso daqueles que, em francês contemporâneo, têm apenas

Marcadores discursivos e cena enunciativa 183

empregos discursivos. Para uma discussão detalhada desse assunto, J.-J. Franckel, D. Paillard, "Mots du discours: adéquation et point de vue. L'exemple de *réellement, en réalité; en effet, effectivement*", *Estudos Linguísticos/Linguistic Studies*, Lisboa, Ed. Colibri, 2008, pp. 255-74.

[6] G. Andersen, "The pragmatic marker like from a relevance-theoretic perspective", *Discourse markers: descriptions and theory*, Amsterdam, John Benjamins, 1998, pp. 147-70.

[7] O estudo de "d'ailleurs" [a propósito, aliás] já tinha levado O. Ducrot et alii (*Les mots du discours*, Paris, Minuit, 1980) a questionar sua concepção de argumentação e a desenvolver a noção de polifonia.

[8] No âmbito deste artigo, vamos nos limitar às línguas francesa e russa.

[9] Para o russo: K. Kisseleva, D. Paillard (eds.), *Diskursivnye slova. Opyt kontekstno-semantičeskogo analiza* ('les mots du discours: essai d'analyse sémantico-contextuelle'), Moskva, Metatekst, 1998; K. Kisseleva, D. Paillard (eds.), *Diskursivnye slova russkogo jazyka. Kontekstnoe var'irovanie i semantičeskoe edinstvo* ('Les mots du discours du russe. Variation contextuelle et identité sémantique'), Moskva, Russkie Slovari, 2003; D. Paillard, "Discourse words in Russian", *Sprache und Datenverarbeitung*, 30.1, Bonn, 2006, pp. 69-81. Para o francês, J.-J. Franckel, D. Paillard, op. cit.

[10] Para uma apresentação mais sistemática, cf. D. Paillard, "Pour une approche (très) critique de la notion de prise en charge", texto da comunicação apresentada no Colóquio de Antuérpia (janeiro de 2007).

[11] Insistimos uma vez mais no fato de que esse querer dizer não designa a intenção do sujeito: é ele que convoca a expressão "Tu vois ce que je veux dire par là?" [Vê o que eu quero dizer com isso?] (a confrontar com a impossibilidade "Tu vois ce que je dis là?" [Vê o que estou dizendo aqui?]). N. dos orgs. Em português, encontramos mais facilmente *Entende o que estou dizendo aqui?* do que *Vê o que estou dizendo?*

[12] A. Culioli, "Heureusement!", *Saberes no tempo – Homenagem a Maria Henriqueta Costa Campos*, Lisboa, 2001, pp. 279-84.

[13] Encontramos aqui a noção *behauptende Kraft* de G. Frege.

[14] O componente subjetivo da cena enunciativa não remete mais ao indivíduo – locutor: ele corresponde a diferentes "posições" enunciativas que definem o espaço intersubjetivo: (So → (S'o) → S1): duas posições polarizadas (enunciador: So e coenunciador: S1) e uma posição compartilhada, ao mesmo tempo espelho do enunciador e imagem do coenunciador (para o enunciador). De acordo com as determinações (incluída aqui a ordem prosódica) que intervêm na construção do enunciado, privilegiaremos uma ou outra posição, ou ainda, ativaremos várias posições, assimiláveis aos "pontos de vista".

[15] É possível estender este esquema à interrogação: não seleção de **p** ou **p'** (So), à injunção: **p** é visado (So), mas a sua validação está em espera: **p, p'** (S1) e à exclamação: **p** é tomado fora de qualquer alteridade (incluída a ordem subjetiva).

[16] Temos consciência do caráter metafórico do termo "brouillage" [opacidade]: abaixo tentaremos destacar os fenômenos em jogo.

[17] E. Khatchatourian, *Les mots du discours formés avec dire/skazat' en français et en russe*, Tese de doutorado em Sciences du langage, Université de Paris 7, 2006, 278p.

[18] O. Bonami; D. Godard, op. cit.

[19] O termo sequência é utilizado para significar que o escopo de um MD é profundamente variável: a sequência pode ser uma palavra, um sintagma, uma proposição, um enunciado; além disso, a distinção "tema/rema" é pertinente para a definição do escopo de um MD. Para uma discussão sistemática dos problemas relacionados ao escopo de um MD, ver C. Bonnot, "La portée des mots du discours: essai de définition sur l'exemple du russe moderne", *Cahiers de linguistique de L'INALCO*, 4, Paris, INALCO, 2002, pp. 9-30.

[20] K. Kisseleva, D. Paillard (eds.), 1998, op. cit.

[21] A escolha do termo "adequação" repousa em uma crítica da vericondicionalidade. Sobre este ponto, ver "Modos de presença do outro", nesta obra.

[22] A sequência que corresponde a **q** não é em si um ponto de vista: é **p**, explicitamente introduzido como ponto de vista, que lhe confere retroativamente o estatuto de primeiro ponto de vista sobre **R**.

[23] Esse ponto é crucial: a noção de adequação, se não é relativa, não é também absoluta. É uma das razões pelas quais a escolhemos no lugar da de "verdade". Assim, pode ser, tomado como MD "adequação", fundamenta uma adequação "probabilista".

184   Linguagem e enunciação

[24] Ver N. Danjou Flaux, M.-N. Gary-Prieur, *"Forcément* ou le recours à la force dans le discours"*, Modèles linguistiques*, III, 1, Lille, PUL, 1981, pp. 54-111.

[25] D. Paillard, "Les mots du discours: identité et variation", *Cahiers de linguistique de L'INALCO*, Paris, INALCO, 2002, pp. 31-47.

[26] No caso do russo, podemos citar *voobšče* (adequação) / *v obščem* (ponto de vista), ambos formados a partir do adjetivo *obščij* "comum": *voobšče* surge de uma semântica da generalização, v obščem de uma semântica da globalização. Cf. D. Paillard, 2006, op. cit., e K. Kisseleva; D. Paillard, *"Voobšče i v obščem"*, manuscrito, 2007 (a ser publicado).

[27] As formulações propostas (especialmente pelo exemplo com *malheureusement*) deverão ser retomadas e esclarecidas.

[28] J.-J. Franckel, D. Paillard, op. cit.

[29] Sobre a noção de autonomia, cf. C. Bonnot; S. Kodzassov, "L'emploi des mots du discours en position détachée et non détachée (sur l'exemple de *dejstvitel'no*)", *Russkij jazyk: peresekaja granicy*, Dubna, 2001, pp. 28-42, e, em outra perspectiva, D. Amiot, n. Flaux, *"Naturellement* en position détachée", *Les constructions détachées: entre langue et discours*, Arras, Artois Presses Université, Etudes linguistiques, 2007, pp. 171-88.

[30] Nos dados que surgem deste caso, é frequentemente difícil identificar o valor exato do MD. Nos trabalhos de certos pesquisadores russos, esses empregos são descritos como "parasitas" (encontramos igualmente o termo "pontuantes" para tratar desses empregos). Do nosso ponto de vista, esses empregos não significam, de modo algum, a dessemantização do MD.

[31] A essa parte regular é necessário acrescentar o que remete a fatores vinculados especificamente a um ou outro enunciado, que se trate do léxico ou ainda de determinações situacionais (pragmáticas).

[32] Sobre esse ponto, discordamos das críticas que formula Moosegard Hansen, em diferentes trabalhos, contra aqueles que defendem a hipótese de que um MD tem uma identidade semântica presente em todos os seus empregos. Além disso, a fragmentação do marcador em diferentes valores não permite ver o que decorre do próprio marcador e o que é ação do cotexto.

[33] Por razões de espaço, mas também porque a reflexão encontra-se menos avançada, a apresentação das três outras subclasses de MD limita-se à explicitação de sua semântica e, eventualmente, à apresentação de diferentes grupos de marcadores.

[34] Tomamos como exemplo marcadores do russo (ainda não identificamos os eventuais marcadores de modalização para o francês).

[35] Aparentemente, "like", em inglês, apresenta propriedades comparáveis, cf. G. Andersen, op. cit.

[36] Ao contrário de "vrode", cujo escopo é geralmente local, o escopo de "vrode by" e "vrode kak" pode ser toda a relação predicativa.

[37] Comparar o exemplo seguinte com "kak budto" ao exemplo (19), em que se tem "budto" sozinho (a primeira parte é idêntica): "Čto ty valjaešsja, **kak budto** triagem dnja spal" "Qu'as-tu à (te) traîner comme çà, **kak budto** tu n'avais pas dormi depuis trois jours". [Por que você tem que enrolar assim, **como se** não conseguisse dormir há três dias?]

[38] *As invariantes difíceis* (4 volumes). Universidade de Metz.

[39] Com base nos trabalhos de A. Culioli, PLG I, 1990, e P. Perroz, *Systématique des valeurs de* bien, Genève, Librairie Droz, 1991, "bien", em enunciados como "On achève bien les chevaux (pourquoi pas les hommes)" [Bem que se matam cavalos (por que não os homens)], pode estar ligado a um funcionamento particular.

[40] C. Bonnot; S. Kodzassov, "Semantičeskoe var'irovanie diskursivnyx slov i ego vlijanie na linearizaciju i intonirovanie (Na primere častic že i ved'", *Diskursivnye slova. Opyt kontekstno-semantičeskogo analiza* ('les mots du discourse: essai d'analyse sémantico-contextuelle'), Moskva, Metatekst, 1998, pp. 382-442.

[41] Exemplo tirado de T. Bottineau, *La particule* bylo *en russe moderne: essai d'approche énonciative*, Tese de doutorado em Sciences du langage, INALCO, 2005, 420p., p. 165.

[42] No plano prosódico, a realização de "da už" é foneticamente reduzida (antiênfase) e "pridu" leva um acento contrastivo, opondo 'venir' [vir] a 'ne pas venir' ['não vir'], valor de referência para So.

[43] Ver D. Paillard, "Le partage du savoir ou l'ignorance n'est pas un argument. A propos de *ved*'". *Les particules énonciatives en russe contemporain I*, Université de Paris 7 et Institut d'Études Slaves, 1986, pp. 89-124, bem como C. Bonnot; S. Kodzassov, 1998, op. cit.

[44] Sobre "bylo", pode-se remeter à tese de T. Bottineau, op. cit., de onde é tirado o exemplo (22).

[45] E. Khatchatourian, 2006, op. cit.

[46] Ver acima a definição do *dizer* como associação de um enunciado e de um "querer + dizer".

[47] Estes exemplos são tirados da tese de E. Khatchatourian, op. cit. Deixemos claro que "pour ainsi dire" é sobretudo utilizado na escrita, enquanto "tak skazat" é extremamente frequente no oral. De acordo com Khatchaturian, essa diferença de registro e de interpretação explica-se por uma diferença semântica entre "dire" e "skazat'".

[48] O termo "mediativo" é utilizado igualmente para descrever unidades como "mol" e "deskat'".

Da cor das preposições em seus empregos funcionais

Jean-Jacques Franckel
Denis Paillard

A maioria dos trabalhos consagrados às preposições trazem à tona um recorte mais ou menos nítido – e contestado – entre, de um lado, os seus empregos espaciais e temporais, de outro, seus empregos "funcionais", relacionados à recção verbal. Nessa perspectiva,[1] os empregos espaciais são apresentados como aqueles em que a semântica preposicional manifesta-se plenamente. Ao contrário, os empregos relacionados à recção verbal são considerados, na maioria das vezes, como provenientes de uma dessemantização das preposições. Essa dessemantização intervém em graus e sob formas variáveis, não somente de uma preposição à outra, mas também para uma mesma preposição com o mesmo verbo.[2] É assim que, reduzidas ao estatuto de "palavra ferramenta" a serviço do verbo, as preposições "a, de, em" são comumente descritas como "incolores". Outra faceta da dessemantização postulada: existem, entre verbo e preposição, casos de "construção fixa" (V + Prep formando um "idiomatismo"), dos quais "compter sur" em "Paul compte sur Jacques pour faire avancer les choses" [Paulo conta com Jacques para fazer as coisas avançarem] é um exemplo frequentemente mencionado na literatura. Outras preposições conservam algumas "cores" semânticas de acordo com os verbos (e os autores) sem que os critérios sejam verdadeiramente explicitados. Enfim, essa imprecisão referente ao estatuto das preposições em sua relação com o verbo não deixa de estar vinculada à distinção entre argumentos preposicionais e adjuntos. Para os adjuntos que têm um valor espacial, a preposição é considerada como conservando sua semântica. Mas a fronteira entre os argumentos preposicionais e os adjuntos não coincide com a estabelecida entre preposição no sentido pleno e preposição "dessemantizada", e alguns grupos

188 Linguagem e enunciação

preposicionais (GPrep) com valor locativo são descritos como argumentos preposicionais, como nos exemplos: "la porte donne sur la plage" [a porta dá para a praia] ou ainda "Paul tire le bateau sur la plage" [Paul puxa o barco (da água) para a praia/Paul arrasta o barco pela praia].[3]

Propomo-nos a tratar do problema dos empregos funcionais no quadro de uma abordagem unitária das preposições que questiona a tese da dessemantização das preposições. Essa abordagem, em ruptura com as análises dominantes, traz igualmente implicações referentes à representação do verbo (e de suas construções) no plano semântico e sintático. Como veremos, ela não busca descrever o estatuto variável dos GPrep com o auxílio da distinção bastante rígida entre argumentos preposicionais e adjuntos.

No plano empírico, essa abordagem visa a dar conta, de modo operatório, de um conjunto de fenômenos pouco abordados na literatura:

1. com um mesmo verbo, diferentes preposições podem introduzir o mesmo GN (grupo nominal): "Choisir entre/parmi plusieurs candidats; une ombre se projette sur/contre le mur; tirer dans/sur/contre les manifestants; les chars arrivèrent dans/avec un grand fracas de ferraille; cette porte donne sur/dans la rue; il a échangé ses euros pour/contre des dollars, aller à/sur Paris, comparer un chat à/avec un tigre etc.".[*] Como veremos, esta "concorrência" é associada às restrições explicáveis pela semântica de cada preposição: "tirer dans/*sur le tas, le dos" mais "tirer sur/*dans un lapin"; "les euros s'échangent facilement contre/*pour des dollars" [trocar euros facilmente por/*contra doláres] etc.;

2. Para um dado verbo, uma mesma preposição pode introduzir diferentes GN com efeitos muito diferentes: "tirer sur un lapin/tirer sur la couverture/tirer sur sa cigarette/ce rouge tire sur le violet/tirer de l'argent sur son compte/tirer un tract sur papier glacé, sur une offset dernier cri/tirer un trait sur son passé/tirer le bateau sur la plage";[**]

3. Encontramos numerosos casos de alternância entre construção direta e construção preposicional de um mesmo verbo, com os efeitos se-

---

* N. dos orgs.: O fenômeno apontado pelos autores pode ser observado, em português, nos seguintes exemplos: "Esta porta dá para a rua"/"Esta porta dá na rua"; "Escolher entre/dentre varios candidatos" etc.

**N. dos orgs.: Em português, essas diferenças são observadas nas possíveis traduções: "tirer sur un lapin" [atirar num coelho]/"tirer sur la couverture" [puxar (d)a coberta]/"tirer sur sa cigarette" [dar uma tragada]/"ce rouge tire sur le violet" [esse vermelho puxa para o violeta]/"tirer de l'argent sur son compte" [tirar dinheiro de sua conta] etc.

mânticos mais ou menos visíveis. Daremos uma pequena amostra de exemplos desse fenômeno:*

Après: "attendre, chercher (après) quelqu'un" [esperar, procurar (por) alguém], "courir (après) les filles";

Contre: "frotter le mur/frotter contre le mur";

Dans: "Ça vaut (dans les) 100 euros [Vale (uns) 100 euros], il a (dans les) 40 ans" [ele tem (uns) 40 anos]; "Piquer (dans) les réserves"; "Pénétrer (dans) la terre, le sol" [penetrar (n)o solo]; "Mordre (dans) le mollet"; "Jouer (dans) un rôle" [representar um papel/atuar em um papel]; "Prendre (dans) cette direction" [pegar (n)essa direção];

Entre: "distinguer (entre) différents cas" [distinguir (entre) diferentes casos];

Pour: "partir huit jours/partir pour huit jours" [partir (por) oito dias]; "voter la grève/pour la grève" [votar (pel)a greve];

Sur: "anticiper (sur) un argument" [antecipar (a propósito de) um argumento]; "pousser (sur) la porte" [empurrar (sobre) a porta]; "ouvrir (sur) de nouvelles pistes" [abrir (para) novas pistas] etc.

Existem construções preposicionais que podem, ao mesmo tempo, estar em concorrência direta entre si, mas também com a construção direta: "Comparer deux offres/comparer entre deux offres/comparer une offre à/avec une autre" [comparar duas ofertas/entre duas ofertas/uma oferta a outra/com uma outra oferta]. Ressaltamos também casos (mais raros e específicos) em que a construção direta e a construção preposicional coexistem na mesma frase: "Comparer les deux offres entre elles; entre deux maux choisir le moindre" [Comparar as duas ofertas entre si; entre dois males, escolher o menor].

Fundamentos de análise

Nossa análise parte da hipótese de que uma preposição é um "relator" R que põe em relação dois termos X e Y. Essa caracterização é correntemente admitida, mas, em geral, com acepções diferentes quando se trata de empregos

---

* N. dos orgs.: Em português do Brasil, muitos dos exemplos tratados pelos autores são diferenciados, nas gramáticas tradicionais, pela classificação entre "objeto direto" e "objeto direto preposicionado", sem que se levem necessariamente em conta as modificações introduzidas pela presença da preposição. Cf. "cumprir (com) o dever".

190 Linguagem e enunciação

espaciais ou temporais, ou de empregos funcionais. Para os empregos espaciais e temporais, a relação entre X e Y é assimilada a uma relação de localização (no espaço ou no tempo) de X por Y. Não se trata então de um simples pôr em relação entre os dois termos: Y é fonte de determinação para X (de nosso ponto de vista, trata-se de uma relação de orientação entre X e Y). Para os empregos funcionais – fora, eventualmente, os empregos considerados como locativos, em que o verbo (a começar pela cópula *être*) é descrito como semanticamente "transparente" –, admite-se em geral que X corresponde ao verbo e Y, a um argumento desse verbo. A relação entre X e Y não é mais uma relação de determinação de X por Y. Com efeito, isso consistiria em considerar que o argumento introduzido pela preposição é fonte de determinação para o verbo, o que é contraditório com o estatuto de termo dependente, regido (pelo verbo), que lhe é conferido. Daí uma concepção minimalista da relação construída pela preposição entre um verbo (X) e seu argumento (Y): embora a terminologia não seja mais corrente, a preposição é uma simples "palavra ferramenta" a serviço verbo. E a dessemantização das preposições (evocada anteriormente) é o correlato desta posição.

A noção de copredicação introduzida por J. M. Gawron[4] e reformulada por O. Bonami[5] constitui um questionamento, parcial, dessa concepção "minimalista" das preposições quando elas decorrem da recção verbal. A preposição, neste caso, é considerada como um predicado que partilha um argumento com o verbo. Isso vale essencialmente para dados do tipo "Paul a cassé le vase contre le mur" [Paulo quebrou o vaso contra a parede]:[6] para esses autores, "contre le mur" é um argumento facultativo do verbo "casser", que "enriquece" o evento designado pelo verbo. "Le vase" é, de um lado, um argumento de "casser", de outro, o argumento correspondente a X no esquema preposicional "X contre Y". O pôr em relação com "mur" é fonte de determinação para "vase", argumento de "casser".

A noção de copredicação permite efetivamente resolver uma parte dos problemas que traz a concepção das preposições como simples suporte dessemantizado de introdução de um argumento. Mas, de acordo com seus próprios autores, ela não é generalizável, e é muito difícil saber precisamente em quais casos ela se aplica. Gawron limita-se a alguns (muito raros) exemplos e Bonami não faz mais do que discutir os complementos locativos, espaciais e temporais.[7] De fato, sob esta forma local, a noção de copredicação não permite tratar os problemas evocados acima nos pontos (1), (2) e (3).[8]

De nosso ponto de vista, é necessário renunciar à hipótese que X possa ser o próprio verbo quando Y é um argumento desse verbo. Essa é a condição para descartar a tese da dessemantização das preposições e renunciar a uma descrição fragmentada das preposições no espaço do verbo. A seguir, tentaremos mostrar que nossa abordagem "unitária" é mais flexível e permite propor uma solução aos problemas trazidos pelos exemplos mencionados nos pontos (1) a (3).

Proposições para um programa de trabalho

O programa de trabalho que desenvolvemos fundamenta-se em um conjunto de hipóteses e foi posto à prova na descrição de uma série de preposições: "sur, sous, entre, dans, avant, après", de um lado, "pour, contre, par, avec, en", de outro.[*] Apresentaremos aqui, em linhas gerais, o princípio dessas hipóteses.

Cada preposição tem uma identidade semântica que se manifesta em seus empregos

Defendemos a hipótese de que existe uma "identidade" de cada preposição, o que implica que cada preposição pode ser objeto de uma caracterização própria. "Identidade" significa que esta se manifesta em todos os seus empregos, compreendidos aí os ditos empregos funcionais. Essa identidade só pode ser apreendida por meio da diversidade de valores e empregos que resultam sempre e necessariamente de uma "interação" com o que a cerca, mas não se reduz a nenhum cotexto em particular, mesmo se este parece mais central ou o que mais se impõe à percepção. A identidade de uma preposição (mas também de toda unidade em geral) não se define por algum sentido de base, mas pelo papel específico que ela desempenha nas interações constitutivas do sentido dos enunciados em que é posta em jogo. Revela-se que o resultado dessas interações não corresponde a um campo semântico homogêneo.

---

[*] N. dos orgs.: Para uma justificativa detalhada, cf. Jean-Jacques Franckel e Denis Paillard, *Grammaire des prépositions*, v. 1, Paris, Ophrys, 2007. Este volume é consagrado ao estudo de "sur, sous, entre, dans, avant, après".

Esta identidade é caracterizável em termos de "forma esquemática"

A atualização e a formulação desta identidade implicam um trabalho de "abstração", que se fundamenta não somente em observações minuciosas, mas também em um raciocínio que procuramos tornar reprodutível, organizado de acordo com princípios regulares.

É nesse sentido que um procedimento "unitário" pode ser produtivo: não para congelar a preposição ou a unidade lexical sob as amarras de uma definição, não para tentar depreender um valor mediano ou um "mínimo denominador semântico comum" a todos seus empregos, nem para depreender um sentido central em torno do qual poderiam se articular todos os outros, mas para constituir o princípio organizador de sua variação e a especificidade que ela introduz na atualização dos princípios gerais que sustentam essa variação.

Essa abordagem conduziu à elaboração de um modelo de identidade das unidades em termos de "forma esquemática" (doravante FE). Esse formato de descrição vale para as preposições, mas também para os verbos com os quais elas se compõem. As construções preposicionais dos verbos podem então ser analisadas em termos de "combinatórias variáveis" entre a FE do verbo e a FE da preposição em jogo, encontrando-se essas combinatórias organizadas de acordo com princípios regulares.

A noção de "forma esquemática" considera que as unidades (preposições, verbos, ou outras) inscrevem-se, por um lado, em um duplo processo interativo de esquematização (ou de configuração) do cotexto, por outro, de instanciação desse esquema pelos elementos desse cotexto. O cotexto corresponde às unidades que cercam uma dada unidade, no caso de uma preposição, aos termos que ela põe em relação. Dito de outro modo, uma FE define a identidade de uma palavra como o modo particular que ela tem, ao mesmo tempo, de incorporar e de construir os ambientes que ela torna possíveis. Uma FE põe em jogo parâmetros semânticos abstratos, situados aquém de uma atribuição lexical e, portanto, suscetíveis de ser objeto de múltiplas especificações.

Combinatória e configurações

Para poder dar conta da interação verbo-preposição em termos de combinatória, é necessário fornecer uma representação comparável do verbo e da preposição. Essa representação articula, tanto para a preposição como para o verbo, uma FE que fornece a identidade semântica da unidade e um esquema predicativo com dois lugares.

Com relação ao verbo, é necessário insistir no fato de que essa representação rompe com os modelos atualmente dominantes. No que se refere à FE, os elementos bem como as relações nas quais eles entram são idiossincráticos, sendo ambos introduzidos para dar conta da especificidade da unidade. Eles não mantêm nenhuma proximidade com os "papéis temáticos" utilizados desde Gruber[9] e Jackendoff[10] para descrever, no plano semântico, os diferentes argumentos do verbo. Quanto ao esquema predicativo, ele é limitado a dois lugares de argumentos, denominados minimamente "origem" e "objetivo".[11] Entre elementos da FE e lugares de argumento do esquema predicativo, não há correpondências simples; mais do que isso, como exemplificado a seguir, o esquema predicativo pode ser o lugar da introdução de um argumento que não corresponde a um elemento da FE. Revela-se, em particular, que para toda uma série de verbos (cf. infra), o agente não faz parte da FE do V.

Do mesmo modo, uma preposição será representada como a associação de uma FE, que consiste na identidade da preposição, e de um esquema predicativo com dois lugares; como a preposição põe em jogo uma relação de orientação entre X e Y, esses lugares interpretam-se como o do termo orientado e o do termo orientador. Essa representação significa que uma preposição intervém, ao mesmo tempo, com sua semântica própria (definida por sua FE) e como relator (predicado). Descrever uma preposição em uma sequência dada implica então identificar os elementos X e Y. Ora, se a identificação do segmento correspondente a Y não traz dificuldades particulares (é, com raras exceções, o segmento que segue diretamente a preposição), a identificação de X, fora alguns casos simples de valores espaciais, traz dificuldades importantes. É o caso de uma preposição decorrente da recção verbal, sobretudo se sustentamos que o verbo não pode corresponder a X. A hipótese que defendemos é que, quando uma preposição decorre da recção verbal, os termos correspondentes a X e a Y são elementos da FE do verbo. A semântica da preposição vem então articular-se com aquela que é dada pela FE do verbo.

De maneira mais geral, em função da identidade respectiva de X e de Y, evidenciam-se três "configurações", correspondentes a três graus de intricação entre o verbo e a preposição.[12]

194 Linguagem e enunciação

Configuração A

Esta configuração remete aos casos caracterizados por uma independência entre os elementos da forma esquemática do verbo e os da preposição. Do ponto de vista dos dados, isso abrange dois casos:

- X é a proposição tomada em bloco e Y é um GN que é um adjunto, introduzindo uma determinação sobre a relação predicativa em bloco: (les enfants jouent)$_X$ dans (le jardin)$_Y$ [As crianças brincam no jardim]; (il est arrivé)$_X$ sur (le coup de 11 heures)$_Y$.

- A sequência X Prep Y em bloco corresponde a um argumento do V: Paul lit (un livre$_X$ sur Freud$_Y$) [Paul lê (um livro sobre Freud)]; (la navette$_X$ entre la fac et la gare$_Y$) s'arrête à 20 heures [(o ônibus entre a faculdade e a estação) para às 20 horas].

Configuração B

Esta configuração remete aos casos de intricação máxima entre o verbo e a preposição. X e Y remetem, cada um, a um elemento da FE do V. Há, então, por meio desses dois elementos, reconstrução da relação posta em jogo pela FE verbal pela semântica da preposição. Daremos a seguir alguns exemplos sem explicitar (neste momento) os elementos da FE (V) em jogo: "tirer sur une ombre" [atirar numa sombra]; "ce rouge tire sur le violet" [esse vermelho puxa para o violeta]; "se cacher sous l'escalier" [esconder-se sob a escada]; "hésiter entre différentes solutions" [hesitar entre diferentes soluções]. Esta forte intricação V – Prep faz-se no plano das FE do V e da Prep. Ela diz respeito aos elementos abstratos e não às unidades lexicais. Como exemplificaremos a seguir, não há correspondência simples entre os termos da combinatória e os complementos sintáticos realizados pelas unidades lexicais.

Configuração C

Esta configuração remete aos casos em que, a um mesmo termo, confere-se um duplo estatuto: de um lado, ele instancia um elemento da FE (V) em relação com os outros elementos da FE (V); de outro, ele instancia o elemento X da FE (Prep). Quanto a Y, não há correspondência na FE (V): é por meio de sua relação com X, elemento este da FE (V), que ele é integrado no espaço do V. Os dados analisados em termos de copredicação por Gawron e Bonami decorrem dessa configuração. Para retomar o exemplo "Paul a cassé le vase contre le mur" [Paulo quebrou o vaso contra a parede], "le vase" tem o duplo estatuto de elemento da FE de "casser", de um lado, de X em relação com "le mur", de outro lado. Na terminologia de um autor como Bonami, "le mur" tem o estatuto de argumento "facultativo" de "casser", "le vase" tendo aquele de argumento "obrigatório", uma distinção que nos parece difícil de sustentar de modo sistemático, como mostram alguns exemplos: "Ils ont pris cinq candidats sur dix" [Eles pegaram cinco candidatos em dez] ; "Il compare les planètes entre elles" [Ele compara os planetas entre si].

A apresentação de configurações definindo diferentes graus de intricação permite ultrapassar a distinção argumento preposicional/adjunto de SV. Em relação a essa distinção, nosso objetivo não é introduzir um caso intermediário (ilustrado pela configuração C). Esse caso é levado em conta por certos autores, especialmente com a copredicação e a noção de argumento facultativo. Para nós, trata-se de romper radicalmente com as abordagens que consideram (certamente, de acordo com modalidades variáveis) os GPrep como argumentos do verbo. Estamos, no entanto, conscientes da dificuldade do empreendimento. Instaurar essa combinatória passa por uma descrição da identidade de cada verbo e de cada preposição em termos de forma esquemática. Tal programa pode parecer exorbitante. E, atualmente, ainda poucos verbos e preposições foram analisados sob esse formato.[13]

Logo abaixo, vamos voltar às questões levantadas nos pontos (1) a (3) da introdução, mostrando, a partir de alguns exemplos precisos, como nossa abordagem permite dar conta do assunto. Trataremos sucessivamente de (2), (3) e (1).

A propósito de "tirer sur"

Retomamos a lista das construções em que "sur" combina-se com "tirer":
- "tirer sur un lapin/ tirer sur la couverture/tirer sur sa cigarette/ce rouge tire sur le violet/tirer de l'argent sur son compte/tirer un tract sur papier glacé, sur une offset dernier cri/tirer un trait sur son passé/ tirer le bateau sur la plage".

Fornecemos essa lista para mostrar que *a priori* uma preposição, para um dado verbo, não tem afinidade com uma ou outra construção. Essa diversidade é também um argumento contra a ideia de que "sur" tem por função introduzir um argumento de "tirer". Com efeito, a lista acima mostra a diversidade dos estatutos do GN introduzido por "sur".

196 Linguagem e enunciação

Em Paillard (2000), o verbo "tirer" é caracterizado pela FE seguinte, que, ressaltemos, se manifesta em todos os empregos do verbo, sem, para tanto, corresponder a determinado valor particular:

- "tirer" significa que um elemento '**a**' é considerado em uma variação regulada em função de um termo '**Z**'.

Esta variação (que pode ser uma variação no espaço, mas também uma transformação interna) não é um fenômeno puramente contingente: ela tem uma dimensão teleonômica definida pela consideração de um termo que associa a variação a uma finalidade. Aliás, notaremos que a FE não comporta o elemento suscetível de ser interpretado como o agente do processo. Em uma sequência como "Paul a tiré les rideaux" [Paulo puxou as cortinas], o agente (Paul) só é introduzido a título de "origem" do esquema predicativo ao qual corresponde o verbo.

"Tirer" é um verbo altamente polissêmico e não procuraremos justificar aqui a FE proposta de modo sistemático. Vamos nos limitar a uma série de observações a propósito dos referidos exemplos pela combinatória com "sur". Em primeiro lugar, notaremos que, em muitos casos, somente um elemento da FE é realizado por uma unidade lexical que tem um estatuto sintático (complemento ou, mais raramente, sujeito).

- "Tirer sur un lapin" [Atirar num coelho].

Neste caso, "tirer" interpreta-se como "envoyer des projectiles sur une cible" [enviar projéteis em um alvo]. "Lapin" [coelho] é "Z" (é tomado como alvo) e "a" (os projéteis) não é explicitado. "Le lapin" [o coelho] estando aqui introduzido pela preposição "sur", encontramo-nos em um caso em que "Z" corresponde a Y da relação X R Y. Quanto a "a", este corresponde a X, mas não é realizado lexicalmente. Não é impossível, aliás, dar uma visibilidade a este parâmetro evocando o projétil, como se observa no seguinte exemplo: "ils ont encore tiré **trois balles** sur l'homme à terre" [eles meteram ainda três balas no homem caído no chão]. A sequência "tirer sur un lapin", mas também "ils ont encore tiré trois balles sur l'homme à terre" decorre da configuração B: X e Y remetem aos elementos da FE de "tirer".

- "Tirer sur la couverture/sur sa cigarette" [Puxar (d)a coberta/Tragar (d)o cigarro (dar uma tragada no cigarro)].

O termo correspondente a Y é igualmente o elemento "a". "Z", termo que regula a variação de "a", interpreta-se como o objetivo visado através da tração operada e corresponde a X.[14] Essas duas sequências decorrem igualmente da configuração B.

Da cor das preposições em seus empregos funcionais **197**

- "Ce rouge tire sur le violet" [Esse vermelho puxa para o violeta].
Neste caso, os dois elementos da FE de "tirer" são realizados lexicalmente: "ce rouge" é "a" e "le violet" é "Z", como mostra a glosa: "a cor vermelha (desse objeto) sofre uma alteração que pode ser definida por sua relação com uma outra cor, o violeta". Aqui, ainda, temos uma correspondência a – X e Z – Y, e essa sequência decorre igualmente da configuração B.[15]
- "Les hommes tirent le bateau sur la plage" [Os homens arrastam o barco na praia; Os homens puxam o barco da água para a praia].
Essa sequência tem duas interpretações:
    a) O barco já está sobre a praia e trata-se de arrastá-lo (até um ponto não explicitado) em função de um objetivo (a definir contextualmente ou situacionalmente em relação ao termo orientador); "sur la plage" exprime o lugar onde a tração do barco acontece. Com essa primeira interpretação, a sequência decorre da configuração A: X corresponde à relação predicativa em bloco e Y é um adjunto que define o lugar do evento;
    b) O barco está sobre a água e trata-se de colocá-lo "no seco" (para uma reparação ou ainda para colocá-lo ao abrigo da tempestade que o ameaça). "Le bateau" é "a" na FE de "tirer" e X na FE de "sur". "La plage", que é Y, não tem estatuto na FE do verbo. Com essa segunda interpretação, a sequência decorre da configuração C.

Podemos mostrar que outras sequências com "tirer sur" ("tirer de l'argent sur son compte" [tirar dinheiro de sua conta]; "tirer un tract sur du papier recyclé" [fazer folheto em papel reciclado]; "tirer un trait sur son passé" [passar um traço no passado]) decorrem todas da configuração C, o termo correspondente a Y não tendo estatuto na FE de "tirer". A consideração das propriedades das unidades lexicais em relação com a semântica de "sur" permite dar conta das diferenças de interpretação.

Esta rápida análise de "tirer sur" visa a ilustrar a maneira pela qual a combinatória definida anteriormente permite dar conta de uma grande diversidade de casos. Podemos também mencionar o caso de uma sequência como "Il travaille sur Paris" que tem igualmente duas interpretações: "Paris" pode ser o lugar de seu trabalho ou ainda o objeto de seu trabalho (aquilo sobre o que ele trabalha). De acordo com a interpretação de "sur Paris", a sequência decorre da configuração B ("Paris" é o objeto de sua atividade) ou da configuração C ("Paris" é o lugar de sua atividade).

A alternância construção transitiva/ construção preposicional

Passaremos agora ao ponto (3) apresentado na introdução. Trata-se de um fenômeno pouco estudado até o momento, que é o fenômeno da possibilidade de uma dupla construção de um mesmo verbo: a construção transitiva com um GN objeto e uma construção preposicional. Para não multiplicar as FE dos verbos, vamos retomar aqui os exemplos com "tirer": "Tirer un lapin/ tirer sur un lapin".

Vimos anteriormente que "un lapin" introduzido por "sur" corresponde, ao mesmo tempo, a "Z" da FE de "tirer" e a Y da FE de "sur". Na construção transitiva, un lapin adquire igualmente o estatuto de "Z". Entre as duas construções, observam-se, contudo, duas diferenças importantes:

a) A classe dos N interpretados como o alvo ("Z") do processo não tem a mesma extensão. Com a construção transitiva, "Z" corresponde a N que designam essencialmente a caça: "lapin [coelho], sanglier [javali], faisan [faisão]" etc. Com a construção em "sur", não existe *a priori* nenhuma restrição específica sobre os N correspondentes a "Z": "lapin, sanglier, faisan", mas também "pianiste [pianista], ombre [sombra], linguiste [linguista], foule [multidão], château [castelo]" etc.

b) Na construção transitiva, "tirer" interpreta-se como "abater", o que significa que o tiro é um tiro com êxito: o coelho no qual o caçador atirou é um coelho morto (o "passé composé" tem um valor definido). Na construção com "sur", nada é dito do sucesso do tiro, que, contextualmente, pode ser especificado como um tiro de sucesso ou não: "le chasseur a tiré sur un lapin et l'a abattu" [o caçador atirou num coelho e o abateu], "le chasseur a tiré sur un lapin mais l'a raté/sans l'atteindre" [o caçador atirou num coelho, mas errou/sem antingi-lo]; e em "Paul a tiré sur une ombre" [Paul atirou numa sombra], é difícil formular uma problemática do êxito (a menos que a sombra não seja apenas uma sombra...).

Esta dupla diferença deve estar relacionada a "sur", cuja semântica reconstrói a relação entre "a", tido como X, e "Z", tido como Y. Esta reconstrução da relação entre "a" e "Z" no espaço da preposição remete a um aspecto da combinatória não discutido até o presente momento, que se refere à consideração de dois esquemas predicativos.

Os elementos "a" (X) e "Z" (Y) da FE (V) são colocados em relação com o esquema predicativo da preposição e não com o do verbo. E a lexicalização desses elementos abstratos (na verdade, aqui unicamente de "Z") faz-se levando em conta esta instanciação. Esse dispositivo permite explicar a diferença de extensão da classe dos N suscetíveis de realizar "Z". Os N outros que estes designando a caça, bloqueados com a construção transitiva (eles não podem lexicalizar o termo que instancia o segundo lugar do argumento de "tirer"), remetem a "Z" (Y). Quanto aos N que designam a caça, igualmente compatíveis à construção com "sur" (Y), eles não têm, enquanto lexicalizando "Z", a mesma interpretação que na construção transitiva. Para dar conta da segunda diferença (de ordem aspectual) entre as duas construções, é necessário fazer intervir a semântica de "sur".[16]

Retomamos a caracterização proposta na obra já mencionada. Precisemos que "sur" (assim como "sous, dans, avant, après, entre") significa que X é "posicionado" sobre um domínio associado a Y. Esse domínio é estruturado em zonas, em que se tem, de modo simplificado, I para interior, E para exterior, I-E como zona intermediária entre I e E, não estabilizada.

A FE é a seguinte:
- X, termo orientado, tem por termo orientador Y;
- No domínio associado a Y, "sur" distingue a zona (I-E) do domínio;
- X é vinculado à zona (I-E) sobre o domínio;
- a zona (I-E) é considerada como um espaço "misto": definida no domínio associado a Y, é uma zona onde Y interage, de acordo com modalidades variadas, com um termo exterior (representado por E na notação I-E). No caso de "sur", isso implica considerar que E remete a X;
- No quadro de seu vínculo à (I-E), X guarda uma autonomia (o que marca sua interpretação como E na notação I-E).

Desta FE de "sur", reteremos essencialmente que X é posto em relação com uma posição não centralizada e não estabilizada no domínio de Y: I-E pode levar seja a I seja a E. Isso permite explicar a diferença aspectual: enquanto a construção transitiva é resultativa, a construção com "sur" não diz nada do resultado do processo, o que remete à indeterminação que I-E traz. Estamos aquém de uma saída

200 Linguagem e enunciação

positiva (que corresponde a I sobre o domínio). Dito de outra forma, "projétil" não está em uma relação necessária com "alvo".

O valor já mencionado de tração associável a "tirer" ilustra igualmente a alternância entre construção transitiva e construção em "sur": "tirer les rideaux/tirer sur les rideaux", com diferenças comparáveis às já evocadas.

c) A classe dos N correspondentes a "a" não tem a mesma extensão. Com "tirer" transitivo, temos essencialmente N "funcionais": o objetivo perseguido ao se operar a tração é passível de ser facilmente inferido do N. Assim, "tirer les rideaux" significa que se trata de abrir as cortinas ou de fechá-las ("Z" interpreta-se como o objetivo perseguido ao se operar a tração, o que significa que a tração deve ser adaptada à realização desse objetivo); "tirer la porte" significa fechá-la graças a uma tração e "tirer le frein" significa manter o carro no lugar. No caso de "tirer sur", é possível ter como "a" substantivos cuja funcionalidade não remete de modo regular ao objetivo perseguido, devendo este encontrar-se, na maioria das vezes, explicitado contextualmente ou situacionalmente: "pantalon [calça], lacet [cordão], roues [rodas], tissu [tecido], piston [pistão], membre (fracturé) [membro (fraturado)], laisse [laço], cigarette [cigarro]" etc. Assim, "il tire sur la laisse" não tem a mesma interpretação conforme "il" [ele] designa "le chien" [o cachorro] ou "son maître" [seu dono].

d) Com a construção transitiva, encontramos um aspecto resultativo (as cortinas estão fechadas/abertas). Com a construção em "sur", o evento que constitui a tração é dissociado do objetivo, que ora não tem visibilidade nítida, ora é apresentado como fora de alcance, o que confere frequentemente à tração um caráter "desviante" ou detrimental. Esse segundo caso vale essencialmente para os N compatíveis com as duas construções. Assim, "tirer sur les rideaux" significa que corremos o risco de arrancar as cortinas ou danificá-las; em "tirer la porte", nós fechamos a porta, enquanto que em "tirer sur la porte" a tração toma um valor fortemente conativo:[*] a porta resiste à tração operada.

---

[*] N. dos orgs.: "Conativo" designa um esforço ou uma tentativa que falha ao se tentar atingir um objetivo.

A extensão dos N que lexicalizam o elemento "a" e a marginalização de "Z" parece-nos poder se explicar no quadro de nossa hipótese sobre "sur": "Z" (X) provém de uma posição não estabilizada no domínio associado a "a" (Y), aquém de I (correspondendo ao objetivo atingido) e podendo desembocar em E (o objetivo não é atingido ou é outro).

A seguir, mencionamos outros dados decorrentes da problemática referente à alternância entre a construção transitiva e a construção preposicional, limitando-nos a um breve comentário.

Consideremos os exemplos "Jean passe la bosse" e "Jean passe sur une/la bosse".

"Jean passe la bosse" significa que o obstáculo constituído por "bosse" [lombada] é neutralizado e não interfere no rumo da evolução, qualquer que seja a estratégia (ele é evitado, contornado, "engolido", negociado) que permita fazer de um obstáculo um não obstáculo.[17] A presença da preposição faz aparecer uma diferença de interpretação. A "lombada" torna-se uma passagem: em um momento dado de seu percurso, Jean está em contato com a "lombada". Essa diferença de interpretação é confirmada por uma série de restrições: podemos "passer sur la bosse à pleine vitesse" [passar sobre a lombada em alta velocidade], mas dificilmente "passer la bosse à pleine vitesse" [passar a lombada em alta velocidade].

Ao lado de "il a fait attention de ne pas passer sur la bosse" [Ele tomou cuidado para não passar sobre a lombada], dificilmente teríamos "(?) Il a fait attention de ne pas passer la bosse" [Ele tomou cuidado para não passar a lombada].*

De modo comparável, "passer le pont" [passar a ponte], contrariamente a "passer sur le pont" [passar sobre a ponte], não significa necessariamente "pegar a ponte", que pode corresponder a um simples orientador dentro de um itinerário. E "passer les détails" tende a significar que deixamos os detalhes de lado, enquanto que "passer sur les détails" é compatível com uma breve menção aos detalhes, como mostra a restrição introduzida pela presença de "rapidement": "(??) je passe rapidement les détails" [(??) Deixo rapidamente os detalhes de lado] mas "je passe rapidement sur les détails".

---

* N. dos orgs.: Cabe ressaltar que uma possível interpretação de "Il a fait attention de ne pas passer la bosse" [Ele tomou cuidado para não passar a lombada] confere à "bosse" [lombada] o estatuto de um ponto de referência a ser localizado. Trata-se, por exemplo, de uma lombada que é indicada como referência para encontrar uma rua. O mesmo raciocínio é observado em "passer le pont", como notam os autores na sequência do capítulo.

Enfim, como último exemplo, a comparação de "demander quelqu'un/ demander après quelqu'un", "attendre quelqu'un/attendre après quelqu'un", "chercher quelqu'un/chercher après quelqu'un" mostra que "après" significa que a pessoa esperada/requisitada/procurada está em relação de exterioridade com o espaço no qual se situa o sujeito que requisita/espera/procura, como mostram os exemplos seguintes:

- "Il nous restait encore un bon paquet de fric, mais comme "ça" lui disait plus rien de partir, comme elle se foutait de "ça" comme du reste, eh bien "ça" nous servait plus à grand-chose si ce n'est à éponger les factures courantes et à pas attendre après les prêts pour vivre."
  [Ainda tínhamos uma boa grana, mas como ela não estava mais nem aí em partir, como estava pouco se lixando pra isso e pro resto, e, bom, isso não servia mais pra nada a não ser pra limpar as dívidas e não ter mais que esperar pelos empréstimos para viver.]
- "Heum: si je devais attendre après mon "gendre" pour me conduire au marché... "
  [Se eu tivesse que esperar pelo meu genro para me levar à feira...]

Essa comparação entre construção transitiva e construção preposicional mostra que a semântica das preposições se manifesta nos empregos ditos funcionais. Independentemente dos efeitos de sentido locais relacionados a uma ou outra preposição para um dado verbo, constata-se que a reconstrução da relação entre os dois elementos da FE do V tende a conferir autonomia aos elementos da FS (V) uns em relação aos outros. À relação primeira instituída pela FE (V) vem se adicionar aquela que a preposição define quando esses elementos são tomados como X e como Y.

Casos de concorrência entre preposições para um mesmo V

Para ilustrar a pertinência e defender a conservação da semântica preposicional nos casos de recção verbal, vamos, a partir de alguns exemplos, abordar o problema da concorrência das preposições para um mesmo emprego.[18]

Essa questão, de um certo modo, inscreve-se no prolongamento da comparação entre construção transitiva e construção preposicional (reconstrução da relação entre os elementos da FE do V), sendo nosso objetivo aqui o de mostrar que cada preposição reconstrói, de acordo com sua semântica própria, a relação entre os dois elementos da FE (V).[19]

Esta pertinência da semântica própria a cada preposição traduz-se pelo fato de que, em geral, a utilização de uma preposição é sujeita a restrições que se apoiam nas propriedades dos N lexicalizando o elemento da FE (V) tido como Y: de uma preposição à outra, a classe dos N varia.

Tomemos um exemplo: "Les soldats ont tiré sur/dans/contre la foule". Fora alguns N em que as três preposições são possíveis (essencialmente os N que designam grupos de pessoas: *manifestantes*, *multidão*, *gentalha*), a distribuição não é a mesma.

Anteriormente, muito discutimos "sur" nesse tipo de emprego. A alternância (para uma parte dos N) com a construção transitiva tende a mostrar que "sur" confere a "Z" (Y) o estatuto de alvo.

É aparentemente "dans" que é a preposição mais restrita: ela aparece essencialmente com os N que designam partes do corpo (nuca, pernas, boca, testa etc.). Notaremos igualmente que "dans" aparece de modo regular quando "a" (o ou os projéteis) é lexicalizado: "tirer trois balles dans le corps" [meter três balas no corpo] (comparar: "(??) tirer dans un manifestant"* e "tirer trois balles dans un manifestant à terre" [meter três balas num manifestante caído no chão]). Enfim, podemos observar que com "dans", "Z" (Y) tende a perder seu estatuto de alvo (como mostra a impossibilidade de "*le chasseur a tiré dans le lapin"). Ele é reconstruído como um espaço indiferenciado no qual vêm alojar-se uma ou as balas: "tirer dans la foule" [atirar sobre a multidão] significa "atirar sem mirar, atirar às cegas".[20] O que confirmam igualmente exemplos como: "Il y avait un cowboy qui tirait dans une serrure et qui se libérait" [Havia um cowboy que atirava sobre a fechadura e se libertava] e "Toute la salle, debout, s'était tournée vers la glace brisée: on a tiré dans la glace!" [Toda a sala, de pé, virou-se para o espelho quebrado: atiraram sobre o espelho!", em que são evocados os efeitos (ou estragos) do projétil referentes a esse espaço.

---

* N. dos orgs.: Temos a impressão de que as traduções de "tirer sur" e "tirer dans" nos exemplos "Les soldats ont tiré sur/dans la foule" [os soldados atiraram sobre a/na multidão] nos conduzem, respectivamente, às preposições "em" e "sobre", que tenderiam a reconstruir um efeito no qual os tiros são direcionados para um espaço mais ou menos diferenciado. Em português, a indiferenciação tende a ser maior, nesse exemplo, com a preposição "sobre", o que explica a tradução de "tirer dans la foule" por "atirar sobre a multidão". Em relação aos exemplos anteriores, a tradução por "em" não permite compreender as explicações propostas pelos autores.

204 Linguagem e enunciação

No caso de "contre", existem também restrições bastante fortes, que, em comparação com "sur", referem-se, não tanto aos N possíveis, e sim ao contexto: o N introduzido por "contre" deve poder interpretar-se como uma força antagônica àquela que atira. Daí, em Frantext,[*] dados que maciçamente remetem a um contexto de confrontação guerreira, tal como "Les ordres signés Pétain de tirer contre les anglo-américains et les troupes françaises d'Algérie n'étaient que l'expression fidèle d'une politique non moins fidèle à Hitler" [As ordens assinadas por Pétain de atirar contra os americanos e as tropas francesas da Algéria não eram senão a expressão fiel de uma política não menos fiel a Hitler].

Podemos igualmente comparar "contre" e "pour" no caso do verbo "échanger": "Paul a échangé ses euros pour/contre des dollars".[**]

A passagem da construção ativa à construção reflexiva tende a bloquear a preposição "pour": "les roubles s'échangent difficilement contre/*pour des dollars" ou ainda "les devises s'échangent les unes contre/*pour les autres". O verbo "échanger" tende a marcar que dois termos são considerados como provenientes de uma forma de equivalência mais ou menos formalizada (de "échanger des propos insignifiants" [trocar propostas insignificantes] a "échanger des produits sur le marché" [trocar produtos no mercado] ou ainda "échanger des devises" [trocar moedas]).

Em Paillard (2003),[21] a hipótese para "contre" é que Y especifica X como tendo uma orientação inversa da que é a sua. Segundo o modo de articulação entre orientações inversas de X e de Y, podemos dar conta de quatro valores de base de "contre" (que visualizamos nos pequenos esquemas):

(1) "hostilidade": "ils luttent contre les envahisseurs"
     [eles lutam contra os invasores]
     $[X \rightarrow * \leftarrow Y]$

(2) "proximidade": "le lit est contre le mur" [a cama está contra a parede]
     $[\leftarrow Y$
     $X \rightarrow]$
     (a respectiva orientação de X e de Y se dá em relação a um sujeito "observador");

---

* N. dos orgs.: Base de dados em língua francesa. http://www.frantext.fr.

** N. dos orgs.: Em português, teríamos "Paul trocou seus euros por dólares", mas raramente "Paul trocou seus euros contra dólares". No entanto, a construção é observada em outros contextos: "Troco cinco figurinhas raras contra um jogo de botão do Corinthians, campeonato Paulista de 77".

Da cor das preposições em seus empregos funcionais **205**

(3) "equivalência": "Paul a échangé ses dollars contre des euros"
[Paulo trocou seus dólares por euros]
[X $\leftarrow$ $\rightarrow$ Y]

(4) "proporção": "On trouve vingt films médiocres contre un bon"
[Para cada vinte filme medíocres, encontramos um bom]
[X $\leftarrow$ * $\rightarrow$ Y]
(X e Y são argumentos em favor de conclusões opostas: "ir/não ir ao cinema").

O valor de equivalência ao qual está associado "contre" nesse emprego está diretamente relacionado à semântica de "échanger". Em contrapartida, "pour" confere a Y o estatuto de "orientador padrão" (fora da atualização) formando uma medida qualitativa de X que convoca um valor subjetivo (cf. O exemplo, frequentemente discutido, "il est grand pour un jockey" [Ele é grande para um jóquei]).

A passagem da construção ativa à construção reflexiva que descarta o sujeito permite compreender o bloqueio de "pour" na construção reflexiva.

Essa diferença de funcionamento entre "pour" e "contre" pode ser sustentada por duas outras séries de observações:

- com "échanger", de acordo com os N, observa-se uma nítida preferência por uma das duas preposições: "échanger son nom de peuple pour celui de prolétariat" [trocar seu sobrenome de povo pelo de proletariado]; "je t'échange mon rhinocéros contre ta girafe" [troco meu rinoceronte contra a tua girafa];
- Com o verbo "changer", "contre" tende a impor uma interpretação do tipo "échange" [dar algo em contrapartida a algo recebido], o que não é o caso de "pour": "il a changé sa vieille Peugeot pour une Mercedes dernier modèle" [ele trocou seu velho Peugeot por uma Mercedes último modelo].*

---

* N. dos orgs.: A tradução de "il a changé sa vieille Peugeot pour une Mercedes dernier modèle" por "Ele trocou seu velho Peugeot por uma Mercedes último modelo" impede a compreensão do que é observado pelos autores, uma vez que o verbo empregado – "trocar" – é o mesmo que em outros exemplos. No exemplo em francês, os autores apontam para o fato de que houve uma substituição de um carro velho por um último modelo, fato devido à preposição "pour", e não uma troca em que um daria um carro em lugar de outro carro dado por outro, valor este imposto por "contre". Esse seria o valor de "échange", de dar uma coisa e receber outra em contrapartida.

206 Linguagem e enunciação

A fim de mostrar a amplitude e a diversidade dos casos em que a concorrência entre várias preposições se faz presente, vamos mencionar outros dados limitando os comentários a algumas breves observações.

"Comparer X à Y"/"comparer X avec Y":[22] com "à", Y é tido como o padrão da comparação (procuramos identificar o que em X é da ordem de Y: "comparer un chat à un tigre" [comparar um gato a um tigre]), enquanto "avec" coloca X e Y sobre o mesmo plano (procuramos identificar semelhanças e diferenças : "comparer Corneille avec Racine" [comparar Corneille com Racine]).

"Aller à Paris/sur Paris": com "à", Paris é o destino do deslocamento, enquanto "sur Paris" somente define a direção;[23] "descendre à la plage/sur la plage": "sur la plage" tem um valor locativo, enquanto "descendre à la plage" pode ser interpretado como "ir se banhar".

Terminaremos com um caso que pode parecer um pouco marginal, mas que nos parece revelador da complexidade dos fenômenos em jogo:

"Cette chanson est passée à/*sur la radio/la télévision"; "cette chanson est passée à/ sur Europe 1"; "cette chanson est passée sur/*à toutes les radios" ou "sur toutes les chaînes/ *à toutes les chaînes de télé".

Parece-nos que a alternância "à/sur" deve ser confrontada ao estatuto de termo como "radio" [rádio] ou "télévision" [televisão], que designam, ao mesmo tempo, uma mídia (entre outras mídias), mas também uma rede/um programa. A preposição "à" remete a "rádio (televisão)" como "mídia", "sur" a "rádio (televisão)" como "rede" (programa). Isso explica o motivo de "à" ser bloqueado com o plural, que impõe a interpretação "redes", e inversamente, de "sur" ser bloqueado com "radio (televisão)" no singular. A possibilidade de "à" e "sur" com "Europe 1" deve-se ao fato de que as duas interpretações são possíveis.

Conclusão

Parece-nos que tanto a alternância entre construção transitiva e construção preposicional como a concorrência de várias preposições para um mesmo valor de um V são desafios centrais na reflexão sobre o lugar das preposições na recção verbal. Até este momento, não foram objeto de estudo muito sistemático, por mínimo que seja, a começar por um inventário dos V e das preposições que lhes concernem. Essas duas questões, para nós, pontuam precisamente o problema relacionado à semântica das preposições, que, na maioria das abordagens existentes, é sempre amplamente ignorada ou marginalizada, salvo quando se trata de valores locativos (espaciais ou temporais). Voltar a conferir um lugar merecido à semântica preposicional passa por um questionamento de certas "aquisições" relativas à recção verbal. Este artigo representa uma contribuição para formulação de um tal programa de trabalho.

Artigo publicado originalmente em "La préposition en français II", *Modèles linguistiques*, tomo XXVII-2, vol. 54, Editions des Dauphins, pp. 51-66, 2006.

Notas

[1] Ver, em particular, A. Borillo, *L'espace et son expression en français*, Paris, Ophrys, 1998, e C. Vandeloise, *L'espace en français: sémantique des prépositions spatiales*, Le Seuil, 1986.

[2] Ver, por exemplo, "compter sur ses doigts" [contar nos dedos]; "compter sur Paul" [contar com Paulo].

[3] O GPrep "sur la plage" não tem o mesmo estatuto nos dois exemplos: no primeiro caso ele é um argumento obrigatório, e enquanto no segundo ele seria um argumento facultativo (cf. Bonami, *Les constructions du verbe: le cas des groupes prépositionnels argumentaux. Analyse syntaxique, sémantique et lexicale*. Tese de doutorado, Université de Paris VII, 1999.). Isto não está sem relação com a distinção que tentam fazer autores como J. M. Gawron (Cf. "Situations and Prepositions", Linguistics and Philosophy, n. 9, 1986, pp. 327-382) e O. Bonami, op. cit., entre "Le camion s'est écrasé contre le mur" [O caminhão se arrebentou contra a parede] e "Paul a cassé le vase contre le mur" [Paul quebrou o vaso contra a parede]. Em relação a "Paul a tiré le bateau sur la plage" [Paul arrastou o barco pela praia/Paul puxou o barco (da água) para a praia] assinalamos que o estatuto de "sur la plage" não é o mesmo conforme "tirer" interpreta-se como "tirar" (da água) ou "arrastar" (essas duas interpretações serão analisadas mais adiante).

[4] J. M. Gawron, op. cit.

[5] O. Bonami, op. cit.

[6] Exemplo discutido por Bonami, op. cit., p. 84 e seguintes.

[7] Não é, sem dúvida, um acaso se a copredicação só concerne aos empregos "locativos".

[8] Para Gawron, op. cit., em "le camion s'est écrasé contre le mur" [o caminhão se arrebentou contra a parede] não há copredicação: "le mur" é um argumento necessário de "s'écraser", e a semântica de "contre" é apresentada como redundante em relação à do verbo (encontramos aqui a posição minimalista das preposições). Índice dos limites atribuídos à copredicação por Bonami, em "Paul compte sur Jacques pour résoudre le problème" [Paulo conta com Jacques para resolver o problema], "sur" forma um "idiomatismo" com "compter", o que equivale a renunciar a questionar a semântica de "sur".

[9] J. Gruber, *Studies in Lexical Relations*. PhD thesis, Massachusetts Institute of Technology, 1965.

[10] R. Jackendoff, *Semantic interpretation in Generative Grammar*, MIT Press, 1972.

[11] Ver artigo de S. de Vogüé sobre a transitividade, em que a autora confronta as posições culiolianas com as de J.-C. Milner: "La transitivité comme question théorique: querelle entre la théorie des positions de J.-C Milner et la théorie des opérations prédicatvies et énonciatives de A. Culioli", *Linx*, n. 24, Nanterre, Université de Paris X, pp. 37-65.

[12] Estamos falando da preposição e não do GPrep para marcar que se trata de uma combinatória entre V et Prep.

[13] Foram estudados, nesse formato, os verbos "commencer, filer, jouer, paraître, passer, prendre, tenir, toucher, tourner". Cf. Em particular J.-J. Franckel (ed.), "Le lexique entre identité et variation", Langue Française, n. 133, Paris, Larousse, 2003, e R. Camus; S. de Vogüé, "Variation sémantique et syntaxique des unités lexicales: étude de six verbes français", Linx, n. 50, Nanterre, Université de Paris X, 2004.

[14] Abaixo, quando discutiremos a alternância construção transitiva/construção preposicional, precisaremos o que abrange a identificação de "Z" a X nos exemplos.

208 Linguagem e enunciação

[15] A união à configuração B de dados diferentes não é um problema em si: cada sequência coloca em jogo as correspondências particulares entre FE (V) e FE (Prep). Poderíamos completar a descrição pela consideração das unidades lexicais em jogo.

[16] Na verdade, trata-se de um fenômeno que não é limitado a "sur" combinado a "tirer", como mostra, por exemplo, a diferença entre "balayer la chambre" [limpar o quarto] (de onde resulta que o quarto é limpo) e "balayer dans la chambre" [limpar no quarto]. A presença de uma preposição tende a bloquear o valor resultativo associado à construção transitiva. Permanecemos no espaço do mesmo evento, cada preposição dando autonomia, de acordo com sua semântica própria, aos elementos da FE correspondente a X e a Y.

[17] Para a FE de "passer", cf. J-J Franckel et alii "Modes de régulation de la variation sémantique d'une unité lexicale: le cas du verbe passer", *La locution: entre lexique, syntaxe et pragmatique*, coll. St-Cloud, INALF, Klincksieck, Paris, 1997, pp. 49-68

[18] Nesta perspectiva, será igualmente interessante estudar, para alguns verbos, as diferentes preposições que participam de suas construções, mostrando como a semântica de cada preposição interage com a do V, dando lugar a valores próximos ou diferentes.

[19] Limitaremos nossa discussão aos dados provenientes da configuração B, em que X e Y remetem um e outro aos elementos da FE (V). Isso não significa que a "concorrência" não é possível com outras configurações.

[20] O que confirma a expressão "tirer dans le tas", cuja interpretação é fundada na semântica de "dans".

[21] D. Paillard, "A propos de l'ambivalence catégorielle préfixe/préposition: le cas de *contre*", *Contre, identité sémantique et variation catégorielle, Recherches linguistiques*, n. 26, Université de Metz, pp. 153-72.

[22] Esse caso de concorrência é discutido por Grevisse em "Bon usage". Recordemos igualmente a existência de uma construção transitiva: "comparer les planètes" [comparar os planetas]/"comparer Rousseau et Voltaire" [comparar Rousseau e Voltaire]/comparer les planètes entre elles" [comparar os planetas entre si].

[23] Notamos uma diferença comparável entre "travailler à Paris/sur Paris"; "être à Paris/sur Paris", sem esquecer "il pleut à Brest/sur Brest".

Posfácio

O livro organizado por Márcia Romero e Milenne Biasotto-Holmo suscita admiração e respeito de toda a comunidade brasileira de linguistas. Ele é, primeiramente, um ato fundador que institui, entre nós, um movimento, um modo de pensar sobre a linguagem. Este livro é o primeiro grande trabalho divulgado à linguística brasileira sobre a *Teoria das Operações Predicativas e Enunciativas* de Antoine Culioli. E isso não é pouco.

A teoria de Antoine Culioli é uma das mais importantes na atualidade. Claudine Normand a ela se refere – não sem consequências para a ciência – utilizando o termo *poética*.[1] Segundo Normand, é "uma poética do sujeito linguageiro" que Culioli desenvolve, querendo, com isso, dizer que é possível entendê-la como uma possibilidade de análise da atividade de linguagem que, ao não ignorar o imprevisto dela constitutivo, faz surgir daí outros fenômenos e outros problemas. Para ela, esse modo de pensar que Culioli inaugura é também uma *ética* da pesquisa "em que o dever seria de acolher o inesperado, se deixar surpreender, aceitar a invenção de soluções provisórias sem concluir para obrigar a prosseguir a busca, já que só se pode esperar aproximar-se do inacessível".[2] Essa ética, prossegue Normand, "[...] nos ensina a admitir que o herói de mil facetas [a linguagem] não pode nunca ser completamente apreendido, organizado, catalogado, que, sem cessar, escapa e prolifera de modo irracional e o mais frequentemente imprevisível".[3]

Ora, não deixa de surpreender que um trabalho dessa natureza, que vem sendo desenvolvido há mais de quarenta anos ininterruptamente, ainda não seja de maior conhecimento, nem dos nossos estudantes de Letras, nem de boa parte dos professores brasileiros de linguística.

A essa constatação – cujo tom é, com certeza, excessivamente pessoal e avaliativo – faço acompanhar outra, mais teórica, mas de intensidade semelhante: ainda não tivemos a oportunidade de acompanhar o desenvolvimento

210 Linguagem e enunciação

de um pensamento que reserva à linguística um objeto amplo e multifacetado, *a linguagem apreendida através da diversidade das línguas naturais*.

Na *Teoria das Operações Predicativas e Enunciativas*, a *enunciação* é vista como o modo de constituição de sentido no enunciado, cujas formas remetem à produção de valores referenciais. Ela permite perceber que os mecanismos enunciativos devem ser analisados no arranjo de formas expressas no *enunciado* e que este objeto de análise é que possibilita reconstituir a enunciação.

Tais mecanismos constituem um *sistema de representações* formalizáveis como um encadeamento de operações, marcas da enunciação no enunciado. Assim, os *mecanismos enunciativos* estabelecidos pelo objeto de análise são internos à língua. O *enunciador* é visto, então, como a origem de *orientações* produzidas pelo modo de constituição de sentido no enunciado, que o trabalho de análise deve reconstruir.

A partir disso, vê-se que a teoria de Culioli altera consideravelmente o potencial analítico da enunciação, uma vez que as *relações de orientação* passam a ser vistas como termos de uma língua que, ao serem empregados, adquirem *valor referencial* em relação a outro termo. Em outras palavras, quando um termo A é identificado em relação a outro termo B, sendo por ele orientado, essa operação atribui a A um valor referencial, que ele não tem intrinsecamente, porque os termos só adquirem valor pelas orientações e determinações mútuas que se estabelecem no enunciado. Enunciar é, nessa perspectiva, construir uma rede de valores referenciais, um sistema em que se observa um termo orientador como origem da construção de um espaço enunciativo.

Cabe lembrar, ainda, que a proposta teórica de estudo da enunciação na perspectiva culioliana apresenta o conceito de *noção* como sendo uma representação não linguística da atividade simbólica, uma representação virtual inacessível ao linguista. A *noção* não corresponde a um item lexical e é apreensível apenas através das *ocorrências* de suas realizações particulares. A *ocorrência* é, em vista disso, a passagem da representação mental à materialidade e a uma situação de *referenciação*, materialidade que dá corpo a essa representação que, ao mesmo tempo, não existe independentemente dela e não é, jamais, por ela abarcada. Um novo conceito surge, então, o de *situação de enunciação* como um conjunto de situações que constituem o sistema de referência do enunciado. Trata-se de um espaço enunciativo produzido por um ato de enunciação, que constrói no enunciado seu sistema referencial próprio.

Como se pode notar, pela complexidade da teoria culioliana e pelas implicações que ela produz no campo dos estudos enunciativos, já não era sem tempo que essa teoria fosse apresentada de maneira mais consistente ao pesquisador brasileiro. E é isso que temos com os artigos que integram este livro. Neles, há um bom número de discussões.

Embora não pareça, em um primeiro momento, ser tarefa de um posfaciador – dada a natureza *a posteriori* de seu texto – chamar a atenção de aspectos de um texto que "já foi lido", eu gostaria de enfatizar alguns pontos que, em minha opinião, merecem destaque.

Na "Introdução", Jean-Jacques Franckel enfrenta uma questão fundamental para todos os que se dedicam à pesquisa semântica: a identidade das unidades morfolexicais vista a partir da variação de seu sentido. Tema não menos espinhoso em linguística é o da *referência* – normalmente associado a quadros representacionais ideais – desenvolvido também por Franckel em "Referência, referenciação e valores referenciais". Há uma questão fundamental, aqui: como pensar a referência no quadro de uma teoria enunciativa? Não menos instigador ao debate é o texto de Sarah de Vogüé, "Culioli após Benveniste: enunciação, linguagem e integração", que, como o próprio título anuncia, apresenta um debate epistemológico colocando em discussão os limites entre duas teorias enunciativas fundamentais: estaria, de fato, a dimensão enunciativa tratada por Benveniste "restrita" aos índices do discurso ou seria esta constitutiva das formas linguísticas, o que asseguraria a continuidade entre Culioli e Benveniste?[4] E é a teoria de Antoine Culioli que é cuidadosamente apresentada por Jean-Jacques Franckel e Denis Paillard em "Aspectos da teoria de Antoine Culioli". Esse texto é um verdadeiro guia de leitura dos aspectos mais fundamentais do pensamento culioliano. A atividade metalinguística – assunto também muito comum entre as teorias enunciativas – é abordada em "Da interpretação à glosa: por uma metodologia da reformulação", artigo que apresenta, de modo bastante claro, no âmbito da teoria culioliana, a especificidade do nível metalinguístico, que se encontra associado à busca de uma formalização. Não menos interessante é o texto "Modos de presença do outro" em que Sarah de Vogüé e Denis Paillard propõem um debate que faz pensar sobre o tratamento da alteridade nos estudos linguísticos. Os autores fazem isso a partir de uma leitura bastante singular de teorias como a dos Atos de fala, da escola oriunda de Austin e Searle, e a Teoria Polifônica da Enunciação de Oswald Ducrot. Denis Paillard, em "Marcadores discursivos e cena enunciativa", desenvolve o conceito de Marcadores discursivos (MD) de forma a propô-los como integrantes de uma classe de unidades da língua, a exemplo de outras classes (verbos, por exemplo). Finalmente, Jean-Jacques Franckel e Denis Paillard apresentam um estudo das preposições, palavras estas tão pouco estudadas, tomando-se por base o referencial enunciativo, no português do Brasil.

Isso posto, quero ainda lembrar que há um segundo motivo, que se soma ao primeiro – ao ineditismo que um trabalho sobre Culioli instaura no cenário brasileiro –, que nos leva a comemorar a publicação deste livro: ele integra um movimento recente de consolidação do campo da Enunciação no Brasil. Nos últimos anos, temos testemunhado a emergência de várias publicações que se inscrevem no paradigma enunciativo e, a partir dele, reivindicam filiação a uma possibilidade de estudo da linguagem ainda não devidamente explorada entre nós.

Esse campo não tem tradição consolidada no cenário científico brasileiro, ao contrário do que vemos em países como a França, por exemplo. No Brasil, as chamadas *Teorias da enunciação* foram associadas a quadros teóricos epistemologicamente muito distantes do assumido pela visada enunciativa (como a Análise do Discurso, Linguística do Texto, Pragmática, entre outros).

Essas teorias – integrantes de um campo que prefiro chamar de *Linguística da Enunciação* – ainda devem muito produzir no estudo *stricto sensu* do funcionamento da linguagem (descrição, teoria e análise linguísticas), nos estudos de interface (psicolinguística, aquisição de linguagem, patologia de linguagem, entre outros) e mesmo nos estudos *lato sensu*, em relação às áreas conexas (psicologia, psicanálise, literatura, entre outras). Assim, um livro como este cumpre o papel de colaborar com a sistematização do conhecimento básico da área, além de compartilhá-lo de maneira didática e – o que é o mais importante – sem reducionismos.

Finalmente, gostaria de dirigir uma última palavra aos tradutores e organizadores desta obra: trata-se de um trabalho que merece ser enaltecido. Traduzir não é tarefa fácil. Ela exige de quem a faz certa coragem para, a partir da busca da palavra menos mutiladora, tornar um texto escrito em uma língua compreensível a sujeitos que falam e leem outra língua. Traduzir é, de certa forma, escrever aquele tipo de leitura que Roland Barthes chama de "ler levantando a cabeça". Sim, o tradutor lê, e, constantemente, levanta a cabeça, interrompe sua leitura, seja por afluxo de ideias, seja por associações, seja por hesitações.

É essa leitura meio perturbada, meio desrespeitosa, meio apaixonada que o tradutor faz. Para escrevê-la com beleza, é preciso, parafraseando o poeta, "um bocado de braveza". E isso, vale repetir, não é pouco.

Valdir do Nascimento Flores
Programa de Pós-Graduação em Letras
Universidade Federal do Rio Grande do Sul

Bibliografia

BENVENISTE, É. L'appareil formel de l'énonciation. *Problèmes de linguistique générale, 2.* Paris: Gallimard, 1974.

DE VOGÜÉ, S. Culioli après Benveniste: énonciation, langage, intégration. In: MONTAUT, A.; NORMAND, C. (orgs.) *Lectures d'Émile Benveniste*, Linx, Paris: Universidade de Paris x, pp. 77-108, 1992 (Versão em português nesta obra).

NORMAND, C. A teoria de Antoine Culioli: uma poética. *Letras de Hoje.* Porto Alegre, PUC-RS, v. 44, jan.-mar. 2009, pp. 5-8.

Notas

[1] Cf. C. Normand "A teoria de Antoine Culioli: uma poética". In: *Letras de Hoje.* Porto Alegre, PUC-RS, v. 44, jan.-mar. 2009, pp. 9-11.

[2] Idem, p. 10.

[3] Idem, p. 11.

[4] De Vogüé, ao dizer que "a enunciação culioliana não coloca em jogo, portanto, nenhum sujeito *a priori*, muito menos o sujeito locutor", parece considerar que haveria, na teoria enunciativa de Benveniste, tal "sujeito *a priori*", perspectiva esta difícil de sustentar se se considera que, em *O aparelho formal da enunciação*, Benveniste fala de vários aspectos da enunciação, dentre os quais haveria, além do aspecto fônico e do aspecto intersubjetivo, uma dimensão, digamos, "operatória", chamada por Benveniste de "semantização", ou seja, "procedimentos pelos quais as formas linguísticas da enunciação se diversificam e se engendram" (Benveniste, 1974, p. 81) [Tradução minha].

Bibliografia

AMIOT, D.; FLAUX, N. 'Naturellement' en position détachée. In: FLAUX, N.; STOSIC, D. (eds.). *Les constructions détachées: entre langue et discours.* Arras: Artois Presses Université, 2007, pp. 171-188.

ANDERSEN, G. The pragmatic marker *like* from a relevance-theoretic perspective. In: JUCKER, A. H.; YAEL, Z. (eds.). *Discourse markers: descriptions and theory.* Amsterdam: John Benjamins, 1998, pp. 147-170.

ASCOMBRE, J. C.; DUCROT, O. *L'argumentation dans la langue.* Bruxelles: Mardaga, 1983.

AUTHIER-REVUZ, J. *Ces mots qui ne vont pas de soi. Boucles réflexives et non coïncidences du dire.* Collection Sciences du langage. Paris: Larousse, 1995.

BAR-HILLEL, Y. Indexical expressions. *Mind.* n. 63, 1954, pp. 359-79.

BARWISE, J.; PERRY, J. Situations and attitudes. *The Journal of Philosophy.* New York: Columbia University, v. 78, n. 11,1981, pp. 668-91.

BENVENISTE, É. *Problemas de linguística geral I.* Trad. de Maria da Glória Novak e Maria Luisa Neri; revisão de Isaac Nicolau Salum. 4 ed. Campinas: Pontes/Editora da Unicamp, 1995.

_____. *Problemas de linguística geral II.* Trad. de Eduardo Guimarães et alli. Campinas: Pontes, 1989.

BLAKEMORE, D. Relevance and Linguistic Meaning. The Semantics and Pragmatics of Discourse Markers. *Cambridge Studies in Linguistics.* Cambridge, UK: Cambridge University Press, 2002, n. 99.

BONAMI, O. *Les constructions du verbe: le cas des groupes prépositionnels argumentaux. Analyse syntaxique, sémantique et lexicale.* Paris, 1999. Tese de doutorado, Paris: Université de Paris VII.

BONAMI, O.; GODARD, D. Lexical semantics and pragmatics of evaluative adverbs. In: L. MCNALLY, L.; KENNEDY, C. (eds.). *Adjectives and Adverbs in Semantics and Discourse.* Oxford: Oxford University Press, 2006.

BONNOT, C. La portée des mots du discours: essai de définition sur l'exemple du russe moderne. *Cahiers de linguistique de L'INALCO.* Paris: INALCO, n. 4, 2002, pp. 9-30.

BONNOT, C.; KODZASSOV, S. Semantičeskoe var'irovanie diskursivnyx slov i ego vlijanie na linearizaciju i intonirovanie (Na primere častic že i ved'). In: KISSELEVA, K.; PAILLARD, D. (eds), *Diskursivnye slova. Opyt kontekstno-semantičeskogo analiza* ('les mots du discourse: essai d'analyse sémantico-contextuelle'). Moskva: Metatekst, 1998, pp. 382-442.

_____. L'emploi des mots du discours en position détachée et non détachée (sur l'exemple de dejstvitel'no). *Russkij jazyk: peresekaja granicy.* Dubna, 2001, pp. 28-42.

216 Linguagem e enunciação

BORILLO, A. *L'espace et son expression en français*. Paris: Ophrys, 1998.

BOTTINEAU, T. *La particule* bylo *en russe moderne: essai d'approche énonciative*. Paris, 2005. Thèse de Doctorat en Sciences du langage. Paris: INALCO, 2005, 420 p.

BRUXELLES, S. et alii. *Justement*, l'inversion argumentative. *Lexique 1*. Lille: PUL, 1982, pp. 151-54.

BRESSON, F. A côté du langage. *Revue philosophique de la France et de l'Étranger*, Paris: PUF, n. 4, 1978, pp. 489-494.

_____ . Dire ce qu'on voit, voir ce qu'on dit. *Langues et langage, problèmes et raisonnements en linguistique, Mélanges offerts à Antoine Culioli*. Paris: PUF, 1995.

BOUSCAREN, J., FRANCKEL, J.-J., ROBERT, S. (orgs.) *Langues et langage, problèmes et raisonnement en linguistique, Mélanges offerts à Antoine Culioli*. Paris: PUF, 1995.

CADIOT, P. *Les prépositions abstraites en français*. Paris: Armand Colin, 1997.

_____ . Schematics and motives in the semantics of preposition. In: FREIGENBAUM, S.; KURZON, D. (eds.). *Prepositions in their syntactic, semantic and pragmatic context*. Amsterdam: John Benjamins, 2002, pp. 41-57.

CADIOT, P. ; VISETTI, Y-M. *Pour une théorie des formes sémantiques: motifs, profils, thèmes*. Paris: PUF, 2001.

_____ . Instability and theory of semantic forms starting from the case of prepositions. In: FREIGENBAUM, S.; KURZON, D. (eds.). *Prepositions in their syntactic, semantic and pragmatic context*. Amsterdam: John Benjamins, 2002, pp. 3-39.

CAMUS, R ; DE VOGÜÉ S. (eds.). Variation sémantique et syntaxique des unités lexicales: étude de six verbes français. *Linx*, n. 50, Nanterre: Université de Paris X, 2004.

CARNAP, R. *Meaning and necessity*. USA: University of Chicago Press, 1947.

CAUQUELIN, A. *Aristote. Le langage*. Coll. Philosophies, Paris: PUF, 1990.

CONDILLAC, E. B. de *La langue des calculs*. Lille: Presses Universitaires de Lille, 1981.

CONDORCET, J.-A.-N. de C. *Esquisse d'un tableau historique des progrès de l'esprit humain*. Paris: GF Flammarion, [1795] 1998.

CULIOLI, A. Rapport sur un rapport. *La psychomécanique et les théories de l'énonciation*. Lille: PUL, 1980, pp. 42-3.

_____ . *Pour une linguistique de l'énonciation*. Tome 1, Paris: Ophrys, 1990.

_____ . Accès et obstacles dans l'ajustement intersubjectif. In: MIEVILLE, D.; BERRENDONNER, A. (eds.) *Logique, discours et pensée – Mélanges offerts à Jean-Blaise Grize*. Berne: Peter Lang, 1997, pp. 239-248.

_____ . *Pour une linguistique de l'énonciation*. Tome 2, Paris: Ophrys, 1999.

_____ . *Pour une linguistique de l'énonciation*. Tome 3, Paris: Ophrys, 1999.

_____ . Heureusement! *Saberes no tempo – Homenagem a Maria Henriqueta Costa Campos*. Lisboa, 2001, pp. 279-284.

CULIOLI, A.; PAILLARD, D. A propos de l'alternance perfectif/imperfectif à l'impératif. *Révues des Études Slaves*. Paris: Université Paris-Sorbonne, n. 59, f. 3, 1987, pp. 527-34.

DE CORNULIER, B. *Effets de sens*. Paris: Minuit, 1985.

DE VOGÜÉ, S. *Référence, prédication, homonymie. Le concept de validation et ses conséquences sur une théorie des conjonctions*. Paris, 1985. Tese de doutorado em Sciences du Langage. Paris: Université de Paris VII, 1985.

_____. La conjonction *si* et la question de l'homonymie. *B.U.L.A.G.* Besançon: Université de Besançon, n. 13, 1987.

_____. La transitivité comme question théorique: querelle entre la Théorie des Positions de J.-C. Milner et la Théorie des Opérations Prédicatives et Enonciatives d'A. Culioli. *Linx.* Nanterre: Université de Paris x, n. 24, 1991, pp. 37-65.

_____. *Si*, la syntaxe et le point de vue des opérations. *La théorie d'Antoine Culioli, Ouvertures et incidences.* Paris: Ophrys, 1992, pp. 123-144.

_____. Des temps et des modes. *Le Gré des langues.* Paris: L'Harmattan, n. 6, 1993, pp. 65-91.

DE VOGÜÉ, S.; PAILLARD, D. Identité lexicale et hétérogénéité de la variation co-textuelle: le cas de *suivre*. In: GUIMIER, C. (ed.) *Contextes et co-textes.* Caen: Université de Caen, fev. 1996, 1997.

DUCROT, O. *et al. Les mots du discours.* Paris: Minuit, 1980.

_____. *Le dire et le dit.* Paris: Minuit, 1984.

FLAUX, N.; GARY-PRIEUR, M-N. *Forcément* ou le recours à la force dans le discours. *Modèles linguistiques,* III-1, Lille: PUL, 1981, p. 54-111.

FOUCAULT, M. *Les mots et les choses.* Paris: Gallimard, 1966.

FRANCKEL, J. -J. *Etudes de quelques marqueurs aspectuels du français.* Genève-Paris, Droz, 1989.

_____. Il est bien passé. *Le Gré des langues.* Paris: L'Harmattan, n. 11, 1997, pp. 144-51.

_____. (ed.) Le lexique entre identité et variation. *Langue Française.* n. 133, Paris: Larousse, 2002.

FRANCKEL, J.-J.; LEBAUD, D. Lexique et opération – Le lit de l'arbitraire. *La théorie de A. Culioli, ouvertures et incidences.* Paris: Ophrys, 1992, pp. 89-105.

FRANCKEL, J.-J.; PAILLARD, D. Regulation of the semantic variation of morpho-lexical entities. In: J. C. p. S. Gillis. *Verbal production and problem solving.* Dordrecht: Antwerp papers in linguistics, 1997.

_____. Mots du discours: adéquation et point de vue. L'exemple de *réellement, en réalité; en effet, effectivement. Estudos Linguísticos/Linguistic Studies.* Lisboa: Colibri, 2008, pp. 255-74.

FRANCKEL, J.-J., PAILLARD, D.; SAUNIER, E. Modes de régulation de la variation sémantique d'une unité lexicale: le cas du verbe *passer. La locution: entre lexique, syntaxe et pragmatique.* Coll. St-Cloud, INALF, Paris: Klincksieck, 1997, pp. 49-68.

FRASER, B. What are discourse markers? *Journal of pragmatics,* n. 31, 1999, pp. 931-52.

FREGE, G. *Ecrits logiques et philosophiques.* Paris: Seuil, 1971.

FUCHS, C. *Paraphrase et énonciation.* Paris: Ophrys, 1994.

_____. Les problématiques énonciatives: esquisse d'une présentation historique et critique. *DRLAV.* Paris, n. 25, 1981, pp. 35-60.

GOODMAN, N. The problem of counterfactual conditionals. *Journal of Philosophy.* New York: Columbia University, 1947, pp. 113-128.

GAWRON, J. M. Situations and Prepositions. *Linguistics and Philosophy 9.* 1986, pp. 327-82.

GRUBER, J. *Studies in Lexical Relations.* PhD thesis. Massachusetts Institute of Technology, 1965.

HASPELMATH, M. Indefinite pronouns. *Oxford Studies in Typology and Linguistic Theory.* Oxford: Oxford University Press, 2000.

JACKENDOFF, R. *Semantic interpretation in Generative Grammar.* MIT Press, 1972.

JAKOBSON, R. *Essais de linguistique générale.* Paris: Minuit, 1963.

218 Linguagem e enunciação

KHATCHATOURIAN, E. *Les mots du discours formés avec* dire/skazat *en français et en russe*. Paris, 2006. Thèse de Doctorat en Sciences du langage. Université de Paris VII, 278 p.

KISSELEVA, K.; PAILLARD, D. (eds.). *Diskursivnye slova. Opyt kontekstno-semantičeskogo analiza* ('les mots du discours: essai d'analyse sémantico-contextuelle'). Moskva: Metatekst, 1998.

_____. *Diskursivnye slova russkogo jazyka. Kontekstnoe var'irovanie i semantičeskoe edinstvo* ('Les mots du discours du russe. Variation contextuelle et identité sémantique'). Moskva: Russkie Slovari, 2003.

_____. "Voobšče i v obščem", manuscrito, 2007.

KODZASSOV, S. Varieties of focalization in Russian: semantics and prosody. *Mémoires de la Société de Linguistique de Paris Nouvelle*. Tome XIII, Louvain: Peeters, 2003, pp. 99-113.

KLEIBER, G. Sens, référence et existence: que faire de l'extra-linguistique. In: SIBLOT, p. (ed.) *Langue, praxis et production de sens. Langages*, Paris, n. 127, pp. 9-37.

_____. *Problèmes de sémantique: la polysémie en questions*, Villeneuve d'Ascq (Nord), Presses Universitaires du Septentrion, 1999.

KRIPKE, S. *La logique des noms propres*. Paris: Minuit, 1972.

LOCKE, J. *Essai sur l'entendement humain*. Paris: Le livre de Poche, 2009.

MARTIN, R. *Pour une logique du sens*. Paris: PUF, 1983.

MERCIER, D. L'épreuve de la représentation. *Annales littéraires de l'Université de Besançon*. Diffusion Les belles lettres, n. 589, 1995.

MERLEAU-PONTY, M. *Signos*, Trad. de Maria E. Galvão Gomes Pereira; revisão de Paulo Azevedo Neves da Silva. São Paulo: Martins Fontes, 1991.

MILNER, J. C. *Introduction à une science du langage*, Paris: PUF, 1989.

_____. De quelques aspects de la théorie de Antoine Culioli projetés dans un espace non énonciatif. *La Théorie d'Antoine Culioli, ouvertures et incidences*. Paris: Ophrys, 1992, pp. 19-38.

MOLINER, C.; LEVRIER, F. *Grammaire des adverbes: description des formes en* -ment, Genève--Paris: Droz, 2000.

METTRICH, R. et alii. *Les invariables difficiles Dictionnaire allemand français des particules, connecteurs, interjections et autres mots de la communication*, I, II, III, IV, 1998-2002.

NORMAND, C. Les termes de l'énonciation chez Benveniste. *Histoire Epistémologie Langage*. 1986, Tome 8, fasc. II.

_____. Constitution de la sémiologie chez Benveniste. *Histoire Epistémologie Langage*. 1989, Tome 11, fasc. II.

_____. *Convite à linguística*. FLORES, V. N.; BARBISAN, L. B. (orgs.). São Paulo: Contexto, 2009.

Odgen, C. K.; Richard I. A. *The meaning of meaning*. Londres: Routledge and Kegan, 1923.

PAILLARD, D. *Enonciation et détermination en russe contemporain*. Paris: Institut d'Études Slaves, 1984.

_____. (ed.) *Particules énonciatives en russe contemporain* I, II et III, Paris: Institut des Etudes Slaves, 1986-1987.

_____. *Už* ou l'indiscutable. *B.U.L.A.G.* n. 13, Besançon: Université de Besançon, 1987.

_____. Le partage du savoir ou l'ignorance n'est pas un argument. A propos de ved'. PAILLARD, D. (ed.) *Les particules énonciatives en russe contemporain I* (en collaboration avec D. Markowicz). Université de Paris VII et Institut d'Études Slaves, 1986, pp. 89-124.

_____. Repérage: construction et spécification. *La Théorie d'Antoine Culioli, ouvertures et incidences*. Paris: Ophrys, 1992, pp. 75-88.

_____. N'importe qui, n'importe quoi. *Langue française*. Paris: Larousse, n. 116, 1997.

_____. Les mots du discours comme mots de la langue I. *Le Gré des langues*. Paris: L'Harmattan, n. 14, 1999.

_____. Les mots du discours comme mots de la langue II. *Le Gré des langues*. Paris: L'Harmattan, n. 16, 2001.

_____. Les mots du discours: identité et variation. *Cahiers de linguistique de l'INALCO*. Paris: INALCO, 2002, pp. 31-47.

_____. A propos de l'ambivalence catégorielle préfixe/préposition: le cas de *contre*. In: PEROZ, p. (ed.) Contre, *identité sémantique et variation catégorielle, Recherches linguistiques*. Université de Metz, n. 26, 2003, pp. 153-172.

_____. Discourse words in Russian. *Sprache und Datenverarbeitung*. Bonn, v. 30, n. 1, 2006, pp. 69-81.

_____. La notion de prise en charge: une approche (très) critique, Communication au Colloque international "La prise en charge", Anvers, 2007.

PAILLARD, D.; ROBERT, S. Langues diverses, langues singulières. *Langage et sciences humaines: propos croisés*. Berne: Peter Lang, 1995, pp. 117-144.

PÉROZ, P. *Systématique des emplois de* bien *en français contemporain*. Genève-Paris, Droz,1992.

RASTIER, F. La triade sémiotique, le trivium, et la sémantique linguistique. *Nouveaux actes sémiotiques*. n. 9, 1990.

RASTIER, F. *Sémantique et recherches cognitives*. Paris: PUF, 1991.

RATHMAYR, R. *Die russischen Partkeln als Pragmalexeme*. München: Verlag Otto Sagner, 1985.

RECANATI, F. Insinuation et sous-entendu. *Communications*. Paris, n. 30, 1979.

SAINT AUGUSTIN. *Confessions*, Tomo 1, Livro I-VIII, Paris, Edition Les Belles Lettres, 17ª tiragem, 2009, Tradução para o francés de Pierre de Labriolle.

SAUNIER, E. *Identité lexicale et régulation de la variation sémantique, contribution à l'étude des emplois de* mettre, prendre, passer, *et* tenir. Nanterre, 1996. Tese de doutorado em Sciences du Langage, Université de Paris X.

_____. Ce qui tient à *tenir* dans Tiens! *Orbis Linguarum*. n. 4, 1997, pp. 183-200.

_____. Contribution à une étude de l'inchoation: *se mettre à* + inf. Contraintes d'emploi, effets de sens et propriétés du verbe *mettre*. *Cahiers Chronos*, 1997.

SEARLE, J. *Les actes du langage*. Paris: Hermann, 1972.

SIBLOT, P. (ed.) Le langage et le réel. *Cahiers de praxématique*. Université Paul Valery-Montpellier III, n. 15,1990.

SOSA, E. (ed.) *Causations and conditionals*. Oxford: Oxford University Press, 1975.

STRAWSON, P. F. *Etudes de logique et de linguistique*. Paris: Seuil, 1977.

TAMBA-MECZ, I. A propos de la distinction entre sémiotique et sémantique. *Émile Benveniste aujourd'hui, Actes du Colloque internatoinal du CNRS, Tour*, Bibliothèque de l'Information Grammaticale, 1983.

_____. *A semântica*. Trad. Marcos Marcionilo. São Paulo: Parábola, 2006.

THOMASON, R.; GUPTA, A. A theory of conditionals in the context of branching time. *The philosophical review*. n. 89, 1980, pp. 65-90.

ULLMANN, S. *The principles of semantics*. Oxford: Blackwell et Jackson, 1957.

VANDELOISE, C. *L'espace en français: sémantique des prépositions spatiales*. Paris: Le Seuil, 1986.

VICTORRI, B.; FUCHS, C. *La polysémie, construction dynamique du sens*, Paris: Hermes Sciences Publication, 1996.

WILSON, D.; SPERBER, D. "L'interprétation des énoncés". *Communications*. n. 30, 1979, pp. 80-94.

WITTGENSTEIN, L. *Tractatus Logico-philosophicus* suivi d'*Investigations philosophiques*. Paris: Gallimard, 1961.

Os autores

Sarah de Vogüé trabalha há quase trinta anos na equipe de pesquisa fundada por Antoine Culioli. É professora de Linguística da Universidade de Paris Ouest Nanterre e se interessa pela descrição do francês, tendo estudado, nessa língua, conectores (conjunções condicionais e concessivas), estruturas (anteposição do epíteto, enunciados no infinitivo) e marcas de tempo-aspecto-modo. Atualmente, desenvolve análises da ortografia do francês, fundamentada na descrição de sua fonologia, morfologia e sintaxe. Além disso, participa das reflexões da escola culioliana sobre a diversidade das línguas, a noção de enunciação e os modos de construção do valor referencial nos enunciados, a identidade das unidades morfolexicais e as categorias gramaticais. Há alguns anos, coordena com Rémi Camus o grupo *Invariantes Lexicais* – INVLEX, cujo objetivo é o de elaborar uma metodologia de análise para as unidades morfolexicais. Este trabalho a conduziu a fundar um novo programa de pesquisa sobre a heterogeneidade no seio das línguas, programa inserido em um projeto pluridisciplinar iniciado na Universidade de Nanterre e que agrupa professores da área de literatura, linguistas e filósofos envolvidos no estudo da crioulização e da constituição do comum (polo "Todo mundo: As formas do comum, o sentido do comum").

Jean-Jacques Franckel é especialista em semântica e linguística francesa. Integrante da equipe de pesquisa fundada por Antoine Culioli desde os seus primórdios, tem publicado, nessas últimas três décadas, artigos direcionados à compreensão do funcionamento enunciativo de unidades linguísticas de natureza diversa. Com a contribuição trazida pela análise de problemas precisos estudados em diferentes línguas, ele se interessa pelas propriedades características da língua francesa. Suas obras analisam, de um lado, unidades

222 Linguagem e enunciação

gramaticais do francês, com atenção especial às marcas aspectuais e às preposições – estas, estudadas em parceria com Denis Paillard –, de outro, unidades lexicais, com vistas a melhor apreender os princípios que se encontram no fundamento da organização de sua variação semântica. Atualmente, desenvolve suas atividades no âmbito do Grupo de Pesquisa *Invariantes Lexicais* – INVLEX, coordenado por Sarah de Vogüé e Rémi Camus.

Denis Paillard é diretor de pesquisa no CNRS – França e membro do Laboratório de Linguística Formal (UMR 7110) da Universidade de Paris Diderot. De formação, é especialista em linguística russa, tendo inicialmente trabalhado sobre diferentes categorias nessa língua: voz, aspecto e determinação. Coordenou programas de pesquisa direcionados à prefixação verbal, às preposições e aos marcadores discursivos que reuniam pesquisadores russos e franceses. As pesquisas sobre o russo tiveram prolongamentos em francês, resultando em estudos sobre os marcadores discursivos e as preposições. Em 2007, publicou, com Jean-Jacques Franckel, a *Gramática das preposições I*, que destina uma atenção privilegiada ao lugar que as preposições ocupam na recção verbal. Desde 2005, com colegas cambojanos, iniciou uma série de estudos sobre a língua khmer moderna e antiga, o que os levou a uma abordagem crítica da noção de gramaticalização e de sua utilização abusiva na descrição das línguas não indoeuropeias. Atualmente, trabalha em uma gramática discursiva do francês, com vistas à apresentação de uma semântica e sintaxe discursivas, centrada em uma abordagem não pragmática desses marcadores. Trabalha ainda em uma monografia sobre as construções com verbos múltiplos na língua khmer.

GRÁFICA PAYM
Tel. (011) 4392-3344
paym@terra.com.br